DER WEG
des
LEBENS

ERLEBE DIE KULTUR DES HIMMELS HIER AUF ERDEN

BILL JOHNSON

Empfehlungen

Bill Johnson ist seit Jahren ein Freund von mir. Alles begann damit, dass ich herausfinden wollte, was seinen Dienst und seine Denkweise im Wesentlichen ausmacht. Indem ich tat, was viele tun (sprich, seinen Dienst infrage stellen), bemühte ich mich, ihn kennenzulernen. Ich wollte diesen Mann kennen - sowohl was die Tiefe seiner biblischen Grundlagen für den Dienst betrifft als auch seinen Charakter hinsichtlich der Ausübung dieses Dienstes.

Ich bin zu dem Schluss gekommen, dass alles, was ich über Bill weiß, zeigt, dass er ein treuer Hirte ist, der eine lokale Herde treu nährt und pflegt, sodass sie sich zu einer funktionalen Gemeinde entwickelt. Daran zeigt sich der Wert seines Dienstes.

Ich bin davon überzeugt, dass die Gläubigen, die sich öffnen und den Dienst Jesu durch sich fließen lassen, von diesem Buch überaus profitieren und geistlich wachsen werden.

Jack W. Hayford
Chancellor Emeritus The King's University Southlake, Texas

Gerade erhielt ich Bill Johnsons neues Buch *„Der Weg des Lebens"* vom Herausgeber. Ich setzte mich hin und las das Buch. Ich war erstaunt über die Weisheit darüber, was es bedeutet, als Ehemann, Vater, Christ aber auch als Pastor und Leiter sowohl in der Gemeinde als auch im Reich Gottes zu leben. Ich liebe dieses Buch, ist es doch voll von erstaunlichen Erkenntnissen aus der Bibel und aus Bills Erfahrung, biblische Prinzipien in seinen unterschiedlichen Funktionen auszuleben. Die in diesem Buch enthaltene Weisheit macht es zu einem geeigneten Geschenk sowohl für Christen als auch für Nichtchristen. Durch die Schönheit und Weisheit, die hier hinsichtlich unserer Lebensführung vermittelt wird, sollte sich jeder Leser zum Retter unseres Lebens hingezogen fühlen. Dieses Buch sollte wirklich jeder lesen. Ich fand es wertvoll als Leitfaden, nicht nur für unsere Familien zuhause, sondern auch für unsere Gemeindefamilien.

Randy Clark
Gründer und Leiter des apostolischen
Netzwerks Global Awakening
Bestsellerautor von „Es gibt Mehr!"

Ein Lebensstil der Wunder, des Hörens der Stimme Gottes, der erhörten Gebete, der übernatürlichen Durchbrüche und Fruchtbarkeit ist jetzt verfügbar! Nicht nur für eine Elite von einigen Superchristen, die überall auf der Welt auf Großveranstaltungen predigen. Wenn du dieses Buch liest, wirst du entdecken, wie du Zugang bekommst zu dem von Jesus verheißenen übernatürlichen Lebensstil und darin wandeln kannst!

Mark Batterson
Hauptpastor der National Community Church
New York Times Bestsellerautor von „Kreiszieher."

Ich beginne jede Fernsehsendung mit den Worten: „Willkommen in meiner Welt, in der das Übernatürliche normal ist." Jetzt zeigt uns Bill Johnson in diesem Buch, was es bedeutet, normal zu sein - normal gemäß der Bibel!

Sid Roth
Moderator von "It`s Supernatural!"

Ich konnte das 1. Kapitel von *„Der Weg des Lebens"* noch nicht mal vollständig durchlesen, weil ich tief berührt war und mich veranlasst sah, Gott mein Leben in größerem Maße auszuliefern als jemals zuvor. Dieses Buch wird jeden Leser ermutigen und bevollmächtigen, der sich ein von Gott erfülltes Leben wünscht - und all jene, die sich mit diesem Wunsch noch nicht identifizieren können, werden es nach der Lektüre dieses Buches tun. Ich kenne niemanden, der diese Botschaft so konsequent vorlebt wie Bill Johnson. Er kommuniziert diese Botschaft nicht nur, er lebt diese Botschaft und überträgt sie. Danke, Bill Johnson, dass du bist, wie du bist und uns alle an der Weisheit teilhaben lässt, die du durch deine absolute Hingabe an Christus gelernt hast.

Patricia King
Patricia King Ministries

In jeder Generation stehen Leiter auf, die das Mandat und die Botschaft haben, um den Werdegang der jeweiligen Generation buchstäblich zu verändern. Bill Johnson ist zweifellos ein solcher Leiter. Er hat auf übernatürliche Weise eine Gemeinde und einen weltweiten Dienst etabliert. Beides ist zum Epizentrum der modernen Erweckungsbewegung geworden. Die Frage, die sich immer wieder stellt, lautet: Wie war das möglich? In diesem Buch beantwortet Bill diese Frage bereitwillig mit Demut, Aufrichtigkeit. Von ihm lernst du, wie man einen übernatürlichen Lebensstil pflegt und das Feuer der Erweckung täglich weiterträgt. Dieses Buch wird deine Leidenschaft und deinen Hunger nach mehr anfachen und dein Herz tief in der Liebe und Freude des Vaters über dein Leben gründen.

Ryan LeStrange
Gründer von RLM, TRIBE, iHUBS und TRIBE Books/Media
Autor von Hell's Toxic Trio

Kürzlich hatte ich einen detaillierten Traum über die Notwendigkeit von werteorientierten Christen in der heutigen Zeit und in der Zukunft. Bill und Beni Johnson führen ein Leben, welches auf Grundwerten basiert, die ihnen am Herzen liegen. Gemäß des Kompasses unseres Herzens treffen wir große und kleine Entscheidungen und setzen uns sowohl kurzfristige als auch langfristige Ziele. Bills Werte haben nicht nur mein Leben beeinflusst - sie beeinflussen eine ganze Generation überall auf der Welt. Dies könnte das bedeutsamste Buch sein, das Bill Johnson seit „Und der Himmel bricht herein" geschrieben hat.

James W. Goll
Gründer von God Encounters Ministries Bestsellerautor von Der Seher; Dream Language und The Discerner

Ich kenne Bill Johnson seit mehr als vierzig Jahren. Während dieser Zeit bin ich keinem Christen begegnet, der Jesus mit einer größeren Bereitwilligkeit gehorcht. In *„Der Weg des Lebens"* fasst er die Botschaft seines Lebens zusammen. Hier empfängst du die beiden Wahrheiten, die Satan am meisten fürchtet: Erweckung sollte von Dauer sein und: Allein Jesus zu haben, ist einfach unbeschreiblich schön.

Mario Murillo
Evangelist
Bestsellerautor von Fresh Fire und Reaching critical Mass

„Der Weg des Lebens" von Bill Johnson - was für ein unglaubliches Geschenk! Dieses Buch ist eine Schatzkammer der göttlichen Weisheit. Es ist eine Festtafel voll von Erkenntnis, Offenbarung und göttlicher Strategie, wie man das Übernatürliche als eine natürliche Lebensweise erleben kann. Ich glaube, dieses Buch hat das Potenzial, etwas auf uns zu übertragen, damit wir uns noch stärker all dessen bewusst werden, was Jesus uns gegeben hat, sodass wir auf einem neuen Level in der Realität des Erlösungswerkes wandeln und mit dem Heiligen Geist zusammenarbeiten, um Transformation zu bewirken. Wenn du dich an den Schätzen der Erkenntnis labst, an denen Bill uns teilhaben lässt, bin ich davon überzeugt, dass du Jesus nicht nur auf tiefere Weise begegnen und mit ihm zusammenarbeiten wirst, sondern auch überall dort Veränderung erlebst, wohin er dich führt. Ich glaube, dass das Feuer der Gegenwart Gottes beim Lesen dieses Buches einen größeren Hunger und Glauben in dir entfachen wird, um das Übernatürliche als eine natürliche Lebens-

weise zu erleben! Mach dich bereit für ein Fest, das dein Leben verändern wird. Meins hat es mit Sicherheit verändert!

Lana Vawser
Predigerin, Prophetin
Autorin von The Prophetic Voice of God lanavawser.com
Sunshine Coast, Australien

Bill Johnson ist ein lieber Freund. Wir kennen ihn nunmehr seit fast zwanzig Jahren. Er ist einer meiner Lieblingstheologen. Er sucht Gott und streckt sich beständig nach tieferer biblischer Offenbarung aus mit der Motivation, andere zu inspirieren, Gottes Charakter und ihr Potenzial in Gott zu erkennen. In seinem Buch *„Der Weg des Lebens"* zeigt Bill uns, wie man durch die Zusammenarbeit mit dem Heiligen Geist eine Kultur kreiert und im Bereich des Übernatürlichen wandelt, sowie unsere Identität in Christus. Jeder von uns kann in seiner Region oder wo immer Gott ihn hinführt, ein Katalysator für Transformation sein. *„Der Weg des Lebens"* hilft uns, unsere Identität in Christus zu entdecken. Wir sind seine Lichter.

Heidi G. Baker, PhD
Mitgründerin und CEO von Iris Global
Bestsellerautorin von Das Übernatürliche auf die Welt bringen

Mein Herz vorzubereiten, bedeutet für mich, dass ich zuerst in Anbetung vor ihn trete. Ich tue das nicht, weil ich eine Predigt brauche. Ich komme in Anbetung, weil ich mich danach sehne, Zeit mit ihm zu verbringen. Lieber habe ich Gemeinschaft mit ihm und habe im Gottesdienst keine weitere Aufgabe, aber eine Begegnung mit Gott. Das Wichtigste für mich ist, dass ich am Ball bleibe und dass meine Beziehung zu ihm frisch ist. Es geht darum, seine Freude zu spüren, und das hat etwas damit zu tun, sein Herz zu kennen.

Impressum

Originally published in English under the title:
„The way of Life"
published by DESTINY IMAGE® PUBLISHERS, INC.
P.O. Box 310, Shippensburg, PA 17257-0310
All rights reserved

Deutsche Ausgabe:
© 2018 Grain-Press GmbH, Marienburger Str. 3
71665 Vaihingen/Enz
eMail: verlag@grain-press.de
Internet: www.grain-press.de

2. Auflage

Übersetzung aus dem Englischen: Horst Günter Herold
Satz: Grain-Press
Cover: Grain-Press, Adaption der Originalvorlage.
Druck: CPI 25917 Leck

Bibelzitate sind, falls nicht anders angegeben, der Revidierte Elberfelder Bibel entnommen.

Das Buch folgt den Regeln der Deutschen Rechtschreibreform. Die Bibelzitate wurden diesen Rechtschreibregeln angepasst.

ISBN 978-3-947454-29-7
Art. Nr. 3598529

Inhaltsverzeichnis

Vorwort von John Bevere 13

Vorwort von Katherine Ruonala 15

Einführung 17

Kapitel 1 – Der größte Auftrag 21

Kapitel 2 – Die messbaren Auswirkungen des Himmels 37

Kapitel 3 – Unsere Kultur oder die Kultur des Reiches Gottes? 51

Kapitel 4 – Eckpfeiler des Denkens 61

Kapitel 5 – Unsere Einstellung zum Leben 79

Kapitel 6 – Alle Königreiche werden zu seinem Königreich 93

Kapitel 7 – Frieden ist der Sauerstoff des Himmels 105

Kapitel 8 – Trennungslinien aufheben 119

Kapitel 9 – Jesus fürchtete sich nicht, mit der Welt in Berührung zu kommen 137

Kapitel 10 – Die Kraft von Mutmaßungen 149

Kapitel 11 – Freundschaften bauen mit der Ewigkeit im Blick 165

Kapitel 12 – Eine Erlaubniskultur 177

Kapitel 13 – Einzigartige Ausdrucksformen von Anbetung 191

Kapitel 14 – Großzügigkeit des Herzens 209

Kapitel 15 – Das Reich des Überflusses 223

Kapitel 16 – Persönliche Erfüllung und das Kreuz Nachtrag 241

Kapitel 17 – Ein spontanes Interview 259

Kapitel 18 – Die Werte, die uns definieren 277

Vorwort

von John Bevere

Ich habe das Privileg, Pastor Bill Johnson meinen Freund nennen zu dürfen. Aufgrund seiner innigen Beziehung zum Heiligen Geist, seiner tiefen Erkenntnis des Wortes Gottes und vor allem seiner aufrichtigen Demut sind unsere gemeinsamen Zeiten stets sehr bereichernd.

Bill, Beni und ihr Team bewirken Großartiges, indem sie das Leben von Menschen verändern - vor Ort, auf nationaler und auf internationaler Ebene. Angesichts seiner Leidenschaft, Gott kennen und gefallen zu wollen, ist es keine Überraschung, dass die Bethel Gemeinde so effektiv und fruchtbar ist. Dieser Einfluss ist gekennzeichnet von starker Lehre und Predigten, begleitet von machtvollen Zeichen und Wundern – weil sie einen Lebensstil kultivieren, der wahrhaft den Himmel auf die Erde bringt.

Stell dir einmal vor, die Gemeinde würde dieses Mandat so ernst nehmen, wie Bill und sein Bethel-Team es tun. Wir würden wirklich die größeren Werke erleben, von denen Jesus gesprochen hat. Wir sind der Welt eine Begegnung mit Gott schuldig! Das wird aber nicht geschehen, wenn wir selbstzufrieden bleiben, herumsitzen und darauf warten, dass Jesus zurückkommt. Die Ernte ist groß, aber der Arbeiter sind wenige (siehe Mt. 9, 37). Es ist Zeit, aufzuwachen, zu glauben und sich an die Arbeit zu machen.

Ich bin sehr dankbar, dass Pastor Bill dieses Buch geschrieben hat. Die Worte auf diesen Seiten haben das Potenzial, Erweckung zu entfachen - nicht nur in dir, sondern überall auf der Welt. Das Buch „*Der Weg des Lebens*" wird in dir ein unstillbares Verlangen wecken, die Realitäten des Himmels zu ergreifen, damit du wirklich den Himmel auf die Erde bringen kannst.

John Bevere
Prediger und Mitgründer von Messenger International
Bestsellerautor von *Gut oder Gott?*; *Killing Kryptonite*;
Die Ewigkeit im Herzen und *Näher Gott zu dir*

Vorwort

von Katherine Ruonala

Als ich erstmals Bill Johnsons Buch „*Und der Himmel bricht herein*" las, hatte ich so viel zu verdauen, dass ich drei Monate brauchte, um es vollständig durchzulesen. Jeder Abschnitt war gespickt mit Offenbarung. Es war die Offenbarung eines wahren apostolischen Lehrers, die - von Erfahrungsberichten untermauert - ein Feuer in meiner Seele entfachte. Und auf jeder Seite fand sich eine Herausforderung, die mich veranlasste, zu beten und über das Gesagte nachzudenken. Das Lesen des Buches „*Der Weg des Lebens*" war eine ähnliche Erfahrung für mich, denn der Heilige Geist forderte mich unzählige Male dazu auf, innezuhalten, auf die übermittelte Weisheit zu reagieren und darüber nachzudenken, wie ich diese Dinge in meinem Leben anwenden konnte.

Das Buch beschenkt uns mit der Einladung, Weisheit umzusetzen. Wie Bill so wunderbar schreibt, bläht Weisheit, die nicht angewendet wird, lediglich auf. Also öffnete er großzügig sein Herz und sein Leben, um uns zu zeigen, wie er Weisheit ganz praktisch in seinem Leben anwendet. Für jene, die Ohren haben zu hören, ist dieses

Buch ein kostbarer Schatz, der uns das Privileg gibt, zu den Füßen des Vaters zu sitzen und wertvolle Weisheit zu hören, die durch Erfahrung gewonnen wurde.

Im Laufe der Jahre hatte ich die Freude, mit einigen Leitern der Bethel Gemeinde zu dienen. Zu den wunderbarsten Dingen, die mir aufgefallen sind, gehört, dass jeder von ihnen mit anderen Menschen sehr offen und liebevoll umgeht und sie feiert. Jesus sagt: *„Daran werden alle erkennen, dass ihr meine Jünger seid, wenn ihr Liebe untereinander habt"* (Joh. 13, 35). Von den hauptverantwortlichen Gemeindeleitern bis zu den Ministry-Teams der Bethel Gemeinde, die in die ganze Welt ausgesandt werden - sie alle demonstrieren Bethels Grundwerte. Durch *„Der Weg des Lebens"* bekommen wir Einblick, wie Bill - ein Vordenker einer neuen Generation von Erweckungsträgern - und das Bethel-Team diese wunderbare Kultur entworfen haben, das diese Welt beeinflusst.

Gott verheißt, dass er unsere Pfade ebnet, wenn wir ihn auf all unseren Wegen erkennen (siehe Spr. 3, 6), und der Heilige Geist will uns an die Worte Jesu erinnern. Ich bete, dass du während der Lektüre dieses wunderbaren Schatzes ebenso, wie ich es wurde, zu dem Gebet herausgefordert wirst: *„Heiliger Geist, bitte hilf mir heute, in angewandter Weisheit zu wandeln. Wahrlich, Herr, zeige uns deine Pfade und lehre uns den Weg des Lebens."*

Katherine Ruonala
Leiterin der Glory City Church, Brisbane, Australien
Gründerin und Leiterin von Australian Prophetic Council
Hauptverantwortliche Leiterin von Glory City Network
und Moderatorin von Katherine Ruonala TV
Autorin vieler Bücher

Einführung

Meine ersten internationalen Reisen im Dienst, die 1986 ihren Anfang nahmen, unternahm ich mit Dale Harison, einem lieben Freund von mir. Wir hatten eine großartige Zeit zusammen, als wir die Botschaft des Reiches Gottes in verschiedene Länder trugen. Vor ein paar Jahren bekam ich Besuch von Dale. Wir unterhielten uns über unsere Familien und unseren Dienst. Plötzlich sagte Dale etwas, das mir nicht mehr aus dem Kopf ging. Er sagte, dass ich gar nicht merken würde, wie anders die Kultur in der Bethel Gemeinde sei – das sollte ich aber, und dass ich ein Buch darüber schreiben müsste. Ich hatte bereits genug Themen, über die ich schreiben wollte. Ich wollte dem, was ich bereits auf dem Herzen hatte, wirklich nichts mehr hinzufügen. Der Hauptgrund für meinen Widerstand gegen diesen Gedanken war allerdings, dass ich nicht über uns schreiben wollte. Absolut nicht. Niemals. Aber ganz ehrlich, ich konnte diesen Gedanken nicht mehr abschütteln. Ich rief Dale einige Wochen später an und bat ihn, seinen Vorschlag zu wiederholen, da ich in seinen Worten Leben gespürt hatte. Das tat er. Daraufhin fing ich an, über die Einzigartigkeit unserer Welt hier bei Bethel nachzudenken, und machte mir Notizen über Dinge, die für den Leib Christi hilfreich sein könnten. *„Der Weg des Lebens"* ist das Ergebnis.

Soweit es mir möglich war, habe ich es vermieden, dieses Buch über Bethel zu schreiben, ohne dich, den Leser, der Erkenntnisse und Erfahrungen zu berauben, die unsere Welt hier bei Bethel geprägt haben.

Ich habe Bethel jahrelang „das große Experiment" genannt. Das ist es wirklich, was bedeutet, dass wir sowohl erfolgreich sind als auch versagen. So haben wir das Vorrecht zu lernen, was funktioniert und was nicht. Diese Vorgehensweise für das Leben und den Dienst ist ein fortlaufender Prozess und das impliziert, dass wir keinesfalls einen Elitestatus erreicht haben. Wir sehen uns regelmäßig mit dieser schmerzhaften Realität konfrontiert. Und doch geschieht hier etwas, wonach ich mich so viele Jahre gesehnt habe. Ich habe gelernt, dass es gelehrt und übertragen werden kann.

Wir hatten Durchbrüche, von denen wir früher nur träumen konnten. Wir haben auch erlebt, dass wir einen so großen Einfluss hatten, wie wir es uns nie erträumt hatten. Wir erlebten extreme Gunst und enormen Widerstand. Beides war in diesem Maße neu für uns. Mit all dem will ich sagen, dass wir uns in einem Prozess befinden.

Dieses Buch ist mein bester Versuch, über sein großes Werk der Gnade in uns auf eine Weise zu sprechen, die Hoffnung weckt, großen Glauben entfacht und eine Übertragung für Transformation freisetzt. Ich offeriere dies in der Hoffnung, die volle Wirkung des Evangeliums des Reiches Gottes auf der Erde zu meinen Lebzeiten zu erleben. Und wenn nicht zu meinen Lebzeiten, dann zu Lebzeiten meiner Kinder.

Ich bete, dass du durch das Lesen dieses Buches einen Durchbruch erlebst, der dir für den Rest deines Lebens einen Stempel aufdrückt.

Kapitel 1

DER GRÖSSTE AUFTRAG

Wenn Gottes Traum das Wichtigste für uns wird, entwickeln wir ein ausgeprägtes Gefühl für unsere Bestimmung. So gelangen wir zu größtmöglicher Freude. Der Traum Gottes muss solange entdeckt und angenommen werden, bis er zu unserem eigenen wird. Dieser Traum besteht zumindest teilweise darin, dass der Himmel auf die Erde kommt. Du glaubst, das sei unmöglich? Nicht für Gott! Es ist sein Herzenswunsch, und er ist in der Lage, ihn auch auszuführen - und sogar durch die begrenzten Bemühungen derer, die seinen Zielen ergeben sind. Wir haben das Vorrecht, gemeinsam mit ihm daran zu arbeiten und zu erleben, wie er unsere Gebete mit seiner Weisheit und seiner Kraft anreichert. Darauf reagieren wir dann in schlichtem Gehorsam.

Von Gott beauftragt

In der Bibel ist häufig die Rede von der Verantwortung jener, die Jesus nachfolgen. Es gibt jedoch einen Auftrag, der so groß und umfassend ist, dass er die Erfüllung aller anderen Aufträge mit einschließt. Vielleicht könnte man die anderen Aufträge als Unterpunkte zu einem Hauptpunkt bezeichnen. Jeder Auftrag ist deshalb wichtig, weil er einem größeren Ziel dient. Und die Erfüllung dieses Ziels besteht in der Verwirklichung von Gottes Traum durch die Kooperation derer, die nach seinem Bild geschaffen wurden.

Wir als Christen haben den Auftrag, so fokussiert zu leben, dass unsere Beziehung mit Gott davon geprägt ist. Das wird anhand unseres Auftrags zu beten besonders deutlich. Gebet zielt vor allem darauf ab, ein wesentlicher Bestandteil unserer Beziehung zu Gott zu sein. Einfach gesagt, wenn wir uns unserem Vater anbetend nähern, sollen wir unsere Stimme erheben und proklamieren: *„Dein Reich komme. Dein Wille geschehe, wie im Himmel, so auch auf Erden"* (Mt. 6, 10; Schlachter).

Die Aufträge, zu evangelisieren, Wunder zu wirken, sich um die Armen sowie um die Witwen und Waisen zu kümmern, sind allesamt ganz praktische Ausdrucksformen dieser einen Hauptaufgabe: dass Gottes Wille sich auf Erden uneingeschränkt manifestiert - wobei der Himmel als Quelle, Modell und Inspiration dient.

Diese Aufgabe lässt sich nicht erfüllen, wenn wir uns lediglich an den Prinzipien Gottes orientieren. Der Himmel selbst existiert durch die Gegenwart Gottes. Unser Auftrag lässt sich nur aufgrund einer Zunahme der überwältigenden Atmosphäre der Herrlichkeit Gottes erfüllen. Dazu kommt es, wenn wir entsprechend unseres Auftrags im Glauben beten. Haben wir in dieser Weise gebetet, müssen wir anschließend bereit sein, die Risiken einzugehen, die erforderlich sind, um seinen Willen auf der Erde zu demonstrieren. Falls du dir hinsichtlich des Willens

Gottes unsicher bist, schau dir an, wie Jesus notleidenden Menschen das Herz seines Vaters offenbarte – nämlich, indem er sie von Krankheit, Qual und Sünde befreite. Jesus Christus ist die perfekte Theologie. Und wir haben das Vorrecht, die gleiche Realität zu veranschaulichen, die Jesus mit sich brachte. Jesus machte das deutlich, als er sagte: *„Wie der Vater mich ausgesandt hat, sende ich auch euch"* (Joh. 20, 21).

Die Realität des Reiches Gottes ist so groß, dass wir die Auswirkungen auf eine Weise erwarten müssen, die förmlich messbar ist. Unsere Wahrnehmung von unsichtbaren Realitäten wird gewaltig geschärft, wenn wir Gottes Gegenwart erleben.

Deshalb sagt er: *„Schmecket und sehet, dass der HERR gütig ist"* (Ps. 34, 8). Was wir sehen und wie wir etwas sehen, wird stets von dem beeinflusst, was wir erleben.

Wir können es uns nicht erlauben, nur gemäß einer Theorie zu leben. Das tun wir aber immer dann, wenn wir in eine gewisse Gebetsroutine verfallen, ohne irgendwelche Auswirkungen im Hier und Jetzt zu erwarten. Es ist nicht falsch, nach Beweisen zu suchen, dass unsere Gebete beantwortet werden. Wenn wir uns daran gewöhnen, dass unsere Gebete nicht erhört werden, neigen wir dazu, uns mit Theorien abzufinden. Viele geben vor, hinsichtlich ihres Gebetsauftrags effektiv zu sein, indem sie den Erfolg ihrer Gebete lediglich anhand einer Ewigkeitsperspektive bewerten. Der Himmel und die Ewigkeit sind weitaus größer, als wir es uns in unseren kühnsten Träumen vorstellen können. Doch gerade wegen dieser Größe neigen wir dazu, unseren Unglauben dahinter zu verstecken und keinen Durchbruch im Hier und Jetzt zu erwarten. Wenn wir das tun, berauben wir uns jedes Mal der Kraft und der Freude, die uns aufgrund von beantworteten Gebeten zuteilwerden sollen. Gebetserhörungen sind Gottes Plan. Auf lange Sicht werden wir leiden, wenn wir erwarten, dass unser Gebetsauftrag erst im Himmel erfüllt wird.

Der ursprüngliche Auftrag[1]

Ich liebe es, die Aufträge Gottes in der Bibel zu studieren. Sie alle ergänzen etwas zum großen Thema der göttlichen Bestimmung für die Menschheit. Aber es ist der ursprüngliche Auftrag, der mein Denken und somit meine Herangehensweise an alle anderen Aufträge prägt.

Und Gott segnete sie, und Gott sprach zu ihnen: Seid fruchtbar und vermehrt euch, und füllt die Erde, und macht sie euch untertan... (1. Mose 1, 28)

Seid fruchtbar: Führt ein produktives Leben, sodass die Frucht eurer Arbeit zum Wohl dessen beiträgt, was Gott gemacht hat.

Vermehrt euch: Habt Kinder – sowohl ihr selbst als auch eure Kindeskinder, die alle unter der Schönheit seiner Herrschaft leben und das Wunder eines perfekten Vaters veranschaulichen.

Füllt die Erde: Verbreitet euch über die ganze Erde. Demonstriert seine Herrschaft durch euren Lebensstil und euren Dienst.

---

[1] Diese Thema behandle ich wesentlich ausführlicher im 2. Kapitel meines Buches „Und der Himmel bricht herein: Wie man ein Leben voller Wunder führt. Ein praktischer Leitfaden" (Grain Press Verlag GmbH)

Macht sie euch untertan: Das deutet darauf hin, dass außerhalb des Gartens Eden bereits Dunkelheit und Chaos herrschte. Untertan machen oder unterwerfen ist ein militärischer Begriff und bedeutet erobern. Das sollte durch Adam und Eva und ihre Nachkommen solange praktiziert werden, bis sich die Grenzen des Gartens Eden über die gesamte Erde erstrecken und die Delegierten Gottes die vollkommene Herrschaft übernehmen.

Im Vaterunser sehen wir, dass Gott sich noch immer danach sehnt, dass sein Reich diese Welt beeinflusst und prägt. Kombiniert man *„wie im Himmel, so auch auf Erden"* (Mt. 6, 10) mit: *„Deshalb geht hinaus in die ganze Welt"* (Mt. 28, 19; Hoffnung für Alle), wird deutlich, dass sich sein Herzensanliegen hinsichtlich unseres Auftrags nicht geändert hat. Als Jesus von den Toten auferweckt wurde, brachte er in vielerlei Hinsicht die Schlüssel der Autorität zurück, die der Mensch preisgab, als er nicht Gott, sondern der Schlange gehorchte. Als Jesus verkündete, dass er jetzt alle Autorität habe, sagte er im Grunde: „Zurück zu Plan A."

Die Überlappung

Als Jesus auf Erden lebte, gab er den 12 Jüngern mehrere Aufträge. Zu Anfang seines Dienstes wurde ihnen befohlen: *„Heilt Kranke, weckt Tote auf, reinigt Aussätzige, treibt Dämonen aus!"* (Mt. 10, 8). Und nachdem Jesus von den Toten auferstanden war, wurde ihnen aufgetragen:

> *Geht nun hin und macht alle Nationen zu Jüngern, und tauft sie auf den Namen des Vaters und des Sohnes und des Heiligen Geistes, und* **lehrt sie alles zu**

bewahren, was ich euch geboten habe! *Und siehe, ich bin bei euch alle Tage bis zur Vollendung des Zeitalters.*

(Matthäus 28, 19-20 Hervorhebung hinzugefügt)

Wir könnten jetzt noch weitere Aufträge betrachten, aber diese beiden werden verdeutlichen, worauf ich hinaus will. Trotz ihrer einzigartigen Persönlichkeiten, Gaben und Berufungen wurde ihnen derselbe Auftrag gegeben. Für mich bedeutet das, dass dieselbe Aufgabe auf unterschiedliche Weise ausgeführt werden kann und dennoch dem Herrn wohlgefällig ist. Und wenngleich einige der Meinung sind, Gottes Aufträge hätten für die 12 Jünger teilweise keine Gültigkeit mehr (z. B. die Gaben des Geistes), wird deutlich, dass Jesus diese Dinge während des Gemeindezeitalters fortgesetzt haben wollte. Jesus trug den Jüngern auf, den Neubekehrten alles beizubringen, was er sie gelehrt hatte. Es beinhaltete sowohl die Krankenheilung als auch die anderen in Matthäus 10 und Lukas 9 gegebenen Anweisungen. Jesus hatte ganz offensichtlich geplant, dass jede Generation von Gläubigen ihre Verantwortung annimmt und an die nächste Generation das weitergibt, was er sie gelehrt hat. Dieser Auftrag und Maßstab sollte nie verändert werden. Dennoch ist es so gekommen.

Wie das Sägen von Holz[2]

Vor einigen Jahren hörte ich einen Pastor darüber sprechen, wie er einmal den Bau eines neuen Gemeindegebäudes plante. Er war von dem neuen Projekt begeistert, denn es bedeutete die Erfüllung einer Vision für seine wachsende Gemeinde. Wir wissen, dass Gebäude nicht die Kirche sind; es sind Menschen. Dennoch sind Gebäude ein großartiges Werkzeug für das Werk des Dienstes und letztendlich, um Städte und Nationen zu beeinflussen.

Dieser Pastor erzählte uns, wie sehr er beim Bau des Gebäudes helfen wollte, obwohl er nicht über die entsprechenden handwerklichen Fähigkeiten verfügte. Der Bauunternehmer wusste um seine Begeisterung für das neue Projekt, aber auch, dass ihm die praktischen Fähigkeiten dafür fehlten.

Der Pastor fragte immer wieder hartnäckig nach, ob er irgendwelche Arbeiten ausführen könne. Seine Begeisterung für dieses Bauprojekt überzeugte den Bauunternehmer schließlich, sodass er ihm etwas zu tun gab. Ich weiß zwar nicht mehr die genauen Zahlen, aber er erklärte dem Pastor, dass er bis zum nächsten Morgen etwa 100 auf ein bestimmtes Maß zugeschnittene Bretter benötigte. Er sagte, dass das eine große Hilfe wäre, denn so könnten sie augenblicklich mit der Arbeit beginnen, sobald sie auf der Baustelle einträfen. Der Pastor war begeistert, dass er bei seinem Bauprojekt selbst Hand anlegen konnte. Nachdem also alle anderen gegen Abend die Baustelle

---

2 Hierbei handelt es sich um eine editierte Version des Inhalts von Kapitel 1 meines Buches „Gott ist gut: Er ist besser als du denkst"

verlassen hatten, blieb der Pastor zurück und schnitt das Holz nach Maß. Er nahm das erste Brett und markierte mit Hilfe seines Maßbands die richtige Länge. Dann sägte er es vorsichtig auf eine Länge von exakt 2,44 Meter zu. Da er es für wesentlich effizienter hielt, nahm er zum Vermessen des zweiten Brettes nicht das Maßband, sondern das zuvor zugeschnittene Holzstück. Das legte er auf das erste Brett, zog vorsichtig eine Linie an der Stelle, wo es abgesägt werden musste. Anschließend legte er dieses Brett auf das nächste, um es entsprechend zuzuschneiden. Diese Messmethode wandte er bei allen 100 Brettern an.

Sicherlich erkennst du das Problem. Nimmt man immer das letzte zugeschnittene Brett als Maß, wird die Markierung auf dem nächsten Brett 3 Millimeter länger ausfallen. Das ist nicht so schlimm, wenn man diese Methode nur bei zwei oder drei Brettern anwendet. Wendet man sie jedoch bei 100 Brettern an, werden die letzten Bretter über 2,75 Meter lang.

Seit über 2.000 Jahren haben wir uns mit der vorigen Generation verglichen und jeweils nur leichte Unterschiede bemerkt. Für den Moment scheinen diese 3-Millimeter-Veränderungen eher harmlos. Aber letztendlich finden wir etwas vor, das nicht mehr viel mit dem Beispiel zu tun hat, das Jesus uns anfangs gegeben hat. Und um unseren Unglauben hinsichtlich unseres Auftrags – den Missionsauftrag, Nationen zu Jüngern zu machen und die größeren Werke zu demonstrieren – zu schützen, hielt man es oftmals für erforderlich, verwässerte Lehren zu kreieren, die das Beispiel und die Gebote Jesu demontierten.

Es ist verrückt, aber diese Leute gehen sogar noch einen Schritt weiter und verunglimpfen alle, die die vollständige Bedeutung des Auftrags, den Jesus uns allen gegeben hat, wiederentdecken wollen. Ich bin immer wieder erstaunt, wie viele darauf hereinfallen. Anstatt uns selbst als Maßstab zu nehmen, hätten wir uns an dem von Jesus gesetzten Maßstab orientieren sollen. So wäre das Maß der Güte Gottes, die sich in Christus offenbarte und in Reinheit und Kraft demonstriert wurde, während der letzten 2.000 Jahre unverändert geblieben. Vielleicht könnten wir dann erkennen, weshalb er beabsichtigte, dass wir größere Werke tun als er (siehe Joh. 14, 12). Wir würden mit frischem Mut und großem Glauben über Jahrhunderte hinweg auf seinem Beispiel aufbauen und erleben, was in unserer Lebensspanne möglich ist. Jesus hatte nur dreieinhalb Jahre, um zu entdecken, was der Vater durch ihn tun wollte. Wir können diesen Maßstab erneut lernen, wenn wir seinem Beispiel durch den Heiligen Geist folgen und dann darauf aufbauen, um den empfangenen Auftrag vollenden zu können.

Unser himmlischer Vater bringt uns zum ursprünglichen Messwert zurück, damit er sich noch deutlicher als der liebende Vater offenbaren kann.

Sich der Vielfalt erfreuen

Jeder Jünger Jesu ist einzigartig. Unsere Gaben, Persönlichkeiten, Hintergründe und Kulturen fließen zusammen, um ein wunderschönes Mosaik namens Gemeinde, den Leib Christi, zu kreieren. Es ist interessant, dass Einheit das Ergebnis des Wirkens des Heiligen Geistes in unserem Leben ist. In Epheser 4, 3 ist von der Einheit des

Geistes die Rede. Sie ist sein Werk. Wir wurden nicht berufen, diese Einheit zu schaffen, sondern sie zu bewahren. Sie existiert bereits überall dort, wo Jesus Einfluss hat. Falls diese Einheit nicht vorhanden ist, haben wir seinen Einfluss nicht in die Gleichung mit einbezogen. Zweitens ist es äußerst wichtig zu erkennen, dass Gottes Art von Einigkeit Vielfalt erfordert. Trotz seiner Einzigartigkeit wird hier jeder Einzelne wertgeschätzt. Die Schönheit liegt im Kontrast.

Dieses Konzept der Einheit durch Vielfalt steht im Gegensatz zum Zeitgeist. Es werden große politische Anstrengungen unternommen, um die Unterschiedlichkeit von Nationen und Volksgruppen aufzulösen. Manche nennen es Globalisierung. Es werden große Anstrengungen unternommen, uns glauben zu machen, es bestünde kein Unterschied zwischen Mensch und Tier. Das Nichtvorhandensein eines Schöpfers schließt die Möglichkeit eines gezielten Designs aus. Auf diese Weise schreibt man der Meinung der Unwissenden geradezu einen göttlichen Status zu. Derselbe Geist ist jetzt am Werk, um die Unterschiedlichkeit von Mann und Frau aufzuheben. Diese Anstrengungen des Feindes unserer Seelen zielen darauf ab, das zu trüben, was Gott geschaffen und als gut bezeichnet hat. Gottes Design ist verschiedenartig und von wahrer Schönheit.

Es ist korrekt zu sagen, Individualität sei von Vorteil, denn Gott hat keine Enkelkinder. Jeder muss in seiner Einzigartigkeit zu ihm kommen. Aber es ist auch wahr, dass es eine Gemeinsamkeit gibt, die ebenso wichtig ist. Wir alle werden vom Vater aufgefordert, so zu werden wie Jesus. Es ist derselbe Appell.

Wie wunderbar, dass das vollkommene Leben Jesu durch unterschiedliche Persönlichkeiten fließen kann und dem, was andere schmecken und sehen können, eine einzigartige Note verleiht. Die vier Evangelien veranschaulichen diesen Punkt sehr gut. Die Perspektive, die Werte und die Berufung jedes einzelnen Verfassers werden anhand seiner Schilderung deutlich, was es bedeutet, Jesus nachzufolgen und so zu werden wie er. Lukas, der Arzt, zeigt in seinem Schreibstil deutlich mehr Mitgefühl und Fürsorge als beispielsweise Markus. Die Effektivität und Ökonomie des Markusevangeliums veranschaulicht, wie du als Jünger das Maximum erzielen kannst. Von daher wird es oft als das Evangelium des Geschäftsmannes bezeichnet. Du findest diese Effizienzmerkmale nicht im Lukasevangelium. Ähnliches könnte man über jedes der vier Evangelien sagen - ganz zu schweigen von der großen Unterschiedlichkeit der Schreiber der Briefe. Gott scheint dieses Thema sehr zu gefallen.

Jeder Schreiber des Neuen Testaments offenbart anhand des Geschriebenen seine Individualität. Seine Persönlichkeit ist erkennbar, ohne dass dadurch die Offenbarung von Jesus verzerrt oder verunreinigt wird. Ich finde das ausgesprochen ermutigend. Ich neige dazu, besonders glaubensschwach zu werden, wenn ich mich mit Menschen vergleiche, deren Gaben sich sehr von den meinen unterscheiden - Menschen, die in bestimmten Bereichen so herausragend sind, dass es für mich unerreichbar ist. Vergleiche anzustellen, ist gefährlich und genau genommen sogar tödlich.

Gottes Berufung ist für jeden Gläubigen gleichermaßen vielfältig. Die Gaben und Verantwortungsbereiche sind gewaltig - so gewaltig, dass die Zusammenarbeit der gesamten Gemeinde erforderlich ist, um unseren Auftrag zu erfüllen, Jesus zu (re)präsentieren und so Nationen zu Jüngern zu machen.

Gebet ist unser Auftrag Nr. 1

Wie am Anfang dieses Kapitels erwähnt, sollen wir dafür beten, dass Gottes Wille hier auf Erden ebenso geschieht wie im Himmel. Dieser Gebetsauftrag ist nicht für die Ewigkeit bestimmt. Er gilt für jetzt!

Unser gottgegebener Auftrag offenbart den Grund, weshalb wir leben. Wir finden ihn in dem, was man gemeinhin als das Vaterunser bezeichnet. (Im Englischen nennt man es das Gebet des Herrn. Das ist keine gute Bezeichnung, denn es enthält das Sündenbekenntnis. Jesus, der ewige Sohn Gottes, war jedoch ohne Sünde. Also nenne ich es das Gebet der Jünger.) Dieses Gebet lautet so:

Unser Vater, der du bist in den Himmeln,
geheiligt werde dein Name;
dein Reich komme,
dein Wille geschehe,
wie im Himmel,
so auch auf Erden.
Unser tägliches Brot gib uns heute;
und vergib uns unsere Schulden,

wie auch wir unseren Schuldnern vergeben haben;
und führe uns nicht in Versuchung, sondern rette
uns von dem Bösen. (Denn dein ist das Reich und die
Kraft und die Herrlichkeit in Ewigkeit. Amen.)
(Matthäus 6, 9-13)

Die folgende Aufschlüsselung wird uns helfen, unseren Auftrag zu erkennen.

Kulturelle Identität

Unser Vater, der du bist in den Himmeln. Ihn Vater zu nennen, ist eine Bestätigung unserer Identität als eine Familie von Söhnen und Töchtern sowie seiner Stellung in unserem Leben als der Allmächtige.

Anbetung

Vater ... geheiligt werde dein Name. „Vater" ist ein heiliger und hochgeschätzter Name Gottes. Das ist die Schlüsseloffenbarung, die Jesus auf die Erde brachte.

Unser Gebetsauftrag

Dein Reich komme, dein Wille geschehe, wie im Himmel, so auch auf Erden. Das ist unsere gemeinsame Aufgabe – sein Herz den Nationen zu offenbaren.

Spezifische Anwendung des Gebetsauftrags

Unser tägliches Brot gib uns heute; und vergib uns unsere Schulden, wie auch wir unseren Schuldnern vergeben haben; und führe uns nicht in Versuchung, sondern rette uns von dem Bösen. Antworten auf diese Bitten sind spezifische Manifestationen des allumfassenden Gebets

„wie im Himmel, so auch auf Erden". Die Erfüllung jedes einzelnen Anliegens ist eine praktische Manifestation der Gebetsantwort.

Anbetung

Denn dein ist das Reich und die Kraft und die Herrlichkeit in Ewigkeit. Amen. Das ist ein apostolisches Gebet. Apostel ist ein Begriff, der sowohl von den griechischen als auch den römischen Armeen verwendet wurde, um den Anführer eines Gefolges zu beschreiben, das den Auftrag hatte, die Kultur des Eroberungslandes in die neu gewonnenen Gebiete zu tragen. Der Grund dafür ist faszinierend. Ihr Oberhaupt sollte sich dort ebenso zuhause fühlen wie in seinem Heimatland. Für uns gilt hier: wie im Himmel, so auch auf Erden.

Unser Gebetsauftrag offenbart Gottes Gesamtauftrag und seine Bestimmung für unser Leben. Wie im Himmel, so auch auf Erden soll durch Gebet mehr und mehr Realität werden. Das Gebet der Jünger ist insofern ein apostolisches Gebet, als dass es sowohl Wunder als auch Transformation zur Folge hat.

Es ist wichtig zu wissen, dass Gott uns niemals ein Gebet geben würde, wenn er nicht vorhätte, dieses auch zu erhören. Er ist kein grausamer Lehrmeister, der uns Rituale und Programme auferlegt, nur damit wir beschäftigt sind. Er ist ein Vater. Gott, der Schöpfer, die Quelle allen Seins, gibt uns Richtung und Anweisungen, die mit seiner Strategie und seinen Absichten im Einklang stehen. Er ist der Baumeister, der gemäß seines perfekten Planes baut. Und auch wir spielen dabei eine Rolle.

Wegen der monumentalen Tragweite der Antwort auf dieses Gebet sind wir versucht zu denken, dieses Gebet würde uns lediglich auf den Himmel oder auf das Tausendjährige Reich vorbereiten. Historisch gesehen neigt die Gemeinde dazu, die größten Verheißungen der Schrift auf eine Zeit zu verlegen, für die wir keine Verantwortung haben. Jesus befahl seinen Jüngern Dinge zu tun, die im Hier und Jetzt Auswirkungen haben. Sein Auftrag an seine Jünger bestand stets darin, Veränderung in ihre unmittelbare Umgebung zu bringen. In diesem Gebet zeigt sich die Leidenschaft des Vaters, der uns zu einer Interaktion auffordert, die auf einer partnerschaftlichen Zusammenarbeit basiert. Hier sehen wir, dass das Ergebnis darin besteht, dass sein Reich in unsere Welt kommt.

Wenn wir auf alles vorbereitet sein wollen, was Gott vorhat, gilt es hinsichtlich des größten aller Aufträge drei Dinge zu beachten. Erstens: Gott will, dass seine Welt - das Reich Gottes - maßgeblichen Einfluss in dieser Welt hat. Wir müssen herausfinden, was das ganz praktisch bedeutet. Zweitens: Der entscheidende Faktor für diesen Durchbruch ist Gebet. Wenn auf Gebet die entsprechenden Taten folgen, hat das gewaltige Auswirkungen. Von welchen Taten sprechen wir hier? Es sind die in anderen Aufträgen enthaltenen spezifischen Befehle wie beispielsweise: Heilt Kranke, evangelisiert die ganze Welt, macht alle Nationen zu Jüngern. Gebet schafft die Voraussetzungen für den Sieg, ganz ähnlich wie das Umschreiten der Mauern Jerichos der Schlüssel war, dass die Mauern fielen. Das Einstürzen der Mauern ermöglichte es den Israeliten, in die Stadt einzudringen und den Feind zu besiegen. Gebet entfernt die Hindernisse (die Mauern), die unserem Sieg im Weg stehen. Auf diese Weise tragen unsere Handlungen zur Erfüllung unserer Gebete (für das Kommen des Reiches Gottes) bei. Mit unserem Gebetsauftrag geht die Aufforderung einher, mit Zuversicht vor Gott zu kommen und mit ihm zusammenzuarbeiten, um zu erleben, dass seine Absichten auf der Erde verwirklicht werden.

Drittens: Wir sollen gemäß seines Herzensanliegens und Traums beten. Die Bibel ist voll von Informationen darüber, wie Gottes Traum ganz praktisch aussieht. Eine Ausdrucksform dieses Traums besteht darin, die Erde mit seiner Herrlichkeit erfüllt zu sehen. Stell dir das einmal bildlich vor und halte stets an der Vision fest – die Erde, erfüllt von der manifestierten Gegenwart Jesu!

Ist das ein unmöglicher Traum? Ja, mit den Mitteln von menschlicher Kraft und Weisheit schon. Aber wie uns die Bibel offenbart, ist dieser Traum Gottes Herzensanliegen. Es ist Gottes Traum. Aber wie soll er denn nun Realität werden? Er wird ihn erfüllen, wenn wir mit Christus zusammenarbeiten. Wir haben das Vorrecht, eine Kultur zu etablieren, die das Reich Gottes förmlich anzieht. In meinem Streben nach „wie im Himmel, so auch auf Erden" habe ich bestimmte Werte angenommen, die sowohl Teil meines persönlichen Lebens als auch des Gemeindelebens geworden sind. Die unterschiedlichen Aspekte dieser Kultur, die wir in dieser Bewegung Gottes erleben, werde ich in jedem Kapitel dieses Buches genauer erläutern.

Kapitel 2

DIE MESSBAREN AUSWIRKUNGEN DES HIMMELS

Ich erwähnte es ja bereits ... Wenn die überwältigende Größe von Gottes Reich auf diese Welt trifft, muss es Möglichkeiten geben, die Auswirkungen zu messen. Das Reich der Himmel ist so beschaffen, dass es die Erde beeinflussen muss. Wenngleich wir die gesamte Wirkung unseres Glaubenslebens auf unser Umfeld niemals sehen oder verstehen werden, können wir einiges davon doch deutlich erkennen. Das müssen wir sogar.

Wir wissen, dass der Teufel nur kam, *„um zu stehlen und zu schlachten und zu verderben"* (Joh. 10, 10). Das lässt den logischen Schluss zu, dass sein Einfluss anhand von Tod, Verlust und Zerstörung gemessen werden kann. Jesus hingegen kam, um Leben zu geben (siehe Joh. 10, 10). Somit kam er, um die Werke des Teufels zu vernichten (siehe 1. Joh. 3, 8). Wir müssen unsere Herzen vor der Lüge bewahren, Tod, Verlust und Zerstörung würden von Gott ausgehen. Unser Auftrag wird entsetzlich geschwächt, wenn wir Gott als Urheber dieser Dinge betrachten. Wir können unmöglich an die Freiheit glauben, wenn dies unserer Ansicht nach nicht der Wille Gottes ist. Wir können Freiheit nur in dem Maße erfahren, wie wir Gott als einen guten Gott betrachten.

Jesus bedrohte einen Sturm. Wäre dieser Sturm der Wille Gottes gewesen, hätte sich Jesus gegen den Willen Gottes gestellt. Wenn wir den Willen Gottes nicht kennen, führt das dazu, dass ein Haus mit sich selbst entzweit ist (siehe Mt. 12, 25). Wir wissen, dass das auf Jesus nicht zutrifft, denn er kam, um uns Leben zu geben. Das Leben zeigt sich am deutlichsten dort, wo früher der Tod herrschte.

Jesus bewertete die Auswirkungen des Himmels und er lehrte uns, wie wir es ihm gleichtun können. Er sagt: *„Wenn ich aber durch den Geist Gottes die Dämonen austreibe, so ist also das Reich Gottes zu euch gekommen"* (Mt. 12, 28). Er bezog sich auf eine Situation, in der der Feind im Leben eines Menschen am Werk war, um zu töten, zu stehlen und zu zerstören. Jesus trieb die Dämonen durch den Heiligen Geist aus, sodass die betroffene Person eine Begegnung mit Gott hatte. Diese Begegnung brachte die Freiheit, die nur aufgrund der Gegenwart Gottes möglich ist. Das ist ein wunderbares Bild dafür, dass Licht die Dunkelheit vertreibt. Der Geist Gottes kommt auf einen Menschen, um die Herrschaft Jesu zu veranschaulichen. Freiheit ist das Ergebnis.

Was ist denn nun in dieser Begebenheit die messbare Auswirkung des Reiches der Himmel? Es ist beides: Es ist sowohl die Abwesenheit von Dämonen als auch die Anwesenheit von Freiheit. Dem Menschen, dem gedient wurde, wird es nicht schwergefallen sein, die Auswirkungen des Dienstes Jesu zu messen. Auch nicht jenen Menschen, die ihm nahestanden. Lediglich die religiösen Kritiker diskutierten über diesen Punkt, weil sie die Realität des Königs und seines Reiches nur schwerlich erkennen konnten. Die Pharisäer zur Zeit Jesu konnten dabei zusehen, wie eine verdorrte Hand geheilt wurde, und gleichzeitig bemängeln, dass es an einem Sabbat geschah. Wenn es Menschen an Hunger nach mehr von Gott und den vollen Auswirkungen seiner Herrschaft auf die Menschheit mangelt, können sie häufig anhand dessen, was sich unmittelbar vor ihren Augen abspielt, die Realität des Reiches Gottes nicht erkennen. Aber jeder ehrliche Sucher wird die wiedergewonnene Freiheit leicht erkennen und sich darüber freuen - und wird dadurch sogar selbst zu einer messbaren Auswirkung des Reiches Gottes.

Eine Kultur zu schaffen, in der Auswirkungen gemessen werden, ist von entscheidender Bedeutung. Die Bewertung geschieht nicht deshalb, um uns einen persönlichen Maßstab für Erfolg oder Misserfolg zu geben, sondern damit wir sehen, ob unsere Glaubensüberzeugungen von der geoffenbarten Gegenwart Gottes bestätigt werden. Das ist erforderlich, damit wir die Kraft des Evangeliums feiern und Gott alle Ehre geben können! So sehe auch ich mich oft mit der Realität konfrontiert, dass ich eine stärkere Manifestation Gottes nötig habe. Wenn ich diesen Mangel erkenne, muss ich mich vor Schuldgefühlen schützen und mich darauf ausrichten, sein Angesicht noch mehr zu suchen. Wenn durch uns Wunder geschehen, dürfen wir das niemals als Maßstab nehmen, um andere zu kritisieren, bei denen das nicht geschieht. Mit einem solchen Verhalten sind wir nicht besser als die Pharisäer.

Immer, wenn Glaube praktiziert wird, sind die Auswirkungen des Reiches der Himmel auf der Erde konkret und nehmen stufenweise zu. Wenn Jesus ein Wunder wirkte, verkündigte er anschließend häufig, dass das Reich Gottes nahe gekommen ist. Mit anderen Worten, es war erkennbar an der schlichten Manifestation, die das Werk Satans von Tod, Verlust und Zerstörung beendete sowie das überfließende Leben brachte, das nur Jesus geben kann. Die Krankheiten (oder die Pein), die ein Beweis für die Werke der Finsternis waren, wurden in ein Zeugnis dafür umgewandelt, dass Jesu Gebete erhört wurden: „...wie im Himmel, so auch auf Erden (Mt.6, 10)". Kurz gesagt, im Himmel gibt es keine Krankheit, also sollte es hier auch keine geben. Wir sollten nie mehr infrage stellen, was der Wille Gottes in einer bestimmten Situation ist, in der es um Sünde, Krankheit oder Pein geht. Das könnte eine Herausforderung darstellen, aber es ist nicht kompliziert.

Sein Reich ist auf vielerlei Weise offenbar, aber es gibt drei Manifestationen, die den Zweck dieses Buches besonders unterstreichen: Vollmacht, Reinheit und eine entsprechende Kultur. Selbstverständlich ist die Liebe die Grundlage für diese Dinge.

Vollmacht

Über die Mächte der Finsternis: Die Kraft des Heiligen Geistes ist für jeden wahren Christen perfekt geeignet. Wir wurden geschaffen, um in dieser Salbung und Kraft zu leben, damit die Werke der Finsternis zerstört werden. Wenn wir das Leben Jesu betrachten, wird eines besonders deutlich: Er begegnete jeder finsteren Situation von Mangel, Sünde, Pein und Krankheit mit einer befreienden Maßnahme. Das ist erstaunlich! Er hat das Problem nie gerechtfertigt. Er hat auch nie geduldet, dass das Problem bestehen bleibt. Er hat das Problem immer gelöst, indem er den Willen des Vaters demonstrierte. Ebenso wichtig ist die Tatsache, dass er auch dann Wunder tat, wenn er schwachen Glauben vorfand. Wunder bezeugen Gottes Güte. Aber sie dienen auch als Schlüssel zu größerem Glauben, größerer Ehrfurcht und größerem Erstaunen über Gott selbst. Bedenke, Jesus hat niemals wegen schwachen Glaubens ein Wunder zurückgehalten. Christen sagen häufig, man habe ein Wunder wegen Kleinglaubens nicht bekommen. Das ist tragisch! Jesus hat so etwas nie getan. Das Letzte, was Menschen in einer tragischen Situation gebrauchen können, sind Geschwister im Herrn, die sie auffordern, eine Nabelschau vorzunehmen und ihren Glauben zu untersuchen. Das macht die Sache nur noch schlimmer. Dort findet man keinen Glauben. Man findet ihn in Christus: *"... indem wir hinschauen auf Jesus, den Anfänger und Vollender des Glaubens"* (Hebr. 12, 2).

Jesus hat häufig das Problem von schwachem Glauben angesprochen. Aber anschließend wirkte er jedes Mal ein Wunder und gab so dem Betreffenden Zugang zu größerem Glauben. Er spricht darüber in Johannes 4, 48: *"Wenn ihr nicht Zeichen und Wunder seht, so werdet ihr nicht glauben."* Wenn ich jemanden über diese Bibelstelle lehren höre, wird meistens etwas Negatives hervorgehoben. Es heißt dann, Jesus hätte das gesagt, weil er wegen ihres Unglaubens frustriert gewesen sei. Erstens sagt diese Schriftstelle das nicht aus, aber wegen unseres persönlichen Problems des Unglaubens wird so darüber gelehrt. Zweitens widerspricht eine solche Auffassung den anderen Aussagen Jesu zu diesem Thema. Johannes gibt uns ein ernüchterndes Beispiel: *„Wenn ich nicht die Werke meines Vaters tue, so glaubt mir nicht! Tue ich sie aber,* **so glaubt doch den Werken, wenn ihr auch mir nicht glaubt,** *damit ihr erkennt und glaubt, dass der Vater in mir ist und ich in ihm!"* (Joh. 10, 37-38; Schlachter). Das ist erstaunlich. Ohne Wunder - die Werke des Vaters (siehe Joh. 14, 12) - haben wir weniger Zugang zu der Art von Glaubensleben, das Jesus sich für uns wünscht. Aber wenn wir die Auswirkungen des Reiches Gottes auf der Erde erleben, ist das immer befreiend, bringt aber auch die Notwendigkeit mit sich, unser Leben zu ändern. Wunder sollen uns zur Buße führen. Auf diese Weise bekommen wir Zugang zu einem Maß des Glaubens, das wir sonst kaum entwickeln könnten. Dieses Zeugnis finden wir in allen Evangelien. Menschen sahen und glaubten.

Über persönliche Unzulänglichkeiten und Schwächen: Es ist von entscheidender Bedeutung, dass wir erkennen, dass seine Kraft in unserem Leben nicht nur darauf begrenzt ist, wie wir anderen dienen. Ein interessanter Maßstab für den Dienst findet sich im Alten Testament: *„Du sollst dem Ochsen, der da drischt, nicht das Maul verbinden"* (5. Mo. 25, 4; Luther). Dieser Vers mag zu diesem Thema befremdlich wirken, aber betrachte ihn einmal so: Ein Arbeiter für Christus muss in der Lage sein, sich von seiner Arbeit ernähren zu können. Das bedeutet, wenn ich dir durch die Kraft des Heiligen Geistes in meinem Leben Freiheit bringe, muss ich auch lernen, mich vom Heiligen Geist zu nähren, damit auch ich in vollständiger Freiheit lebe. Viele Menschen bekehren sich, empfangen Vergebung, tragen aber weiterhin das Gepäck ihres früheren Lebenswandels mit sich herum. Manche kommen zu Jesus, um errettet zu werden, sind jedoch noch in Süchte (beispielsweise Drogen, Pornografie) oder Dinge wie Klatsch und Verleumdung verstrickt. Der Punkt ist, diese Dinge müssen sich ändern. Und sie ändern sich entsprechend des Wirkens der Kraft Gottes in unserem Leben. In 1. Samuel 10, 6 lesen wir, dass Saul in einen anderen Menschen verwandelt wurde, wenn der Geist des Herrn auf ihn kam. Die Tatsache, dass er Gottes Wirken in seinem Leben nicht aufrechterhalten konnte, spricht nicht gegen diese Erfahrung. Es ist die Geschichte eines Menschen, der die Gnade, die Gott ihm für persönliche Veränderung gab, nicht treu verwalten konnte. Die Quintessenz ist, dass er verändert wurde, wenn der Geist Gottes auf ihn kam. Es stand ihm frei, zu dem Mann zu werden, den Gott in ihm sah. Die Kraft Gottes ist auch in der Weise für unsere persönliche Freiheit wirksam, damit unser Charakter in Einklang mit seiner Kraft kommt.

Durchhaltevermögen in Schwierigkeiten: Der schwierigste Teil eines an Wunder orientierten Lebensstils besteht darin, auf das Wunder zu warten. Der Kampf findet in den Gedanken statt. Dieser Kampf kann sehr heftig werden, besonders dann, wenn das Wunder nicht sofort oder überhaupt nicht geschieht. Ich habe Freunde, die um des Evangeliums willen sehr gelitten haben. Sie wurden geschlagen, beschossen, inhaftiert, kritisiert und betrogen. Aber bevor es zu solch heftigen Dingen kam, hatten sie eine äußerst machtvolle Taufe im Heiligen Geist erlebt. Sie berichteten, dass sie ohne diese Begegnung mit Gott den Mut verloren und aufgegeben hätten. Diese

Taufe dient dem Zweck, Kraft zu empfangen – Wunder wirkende Kraft. Und manchmal brauchen wir diese Kraft für das Wunder des Durchhaltens.

Viele neigen zur Introspektion und Selbstverurteilung, wenn es an einem Durchbruch mangelt. Das ist in unserer wunderorientierten Kultur eine so große Sache, dass ich mich in meinem Buch „Das persönliche Krafttraining im Herrn" ausführlich mit diesem Thema beschäftigt habe. Aber an dieser Stelle möchte ich es bei der Feststellung bewenden lassen, dass Kraft auch notwendig ist, um durchhalten zu können. Die Manifestation von Kraft bei den Aposteln diente sicherlich dazu, um Wunder zu wirken. Was möglicherweise jedoch am meisten hervorgehoben werden sollte, war ihre gottgegebene Fähigkeit, Mühsal zu ertragen, ohne Gott, sich selbst oder dem Volk Gottes die Schuld zuzuschreiben. Das ist in mancherlei Hinsicht vielleicht das größere Wunder. Wir müssen uns an das Wort Gottes halten, das besagt, dass *„alle Dinge zum Guten mitwirken"* (Röm. 8, 28). Diese Verheißung wäre gar nicht nötig, wenn sich für uns alles nach unserer Vorstellung entwickeln würde.

Reinheit

Heiligkeit ist die Schönheit Gottes. In der Bibel heißt es: *„… in heiliger Pracht"* (Ps. 96,9). Niemand ist schöner, atemberaubender, attraktiver, erstaunlicher oder herrlicher als Jesus. Er ist die personifizierte Heiligkeit. *„Alles an ihm ist lieblich"* (Hl. 5, 16; Schlachter). Dennoch haben die meisten Christen kein richtiges Verständnis von Gerechtigkeit oder Heiligkeit.

Die Gemeinde reduziert diese wunderbare Eigenschaft Gottes auf eine Liste von Regeln darüber, was wir zu tun und zu lassen haben. Es ist die Schönheit Gottes und seine Heiligkeit, die diesen Fehler so verachtenswert machen. Dennoch verstehe ich die Notwendigkeit von Listen. Im Laufe der Geschichte gab es immer wieder Menschen, die Christus bekannten, aber ein vollkommen gottloses Leben führten – das nannten sie dann Gnade. Wenn unser Verständnis von Gnade nicht zu Rechtschaffenheit führt, haben wir Gnade nicht verstanden.

Die Realität von Gottes Reich sollte sich in meinem Leben so manifestieren, dass ich Jesus ähnlicher werde. Meine Reaktion auf Herausforderungen, auf Menschen und auf die Zukunft sollen den Einfluss des Himmels auf die Erde veranschaulichen. Jesus möchte, dass jeder Christ ihn so (re)präsentiert, dass die Welt erkennt, wie der Vater ist. So lautet schlicht unser umfassendes Mandat. Offenbare den Vater. Offenbare seine Herrlichkeit, seine Wunder, seine Schönheit, seine Güte, seine Barmherzigkeit und seine Kraft. Die Liste der Möglichkeiten ist endlos. Wenn Menschen aufgrund dessen, was sie in unserem Leben sehen, den Vater verherrlichen, haben wir es geschafft. Sieh es mal so: Unser Leben ermöglicht es ihnen, sich selbst Gott zu nähern. So bekommt er die Ehre dafür, was er was er in unserem Leben getan hat. Auf diese Weise positionieren sie sich für eine Beziehung zu Gott und ihr persönliches Wunder der Transformation.

So soll euer Licht leuchten vor den Menschen, damit sie eure guten Werke sehen und euren Vater, der in den Himmeln ist, verherrlichen. (Matthäus 5, 16)

Die Auswirkungen des Himmels auf der Erde werden sowohl anhand meines Charakters als auch anhand meiner unverzüglichen Buße gesehen, wenn ich falsch liege. Das schließt auch meine Bereitschaft mit ein, den Schlamassel zu bereinigen, den ich angerichtet habe. Manchmal verpassen wir die Gelegenheit, Gott durch unser Verhalten gut zu repräsentieren. In solchen Situationen besitzen wir das Privileg, seine Güte durch unsere Umkehr zu veranschaulichen.

Persönliche Heiligkeit ist immens wichtig. Das gilt aber auch für den korporativen Ausdruck von Heiligkeit, der sich darin zeigt, wie sehr wir andere Menschen wertschätzen. Wir haben das Vorrecht, andere zu feiern und so zu behandeln, wie Jesus die Seinen. Es ist diese Heiligkeit, die uns definiert.

Nun zu einigen Geboten, die uns gegeben wurden, um diesen Auftrag zu erfüllen:

Seid freundlich und demütig, geduldig im Umgang miteinander. Ertragt einander voller Liebe.
(Eph. 4, 2; Neues Leben)

Seid aber zueinander gütig, mitleidig, und vergebt einander, so wie auch Gott in Christus euch vergeben hat!
(Eph. 4, 32)

Ordnet euch einander unter in der Furcht Christi ...
(Eph. 5, 21)

Sondern in Demut schätze einer den andern höher ein als sich selbst. (Phil. 2, 3; Einheitsübersetzung)

So tröstet nun einander ... (1. Thess. 4, 18; Schl.)

Darum macht euch gegenseitig Mut ...
(1. Thess. 5, 11; NGÜ)

Haltet Frieden untereinander! *(1. Thess. 5, 13)*

... sondern strebt allezeit dem Guten nach gegeneinander und gegen alle! *(1. Thess. 5, 15)*

... und lasst uns aufeinander achthaben, um uns zur Liebe und zu guten Werken anzureizen ...
(Hebr. 10, 24)

Redet nicht schlecht übereinander, Brüder! *(Jak. 4, 11)*

Seufzt nicht gegeneinander, Brüder ... *(Jak. 5, 9)*

Bekennt nun einander die Sünden ... *(Jak. 5, 16)*

Das ist korporative Heiligkeit. Die Bibel ist voll von solchen Anweisungen und Aufträgen. Sie sind keine drückende Last. Es sind Gelegenheiten, um uns gegenseitig und unserem Umfeld zu zeigen, wie Er ist. Die Reinheit Christi zeigt sich darin, wie wir einander wertschätzen. So wie sich mein Körper um alle seine Bestandteile kümmern muss, muss dies auch der Leib Christi tun, um sein unveränderliches Wesen – gemeint ist Heiligkeit – zu veranschaulichen. Es gibt heutzutage viele Krankheiten, die nur darin bestehen, dass der Körper sich selbst angreift. Morbus Crohn ist ein Beispiel – eine Krankheit, bei der sich der Dickdarm im Prinzip selbst zerfrisst. So tragisch das auch ist, in der Gemeinde geschieht es ständig. Menschen abzulehnen oder sich gegen sie zu wenden, ist eine Krankheit mit größeren Folgen als jede körperliche Erkrankung.

Kultur

„Wie im Himmel so auch auf Erden" muss über unser Bedürfnis nach Heilung und Befreiung hinausgehen. Diese Dinge sind notwendig und auch immer ein Ausdruck der Liebe des Vaters zu uns. Aber sie dienen einem bestimmten Zweck. Wenn wir das erkennen, werden diese Erfahrungen Auswirkungen auf das Leben haben, wie wir es kennen.

Eine Kultur zu schaffen, in der das Evangelium Auswirkungen auf sämtliche Aspekte des Lebens hat, ist ein sehr herausfordernder Teil unseres Auftrags, denn so wird der Verlauf der Geschichte am stärksten beeinflusst. Wird er realisiert, findet sich die Schönheit Gottes im täglichen Leben der Menschen überall auf der Welt. Ich glaube, das war das Geheimnis der Reformation und der Erweckungen in verschiedenen Ländern dieser Welt. Sein Reich hat Auswirkungen auf das Leben, wie wir es kennen. Und doch geschah in diesen Zeiten der Erquickung nicht das volle Maß dessen, was der Herr beabsichtigte.

Die Werte, Prinzipien, Überzeugungen und Einstellungen, die den Alltag in einer bestimmten Region prägen, machen im Wesentlichen die dort vorherrschende Kultur aus. Jede Stadt, jedes Land und auch jede örtliche Gemeinde hat eine bestimmte Kultur. Das Ziel besteht darin, zu schmecken und zu sehen, wie es wäre, wenn die Kultur des Himmels das Wertesystem unserer Welt prägen würde. Zu glauben, dass so etwas tatsächlich in einer Nation geschieht, mag für viele schwer vorstellbar sein. Beginne also zumindest mit deinem Zuhause oder mit deiner örtlichen Gemeinde. Lass die kleinen Durchbrüche in der Kultur in deinem Denken als Prototyp dafür dienen, was Gott im Großen tun möchte.

Die Kultur des Himmels ist in erster Linie auf die Gegenwart Gottes fokussiert. Dort ist alles mit der Gegenwart Gottes verbunden und gedeiht durch die Gegenwart Gottes. Im Himmel existiert nichts losgelöst von seiner Gegenwart. Gott ist die Schönheit dieser Welt. Als Anbeter sind wir der überragenden Größe seines Reiches ausgesetzt. Daher sind wir berufen, seine Werte hier einzuführen.

Man kann mit Sicherheit sagen, dass im Himmel eine Kultur der Ehre herrscht. Unter seiner Herrschaft wird jeder dafür gefeiert, wer er ist. Niemand scheitert daran, anders sein zu wollen. Sämtliche Eigenschaften jeden Lebens gelten als schön und wertvoll. Die Anweisungen, die Gott uns hinsichtlich unserer Beziehungen gibt, dienen lediglich als Spiegel der Realität, die in seiner Welt bereits existiert. Es ist möglich, den Lebensstil des Himmels schon jetzt zu erleben. Unsere Lebensweise kann durch den Lebensstil jener im Himmel geprägt werden.

Da ist es wieder. Das Maß von „wie im Himmel, so auch auf Erden" macht sich daran fest, welchen Stellenwert wir seiner Gegenwart, seinen Werten und seinem Lebensstil beimessen. Wenn sich die Werte seiner Welt in unserem täglichen Leben niederschlagen, wird die Kultur des Himmels real und messbar.

Kapitel 3

UNSERE KULTUR ODER REICH GOTTES KULTUR?

Ein Gewächshaus bauen

Die Niederlande sind ein erstaunliches Land, das für viele Dinge bekannt ist, nicht zuletzt für seine Deiche, Windmühlen, Holzschuhe und Tulpen. Wenngleich das eher die Meinung von Touristen widerspiegelt, so ist diese Erkenntnis doch von gewissem Nutzen. Mein Freund und ich waren in Holland, um in dem feuchtkalten Monat November auf einer Pastorenkonferenz zu sprechen. An einem freien Nachmittag wollte unser Gastgeber uns einige der Sehenswürdigkeiten zeigen, für die sein Land bekannt ist. Ich war zum ersten Mal in Holland und war begeistert, einige dieser Dinge zu sehen, die ich bisher nur auf Ansichtskarten oder im Fernsehen gesehen hatte. Wegen des Wetters fuhren wir allerdings an vielen der typischen Reiseziele nur vorbei. Es war einfach zu kalt und zu feucht, um aus dem Auto zu steigen. Wir ließen uns die Laune aber nicht verderben und

und betrachteten interessiert die Windmühlen und Deiche durch das Autofenster. Wenigstens bekamen wir diese Dinge zu Gesicht, aber keiner von uns wollte dafür aussteigen. Schon bald trafen wir an dem Ort ein, den unser Gastgeber im Sinn gehabt hatte. Es gab dort eine Reihe riesiger Gewächshäuser, in denen Tulpen kultiviert wurden. Von diesen Gewächshäusern versendet die Tulpenindustrie Blumen und Blumenzwiebeln in die ganze Welt. Seither habe ich gelesen, dass die Niederlande etwa 85 Prozent des weltweiten Tulpenhandels abdecken.

Als wir in das Gewächshaus eintraten, war ich von den Farben und der Schönheit dieses schier endlos erscheinenden Blumenmeeres erstaunt. Reihe um Reihe und Abschnitt um Abschnitt zeugten von der Fähigkeit der Holländer, zu jeder Jahreszeit wunderschöne Blumen ziehen zu können. In den Gewächshäusern war es zwar nicht besonders warm, aber doch wesentlich angenehmer als draußen. Neben einem der Teiche posierte sogar eine Braut in ihrem wunderschönen Brautkleid für ihre Hochzeitsfotos. Während wir für etwa eine Stunde in diesem Blumenmeer umhergingen, waren wir von der Pracht und Qualität der Tulpen tief beeindruckt. Ich finde es wirklich außergewöhnlich, dass jemand herausfand, wie man unter den denkbar schlechtesten Gegebenheiten solche Blumen züchten kann. Diese Tulpen, die bei dem eher feindseligen Wetter draußen keine Überlebenschance hätten, wuchsen und gediehen in der Atmosphäre eines Gewächshauses.

Wenn wir als Gemeinde hier auf Erden die Kultur des Himmels entdecken und darin leben, kreieren wir eine Atmosphäre, die hinsichtlich ihrer Auswirkungen über einer Stadt der eines Gewächshauses sehr ähnlich ist. In der richtigen Atmosphäre (der vorherrschenden Kultur) werden wir die Dinge, für die wir eine Vision haben, eher entwickeln, weil ein solches geistliches Klima der Vision und dem Mandat des Herrn entgegenkommt.

Welche Kultur haben wir?

Weil so viele Bereiche der normalen christlichen Kultur nur selten hinterfragt werden, stellen wir oft Mutmaßungen darüber an, was wichtig ist und was nicht. Die meisten von uns sind in ihrer Sichtweise von ihrer eigenen Geschichte geprägt - sei sie nun gut oder schlecht. Um Dinge richtig beurteilen zu können, bedarf es der Erneuerung des Sinnes.

Was mir allerdings nicht gefällt, ist die rebellische Herangehensweise, dass alles falsch sei und man alles infrage stellen müsse. Jedoch haben wir oftmals „heilige Kühe", die möglichst niemand antasten soll. Diese Kühe sind unsere Lieblingsunzulänglichkeiten, die die Gemeinde manchmal um jeden Preis schützen möchte. Die meisten von uns brauchen in so vielen Bereichen des Denkens Veränderung, dass ich bezweifle, wir könnten damit umgehen, wenn Gott uns alle unsere Nöte auf einen Schlag zeigen würde. Für mich persönlich läuft es darauf hinaus, ihm auf meinem Weg vollkommen zu vertrauen. Und das ist viel leichter, wenn ich seinen Absichten komplett ergeben bin und keinerlei Hintergedanken habe. Sich seiner Herrschaft zu ergeben, ist tatsächlich der einzige Weg, um vor den Herrn zu treten.

Gemeinde, wie wir sie seit eh und je kennen

Jede Gemeinde hat eine bestimmte Kultur. Man erkennt sie an ihren Werten, Glaubensüberzeugungen, Erwartungen, Verhaltensregeln, an ihrer Bestimmung, an ihrem Umgang mit Geld, Erfolg und Menschen (sowohl Sündern als Heiligen) und vieles mehr. Es ist unsere ungeschriebene Lebensanschauung. Meistens entspricht die in einer Gemeinde etablierte Kultur nicht der tatsächlichen Kultur des Reiches Gottes. Mit anderen Worten, eine Kultur wurde möglicherweise installiert, um die uns wichtig erscheinenden christlichen Prinzipien nachzuahmen, nur handelt es sich dabei nicht zwangsläufig um das Wertesystem des Himmels. Ich weiß, dass sich das wie ein Widerspruch anhört, aber das ist es nicht. Es ist äußerst praktisch. Lass es mich illustrieren.

Fast jeder mir bekannte Dienst wendet diesen Ansatz auf Finanzen an: Wir wissen, dass jeder von uns eine begrenzte Anzahl von Tagen auf der Erde hat. Wir wissen auch, dass wir nur ein begrenztes Maß an körperlicher Kraft haben. Ganz praktisch gesehen, wissen wir, dass wir ohne Schlaf, Nahrung und körperliche Bewegung kein gesundes, langes Leben haben. Das Ignorieren dieser Naturgesetze öffnet dem Feind unserer Seele die Tür, um sein selbst gesetztes Ziel, zu töten, zu stehlen und uns zu verderben, zu erfüllen. Wenn wir die natürliche Seite vernachlässigen, geben wir ihm das Recht, negativen Einfluss auf den geistlichen Teil unseres Lebens zu nehmen. Stellen wir dieser Realität nun folgende Tatsache gegenüber: Wir haben Zugang zu unbegrenzten Ressourcen. Auf dieselbe Weise vermehrte Jesus Nahrung oder wies den Jünger an, die Goldmünze aus dem Maul des Fisches zu holen. Folglich haben wir durch die Gnade Gottes Zugang zu unbegrenzter Versorgung. Gemäß der Bibel geschieht die Bereitstellung unserer Ressourcen *„nach seinem Reichtum in Herrlichkeit"* (Phil. 4, 19). Wenn es jemals eine Aussage gab, die unser Herz und unseren Sinn überwältigen sollte, dann diese. Dieser Standard für göttliche Versorgung ist eine ewige, unerschöpfliche Quelle. Dennoch verbraucht ein normaler Dienst bis zum Punkt der Erschöpfung, des Missbrauchs und der Vernachlässigung das, was begrenzt ist (Zeit und Kraft), um das zu sparen, was unbegrenzt ist (Ressourcen). Das nennen wir dann eine „gute Verwaltung". Indem man versucht, eine biblische Kultur zu schaffen, die es im Himmel nicht gibt, könnte es sich hierbei durchaus um den Arm des Fleisches handeln.

Ich gebe dir noch ein weiteres Beispiel, um den Unterschied zwischen der Kultur des Himmels und der christlichen Kultur zu illustrieren. Menschen, die sich für das Evangelium völlig verausgaben, werden als Helden gefeiert. Es werden Bücher über sie geschrieben. Und dann wird dieses Problem in der Gemeindekultur insofern weiterentwickelt, als dass Pastoren gefeiert werden, die sich niemals einen Tag freinehmen. Die Gemeinde feiert sie für ihre aufopferungsvolle Liebe für die Gemeindemitglieder. Wenn du jemals eine Flugreise unternommen hast, hast du bestimmt die Stewardess sagen hören: „Falls Sie Sauerstoff benötigen, fällt eine Sauerstoffmaske herab. Legen Sie sie zuerst sich selbst an und dann denen, die Hilfe brauchen." Es ist keine Liebe, sich in einem solchen Fall zuerst für die Sitznachbarn zu entscheiden, weil du möglicherweise ohnmächtig wirst, bevor du ihnen helfen kannst.

Wir vergessen die Tatsache, dass die von uns als Helden gefeierten Pastoren gegen ein Ruhegebot des Herrn verstoßen mussten. Wenn sie dann häufig ihre Familie oder ihre Gesundheit einbüßen, schieben wir diese Tragödie dann auf den geistlichen Kampf, mit dem geistliche Leiter konfrontiert sind. Ich verneine nicht, dass es einen geistlichen Kampf gibt. Aber es sind unsere unklugen Entscheidungen, welche die Mächte der Finsternis ermächtigen. Unsere Werte sind häufig verdreht und haben nichts mit dem Reich Gottes zu tun. „Wie im Himmel, so auch auf Erden" muss buchstäblich angewendet werden, wenn wir auf unser Umfeld die Wirkung von Salz haben wollen, so wie Gott es vorgesehen hat. Ich will wirklich niemanden beschämen. Ich habe selbst auch törichte Versuche unternommen, um Gott zu ehren. Wir müssen aufwachen und erkennen, wie die Realität des Himmels unser Denken und unsere Lebensweise beeinflusst - und wir müssen uns vollständig Gott und seinem Wort zuwenden.

Ich schreibe diese Dinge, um geistlichen Hunger zu wecken. Wie sehr sind wir bereit, das Gebet „wie im Himmel, so auch auf Erden" umzusetzen? Offensichtlich ist die Erfüllung dieses Gebets zu unseren Lebzeiten möglich, ansonsten wäre es den Jüngern nicht als Schlüsselgebet für das Hier und Jetzt gegeben worden. Jesus ist nicht dafür bekannt, dass er seinen Jüngern sinnlose Übungen gibt. Seine Anweisungen dienen nie dazu, uns einfach nur zu beschäftigen. Sie sind vom Wesen her befreiend und offenbaren sein Herz für die Menschen.

Jesus hat dem Einfluss des Himmels auf Erden keine Grenzen gesetzt. Und das sollten wir auch nicht. Wenn Jesus im Gebet eine Richtung vorgibt, offenbart er sein

Herz und seinen Willen für unser Leben. Durch diesen Prozess will er unsere Bestimmung erfüllen. Er zeigt uns das Gebet, das der Vater sehnlichst beantworten will. Es ist wichtig, dass wir realisieren, welchen Prozess Gott gebraucht, um seine Absichten durch uns zu erfüllen – durch Gebet. Was wir im Gebet in Besitz nehmen, werden wir im Leben auch besser verwalten können. Diese Schlachten werden auf unseren Knien gewonnen, bevor wir sie ganz praktisch ausleben.

Der entscheidende Schlüssel für einen solchen Lebensstil ist ein beständiger Hunger nach mehr. Es ist die Kultur des Reiches Gottes, dass wir in froher Dankbarkeit leben, aber auch mit einem stets wachsenden Hunger, was in unserem Leben noch möglich sein könnte. Das ist der wahre für uns vorgesehene Lebensstil.

Freiheit, um zu experimentieren

Den Willen Gottes auf der Erde zu etablieren, scheint auf dem Papier recht einfach zu sein. Aber im wirklichen Leben erfordert es die Bereitschaft, es immer wieder zu versuchen, auch wenn wir versagt haben. In meinem Glaubensleben habe ich am meisten durch die Freiheit zum Experimentieren gelernt. Es kommt sehr selten vor, dass ein Kind gleich beim ersten Versuch problemlos Fahrrad fährt. Ich habe meinen Kindern gesagt, dass sie auf den großen Rasenflächen im Park Fahrrad fahren sollen, damit sie im Falle eines Sturzes weich fallen. Soweit es möglich war, fielen sie gefahrlos. Ich glaube, das ist im übertragenen Sinne eine oft vergessene Verantwortung von Pastoren. Viele Leiter sind der Auffassung, ihre Aufgabe bestünde darin, den Menschen davon abzuraten, etwas auszuprobieren, damit sie nicht scheitern. Wenn ich vom Scheitern spreche, meine ich nicht moralisches Versagen oder das Ausprobieren eines Lebensstils, der im Gegensatz zu den Lehren der Schrift steht. Ich beziehe mich auf den von Gott gegebenen Wunsch, zu lernen, wie man Jesus vorbildlich in Reinheit und Kraft repräsentiert. Wir sind dann am produktivsten, wenn unser Verlangen, sein Mandat für unser Leben zu erfüllen, größer ist als unsere Angst vor dem Versagen. Ich glaube, dass die Bereitschaft zu versagen eine Notwendigkeit für Wachstum ist, insbesondere, wenn wir nach den biblischen Realitäten hungern, die inzwischen nicht mehr die Norm in der neutestamentlichen Gemeinde sind. Jemand muss den Durchbruch schaffen, damit andere davon profitieren können.

Ich erinnere mich an die Zeit, als ich anfing, die Bethel Gemeinde in Redding, Kalifornien, pastoral zu betreuen. An einem der ersten Sonntage kündigte ich an, dass mein Lebensstil die Freiheit zum Experimentieren erforderte. Für gewöhnlich mache ich so etwas in Gemeinschaft mit Gleichgesinnten, damit wir einander rechenschaftspflichtig bleiben. Dann sagte ich, dass es für jene Gemeindemitglieder sehr unbequem werden könnte, die es nicht mögen, wenn es nicht auf Anhieb klappt, und dass sie vielleicht darüber nachdenken sollten, ob sie lieber in eine der anderen guten Gemeinden in der Stadt wechseln wollen. Es klang nicht ganz so grob, wie es sich liest. Aber ich war ehrlich. Ich glaube, das ist meine Berufung. Weisheit und liebevolle Fürsorge für Menschen müssen immer selbstverständlich sein, aber genauso wichtig sind für uns alle übernatürlichen Durchbrüche, um in Gottes Traum für uns zu wachsen. Schließlich hat er mich dazu bestimmt, seinem Sohn in Reinheit und Kraft ähnlich zu sein. Die Realität ist, dass jemand anders vielleicht vor mir den Durchbruch erlebt. Das ist wunderbar! Es geht hier nicht um einen Wettlauf gegen andere Gläubige. Es ist ein Wettlauf gegen die Zeit. Doch da uns hinsichtlich der übernatürlichen Dinge häufig die Vorbilder fehlen, denen wir nacheifern könnten, füllt das Ausprobieren einen noch größeren Bereich unseres Lebens aus.

Grenzen überwinden

Hinsichtlich der Frage, wie schnell ein Mensch laufen kann, gab es einmal eine Grenze im Denken der Menschen. Sogar einige Ärzte und Wissenschaftler behaupteten, dass ein Mensch die Strecke von einer Meile unmöglich unter 4 Minuten laufen kann. Sie konnten ihre Schlussfolgerungen mit wissenschaftlichen Prinzipien und Fakten begründen. Ihre Argumentation schien schlüssig zu begründen, weshalb es bisher noch niemand geschafft hatte. Es gab jedoch einige Menschen, die nicht an die Schlussfolgerung der sogenannten Experten glaubten. Einer von ihnen war Roger Banister, ein Medizinstudent in Großbritannien. Am 6. Mai 1954 lief er eine Meile in 3 Minuten und 59,4 Sekunden. Die Leute rasteten aus und eine gewaltige Grenze war gebrochen worden - sowohl in athletischer als auch in mentaler Hinsicht. Der Rekord hielt nicht lange. In den darauffolgenden Wochen und Monaten brachen noch weitere Läufer seinen Rekord. Banister durchbrach eine psychologische Barriere und andere schienen davon zu profitieren. Es ist durchaus vergleichbar damit, wie Durchbrüche im Reich Gottes geschehen.

Die Geschichte zeigt Folgendes: Wenn es in einem Teil der Welt zu wunderbaren Ausgießungen des Geistes kommt, geschieht ohne jegliche Kommunikation oder geografische Verbindung die gleiche Ausgießung in einem anderen Teil der Welt - manchmal nur Tage oder Wochen später. Natürlich ist die Aussage, das sei „Gottes souveränes Handeln", immer eine legitime Erklärung für solche Ereignisse. Aber wir sind keine programmierten Roboter. Man kann aber auch festhalten, dass ein Durchbruch geschieht, wenn der geistliche Hunger eines Jüngers Jesu größer ist, als die Angst zu versagen. Wenn irgendwo so ein Durchbruch geschieht, öffnet sich eine Tür für andere, ebenfalls eine Ausgießung zu erleben. Das Zeugnis von Gottes Treue bewirkt sozusagen eine Art Sogwirkung in Richtung Gottes Absichten, sodass auch andere mit hineingezogen werden, manchmal sogar ohne besondere Anstrengung oder großes Trara.

Die heutige Gemeinde ist dabei zu lernen, alte Denkweisen aufzugeben, eine echte biblische Weltsicht anzunehmen und mutig in die Verheißungen Gottes einzutreten, und das auf eine Art und Weise, die wir nie für möglich gehalten hätten. Das ist unser Vorrecht und das ist unser Mandat.

Kapitel 4

ECKPFEILER DES DENKENS

Vor vielen Jahren predigte ich in einer Stadt, die für das Hauptquartier einer Sekte bekannt war. Was mich bei dieser Reise besonders beschäftigte, war die Tatsache, dass sehr viele Menschen in dieser Region unter dem Einfluss dieses Kultes lebten, obwohl sie gar nicht dazugehörten. Wenngleich ich bezweifle, dass die dortigen Bewohner sich dessen bewusst waren, hatte diese Gruppe eine Kultur entwickelt, die eine ganze Region prägte. Ihre „religiöse" Kultur hing wie eine Nebeldecke über der Region und beeinflusste Werte und Sichtweise dessen, was vom Leben zu erwarten ist.

Auf meinem Rückflug dachte ich darüber nach, was ich gerade erlebt hatte - eine Kultur beeinflusst jeden. Dann ging mir ein Licht auf. Wenn das im Negativen funktioniert, dann müsste es auch im Positiven funktionieren. Meine Schlussfolgerung war, dass Reich-Gottes-gesinnte Menschen ihre Umgebung so sehr beeinflussen können, dass die Bewohner, einschließlich derer, die unserer Botschaft nicht glauben, dennoch unter dem Einfluss des in der jeweiligen Region demonstrierten Reiches Gottes leben. Mein Auftrag wurde klarer. Von da an begann ich das Thema Kultur unter dem Gesichtspunkt zu studieren, wie die Gemeinde auf vielfältige Weise in unseren Städten Einfluss haben kann.

Apple Universität

Im Laufe der Jahre habe ich einige Artikel und Bücher über Steve Jobs und Apple gelesen, das in vielerlei Hinsicht das erfolgreichste Unternehmen der Welt. Diese Firma hat mich fasziniert, seit ich 1990 meinen ersten Computer kaufte. Es ist weder mein Wunsch, für ihre Produkte zu werben noch irgendwelche Dinge zu kritisieren. Ich bewundere einfach den Erfolg dieser Firma. Erfolg ist weitaus mehr als die Geldbeträge auf den Konten dieser Firma. Sie hat die Kultur in ihrem Umfeld teilweise geprägt, weil sie innerhalb des Unternehmens eine einzigartige Kultur haben. Wir täten gut daran, von ihnen zu lernen.

Steve Jobs wusste, dass Apple anders als jede andere Firma war, und stellte den damaligen Dekan der Yale School of Management, Joel Podolny, ein. Seine Aufgabe bestand darin, die Kultur von Apple zu studieren. Wenn sie herausfanden, warum und inwiefern die Firma anders war, konnten sie neue Mitarbeiter hinsichtlich ihrer Denkweise gezielter schulen. So entstand die Apple Universität. Es ist sehr wenig über die Apple-Universität bekannt, da Geheimhaltung bei Apple nach wie vor ein zentraler Wert ist. Aber wir wissen, dass das Grundkonzept darin besteht, neue Mitarbeiter auszubilden.

Weil wir uns nicht immer darüber im Klaren sind, was wir tatsächlich wissen, fand ich das genial. Ich muss gestehen, dass ich häufig voraussetze, dass Menschen bestimmte Dinge wissen, obwohl das keinesfalls zutrifft. Das ist einer der Gründe, weshalb ich sehr gerne Zeiten einrichte, in denen ich Fragen beantworte. Gerade in diesen Momenten realisiere ich mehr und mehr, wie sehr ich davon ausgehe, dass bestimmte Dinge bekannt sind.

Indem Apple herausfindet, wie die Firma tickt, ist man in der Lage, effektiver und gezielter zu reproduzieren. Ich würde gerne erleben, dass mehr Gemeinden und Reich-Gottes-gesinnte Dienste das Gleiche tun - dass sie ihre eigene Kultur studieren und herausfinden, was und warum etwas funktioniert oder nicht. Anstatt davon auszugehen, dass wir eine Reich-Gottes-Kultur haben, sollten wir sie anhand der Schrift überprüfen und die notwendigen Anpassungen vornehmen.

Die vier Eckpfeiler des Denkens

Die Beschäftigung mit diesem Thema hat mir geholfen, vier Eckpfeiler des Denkens auszumachen, welche die Kultur von Bethel in über 20 Jahren geprägt haben. Eine einzelne Handlung schafft noch keine Kultur. Aber wenn diese Werte instinktiv auf Probleme oder Gelegenheiten angewendet werden, entsteht daraus eine Kultur.

Gott ist gut

Ich halte diese Wahrheit für den Eckpfeiler unserer Theologie. Gott ist ebenso gut wie er heilig ist. Ich kenne keinen Christen, der dieser Aussage über Gottes Güte widersprechen würde. Wenn wir ehrlich sind, müssen wir das glauben, da es ja so geschrieben steht. Es ist weniger die Glaubensaussage, die korrigiert werden muss, als vielmehr unsere Definition der Güte Gottes. Aufgrund des Gedankens, dass Gott alle Dinge unter seiner Kontrolle hat, werden ihm furchtbare Dinge zugeschrieben. Es ist richtig, dass Gott das Sagen hat, aber ich stimme nicht damit überein, dass er alles unter seiner Kontrolle hat. Er ist Gott und könnte allem, was er geschaffen hat, seine Absichten aufzwingen, wenn er das wollte. Aber er hat sich entschieden, etwas zu erschaffen, das man den „freien Willen" nennt, und dadurch können Dinge geschehen, die er nicht gutheißt. „*Denn er* (Gott) *möchte nicht, dass auch nur ein Mensch verloren geht, sondern dass alle Buße tun und zu ihm umkehren*" (2. Petr. 3, 9; Klammer hinzugefügt). Gehen Menschen verloren? Ja. Ist das sein Wille? Nein. Wir können es uns nicht leisten, leichtfertig solche Schlüsse zu ziehen, nur weil wir noch nicht die Durchbrüche erleben, für die wir gebetet haben.

Alle Eltern sollten den Unterschied zwischen „Kontrolle" und „Verantwortung" verstehen. Wir sind für unsere Familie verantwortlich, haben aber nicht immer die Kontrolle darüber, was innerhalb der Familie geschieht. Gott schuf eine Welt, in der sich unser Wille auf das Ergebnis auswirkt. Andererseits sind wir aber auch fester Bestandteil seines souveränen Plans.

Wenn ich meine Kindern so behandeln würde, wie viele Menschen glauben, dass Gott seine Kinder behandelt, würde man mich wegen Kindesmissbrauchs ins Gefängnis werfen. Was mir zu diesem Thema am meisten hilft, ist ein Blick auf das Leben Jesu. Er ist die perfekte Theologie. Er veranschaulicht den Vater in jeder Hinsicht perfekt. Nie schickte er einen Menschen fort – ganz gleich wie schwer dessen Sünde wog oder wie groß bzw. klein dessen Glaube aufgrund seiner Not war.

Jesus bedrohte einen Sturm. Wäre dieser Sturm vom Vater gesandt worden, hätte Jesus dem Willen des Vaters widerstanden, was er aber, wie wir wissen, nicht getan hat. Es wäre ein mit sich selbst entzweites Haus gewesen, das nicht bestehen kann (siehe Mk. 3, 25). Jesus bedrohte den Sturm, weil etwas Dämonisches dahintersteckte. Der Sturm stand den Absichten des Vaters für Jesus und seine Jünger im Weg.

Er ließ auch nie zu, dass eine Krankheit bleiben konnte. Immer, wenn jemand bereit war, zu Jesus zu kommen, wurde er geheilt. Jesus offenbart, was geschieht, wenn Gott die Kontrolle hat und die jeweiligen Defizite unter seine Königsherrschaft gebracht werden. Wenn sein Reich kommt, verschwinden Krankheit und Qual.

Nichts ist unmöglich

Ohne diese wichtige Wahrheit leben wir eingeschüchtert und irgendwie unter der Kontrolle von üblen Lebensumständen. Es wird dann allzu leicht, die Dinge so zu akzeptieren, wie sie sind, ohne die Verantwortung zu übernehmen und sie in Jesu Namen zu konfrontieren. Es wird dann gemutmaßt, dass alles, was geschieht, so sein soll.

Wir wissen, dass nur Gott in dem Bereich lebt, wo nichts unmöglich ist. Er ist Gott. Er ist unendlich, wohingegen alles andere endlich ist. Es gibt allerdings eine wunderbare Ausnahme von dieser Regel: Er ermöglichte denen, die ihm glauben, dieselbe Realität zu erleben wie er selbst. Nichts ist denen unmöglich, die glauben (siehe Mt. 17, 20). Durch Glauben bekommen wir Zugang zu einem Bereich, den nur Gott kennt. Dieses Vorrecht wurde seinen Kindern zuteil - denen, die glauben.

Ich werde nie den Moment vergessen, in dem ich zum ersten Mal erlebte, dass Menschen offensichtlich dieser Überzeugung waren. Sie waren außerordentlich erwartungsvoll, als sie erfuhren, dass jemand mit Krebs im Endstadium eine Hochzeit besuchen würde. Drei oder vier Leute kamen vor Beginn der Trauung zu mir. Sie hatten eine gewisse Vorfreude, weil sie es als eine Gelegenheit sahen, über diese Krankheit in Jesu Namen Autorität zu ergreifen. Sie alle waren davon überzeugt, dass Gott diesen Menschen zu dieser Trauung gebracht hatte, damit er geheilt wird. Wann immer wir tatsächlich glauben, dass für Gott nichts unmöglich ist, halten wir förmlich nach Problemen Ausschau. (Übrigens wurde dieser Mann während einer Gebetszeit im Anschluss an den Traugottesdienst geheilt.)

Menschen sagen mir oft, sie wüssten, dass Gott sie heilen kann. Das ist ein guter Anfang. Es ist allerdings eine ernüchternde Tatsache, dass der Teufel ebenfalls so viel Glauben hat. Auch er weiß, dass Gott Menschen heilen kann. Glaube ist eine Möglichkeit, die Gott veranlasst, seine Heilungsgnade freizusetzen. Deshalb ist es ratsam, Wege zu finden, wie wir unseren Glauben stärken können. In erster Linie tun wir das, wenn wir das Maß des Glaubens anwenden, das uns gegeben wurde.

Jesu Blut bezahlte für alles

Als Jesus am Kreuz hing, machte er eine letzte Aussage: *„Es ist vollbracht!"* (Joh. 19, 30). Sein Auftrag war vollendet. Alles, was für unser ewiges Schicksal getan werden musste, wurde in diesem Moment vollbracht. Die Auswirkungen dieser Tatsache sind weitreichend. Von dem, was wir brauchen und noch brauchen werden, gibt es nichts, selbst in den nächsten 100 Milliarden Jahren nichts, für das am Kreuz nicht gesorgt wurde. So vollständig war Jesu Werk am Kreuz.

Man kann durchaus sagen, dass es mehrere Zeitalter dauern wird, bis wir auch nur an der Oberfläche der Erkenntnis des Reichtums seiner Gnade kratzen: *„…damit er in den kommenden Zeitaltern den überragenden Reichtum seiner Gnade in Güte an uns erwiese in Christus Jesus"* (Eph. 2, 7). Doch das alles weist zurück zum Kreuz Jesu, dem Ort großen Leidens und des Todes.

Es wird auch in Zukunft niemals eine Situation eintreten, die es erfordert, dass Gott zusätzlich zu seinem Erlösungswerk am Kreuz etwas tun müsste. Es ist wirklich alles vollbracht.

Jeder Mensch ist von Bedeutung

Es ist leichter, einen Menschen als bedeutend zu bezeichnen, wenn er viel erreicht hat. Das trifft in gewisser Weise zu, ist aber nicht die ganze Wahrheit. Da in Gottes Augen jeder Mensch bedeutend ist, sollten auch wir diese Sichtweise haben.

Zuweilen begegne ich Menschen, die sich geradezu unmenschlich, ja eigentlich eher wie ein Tier verhalten. Nur

Gott weiß, was sie an einen solchen Punkt der Verzweiflung gebracht hat. Ich hüte mich zwar davor, auf solche Menschen herabzusehen, aber es ist dennoch eine Herausforderung, ihre Bedeutsamkeit zu sehen. Ich rufe mir ins Gedächtnis, dass jemand sie bei ihrer Geburt ansah und sagte, wie süß das Baby sei. Das ist kein Gedankenspiel. Es ist ein Erinnern daran, dass kaum jemand in einem solchen Zustand der Verzweiflung geboren wird. Und selbst wenn, ist dieser Mensch für Jesus immer noch wertvoll - also muss auch ich ihn so sehen.

Manchmal erkennen wir den Wert einer anderen Person leichter als unseren eigenen. Auch das muss sich ändern. Wir sträuben uns so sehr gegen Selbstbezogenheit und Stolz, dass wir häufig überreagieren und uns darin ergehen, uns selbst zu kritisieren und zu verurteilen. Wir sollen andere lieben, wie uns selbst. Wer kaum weiß, wie wertvoll er in den Augen Gottes ist, liebt seine Mitmenschen entsprechend wenig und wird dem Gebot der Nächstenliebe unweigerlich nicht gerecht werden können.

Bei Leuten, die besonders selbstkritisch sind, bin ich immer vorsichtig, da sie mich wahrscheinlich im gleichen Maße lieben wie sich selbst. Die Überbetonung des „Selbst", auch wenn es sich um Selbstkritik handelt, ist und bleibt eine Fokussierung auf sich selbst.

Ich möchte noch einmal daran erinnern, dass unter der Herrschaft des Königs jeder Mensch für das gefeiert wird, was er ist - niemand stößt sich daran, was er nicht ist. Manchmal höre ich Kommentare wie diese: „Dieser Mensch hat eine starke prophetische Gabe, kriegt aber die einfachsten Dinge nicht auf die Reihe." Was passiert da?

Man erkennt eine Gabe an, aber nicht, ohne noch eine Kritik zu üben. Ist das nötig? Nicht wirklich. Auch wenn ich dafür verantwortlich bin, diesen Menschen in die Jüngerschaft zu führen, wähle ich eine völlig andere Herangehensweise, wenn ich ihn hinsichtlich seiner Schwachpunkte trainiere. Die Unfähigkeit, jemanden wertzuschätzen, ohne ihn gleichzeitig zu kritisieren, ist eine große Schwäche unsererseits.

Wenn wir um unsere gottgegebene Identität wissen, werden wir nie jemand anders sein wollen. Gott hat seine Bedeutsamkeit in die Bestimmung jedes Christen mit eingeflochten.

Jesus erwählt Menschen, lange bevor sie eine solche Gunst verdienen. Dies ist ein ganz wichtiger Punkt, wenn es um die Bedeutsamkeit eines Menschen geht. Eine meiner Lieblingsstellen dazu findet sich in Jesaja 61. Diese Passage zitiert Jesus am Anfang seines Dienstes in Lukas 4. Es geht darum, dass der Geist des HERRN auf Jesus kommt, um zu heilen, Befreiung zu bringen und zerbrochene Menschen wiederherzustellen. Es ist eine wunderbare Schriftstelle, die uns mit einer tiefgründigen Schlussfolgerung konfrontiert:

> **Sie** *werden die uralten Trümmerstätten aufbauen, das früher Verödete wieder aufrichten. Und* **sie** *werden die verwüsteten Städte erneuern, was verödet lag von Generation zu Generation.*
> (Jesaja 61, 4 Hervorhebung hinzugefügt)

Wer sind „sie"? Die Zerschlagenen, die gebrochenen Herzens sind, die Gebundenen, die Gefangenen, die Trauernden, die Ausgebrannten und die Schwachen, die in den Versen 1-3 genannt werden. Denk einmal darüber nach. Die Zerbrochensten der Gesellschaft, jene, die oftmals von der Gemeinde und gewiss von der Gesellschaft abgelehnt werden, sind von Gott gesalbt, um unsere zerstörten Städte wiederaufzubauen. Sie sind die Erbauer. Indem wir ihre Bedeutung wahrnehmen, bevor sie sie verdienen, positionieren wir sie für ihren persönlichen Durchbruch in einer Art und Weise, die für ganze Städte wertvoll ist. Sowie wir in unserem Umgang mit den Entrechteten ihre Bedeutung in Gottes Augen berücksichtigen, haben wir den Schlüssel, um die Wiederherstellung unserer Städte gemäß Gottes Bestimmung zu erleben.

Unser Verhalten beweist unsere Glaubensüberzeugungen

Die vier Eckpfeiler des Denkens in unserem biblischen Weltbild sind folgende: Gott ist gut; nichts ist unmöglich; das Blut Jesu hat für alles bezahlt und jeder Mensch ist bedeutend. Wenn wir diese lebensverändernden Wahrheiten annehmen, prägen sie unser Denken und das, was wir wertschätzen. Aber wie können wir wissen, wann sie wirklich ein Teil von uns geworden sind? Wenn unser Verhalten widerspiegelt, was wir tatsächlich glauben. Jeder dieser vier Eckpfeiler des Denkens zeigt sich in spezifischen Verhaltensweisen, die beweisen, wie sehr diese Wahrheiten unser Leben prägen, und in dieser Hinsicht haben wir alle noch Luft nach oben.

Es ist sehr leicht, zu jeder dieser Wahrheiten Amen zu sagen, wenn wir sie hören. Wenn jemand sagt: „Gott ist gut", lautet die Antwort häufig „allezeit". Das ist so wahr, aber glaube ich das wirklich? Was ich wirklich glaube, zeigt sich an meinem Lebensstil. Ein Verhalten beginnt mit einer ersten Aktion und entwickelt sich zu einer Reaktion. Mit anderen Worten, was ist meine erste Reaktion, wenn ich mich mit einem Problem oder gar einer Gelegenheit konfrontiert sehe? Ist es Angst oder Sorge? Dann ist nicht die Zeit für Schuldgefühle oder Scham, sondern dafür, unsere Herzen dem Einen zu übergeben, der uns Gnade gibt, so zu reagieren wie er. Unsere Reaktionen offenbaren unsere innere Kultur. Vielleicht ergeht es dir wie mir. Meine Reaktionen sind heute christusähnlicher als vor zwanzig Jahren, aber ich habe noch einen Weg vor mir, bevor ich aufrichtig sagen kann: „Ich tue nur, was ich meinen Vater tun sehe. Ich sage nur, was ich meinen Vater sagen höre."

Gott ist gut – träume Großes!

Wenn ich wirklich glaube, dass Gott gut ist, wird sich das an meiner Fähigkeit „Großes zu träumen" zeigen. Damit meine ich nicht unsere nächtlichen Träume, obwohl es durchaus Zeiten geben kann, in denen sie in dieser Gleichung erscheinen. Wir haben dem Herrn und unserem Umfeld gegenüber die Verpflichtung, so große Träume zu haben, dass nur der Herr sie erfüllen kann. Es gibt etwas an seiner Natur als Vater, das nur durch die Erfüllung der Träume seiner Kinder sichtbar werden kann. So wird sein Herz auf eine Weise offenbar, in der es alle sehen können. Ich glaube, es wird eine Generation geben, die Träume träumt, denen sich Gott ganz und gar widmen wird. Wenn diese Menschen ihn dann verherrlichen, wird das Erlösungswerk Jesu berühmt werden.

Im Kontext von Freundschaft mit Gott (siehe Joh. 15, 15) sagt Jesus in drei Kapiteln vier Mal, dass wir bitten dürfen, was wir wollen und es wird uns zuteilwerden (siehe Joh. 14, 13; 15, 7+16). Ich möchte aber daran erinnern, dass er sich stets das Recht vorbehält, Nein zu allen Gebeten zu sagen, die unsere Bestimmung unterminieren. Wir wissen, dass Gott nicht will, dass wir selbstsüchtige Christen werden, die ihren eigenen Willen bei ihm, dem allmächtigen Gott, durchsetzen wollen. Jesu Aussage ist also keine Einladung zur Selbstsucht. Stattdessen ist sie eine Einladung zur Zusammenarbeit mit dem Herrn durch Gebet. Natürlich möchte er nicht, dass wir immer selbstbezogener werden, aber er macht uns auch nicht zu Robotern, die nur das beten, was er erhören kann. Er lädt uns zu einer Beziehung ein, in der unsere Wünsche ihn bewegen. Der allmächtige Gott macht sich empfänglich für die Wünsche seiner Kinder. Ich frage mich manchmal, wie viel von dem, was wir auf Erden erleben, oder vielleicht auch nicht, das unmittelbare Resultat der Träume seiner Kinder ist bzw. davon, dass ebenjene Träume fehlen.

Unser Glaube kommt nur dort weiter, wo wir wissen, dass Gott gut ist. Es ist, als sei unsere Erkenntnis seiner Güte eine Einladung, den entsprechenden Bereich im Glauben zu erkunden. Das ist unsere Realität. Wenn ich aber glaube, dass er ebenso gut wie heilig ist, habe ich in Bezug auf das Träumen keine Ausrede mehr, ja es wird sogar von mir verlangt, Großes zu träumen. Ich kann nicht einfach so durchs Leben schlendern, wenn ich sehe, wie wunderbar sein Wesen ist. Ich muss lernen, so darauf zu reagieren, dass ich sein Herz durch meine schöpferische Fähigkeit, zu träumen, repräsentiere.

Nichts ist unmöglich – gehe Risiken ein

Wenn ich wirklich glaube, dass sowohl für Gott als auch für alle, die glauben, nichts unmöglich ist, werde ich auf diese innere Herzensgewissheit folgendermaßen reagieren: Ich trage die Lösung für die Dinge mit mir, die die Menschheit plagen – Tod, Verlust und Zerstörung. Wenn ich mir dessen bewusst werde, muss ich die erforderlichen Risiken eingehen, damit die jeweilige Situation zur Ehre Gottes verändert wird. Jesus lebte und starb, damit dies unsere Realität wird. Das ist das normale Christenleben.

John Wimber sagte immer: „Glaube buchstabiert man R.I.S.I.K.O". Es ist tatsächlich so. Das bedeutet im Grunde, dass wir darauf hinarbeiten, für den verschwenderischen Gott Zeit und Ort vorzubereiten, wo er kommen und tun kann, was nur er tun kann. Wir verschaffen ihm Raum – sei es in einem Gottesdienst oder innerhalb einer Freundschaftsbeziehung mit dem Nachbarn. Indem wir seinem Willen gehorchen, schaffen wir Raum für Gott, zu kommen und zu tun, was ihm gefällt, sodass sein Wille geschieht – *„wie im Himmel"*.

Wenn ich weder Bargeld habe noch die Möglichkeit, mir welches zu beschaffen, und jemand bittet mich um Geld, damit er sich etwas zu essen kaufen kann, dann kann ich aufrichtig sagen: „Tut mir Leid, aber ich kann dir nichts geben." Wenn ich jedoch mehrere hundert Dollar in meinem Portemonnaie habe und von einem notleidenden Menschen um Geld für eine Mahlzeit gebeten werde, kann ich nicht sagen, dass ich nichts habe. Ich weiß, was ich bei mir trage. Gläubige, die sich des Geistes

Gottes in ihrem Leben bewusst sind und wissen, was er in ihnen und durch sie tun will, können zu dem Bedürftigen nicht sagen: „Es tut mir Leid, aber ich habe nichts, was ich dir geben könnte." Es heißt über Jesus, dass er *„alle heilte, ... denn Gott war mit ihm"* (Apg. 10, 38). Wenn der Geist Gottes mit uns ist, erwartet er von uns, dass wir in seinem Namen in den Bereich des Unmöglichen eindringen. Der Heilige Geist ist der Geist des auferstandenen Christus. Er erweckte ihn von den Toten. Und dieser Heilige Geist fließt durch uns, um den Lauf der Geschichte um seines Namens willen zu verändern.

Jesu Blut bezahlte für alles – ich schulde ihm mein vollstes Vertrauen

Das ist vielleicht so offensichtlich, dass manch einer denkt, es sei nicht erwähnenswert. Das sehe ich anders. Weil Jesus auf Golgatha alles abgedeckt hat, schulde ich ihm mein vollstes Vertrauen, wenn die Dinge nicht gut oder nicht entsprechend der mir gegebenen Verheißungen aussehen. Unser Leben besteht sowohl aus Glaubenshandlungen als auch aus beständigem Vertrauen. Kürzlich gemachte Erfahrungen halfen mir, zu erkennen, dass mutiger Glaube auf den Schultern stillen Vertrauens steht. Diese Eigenschaft entwickelt sich, wenn Dinge anders aussehen, als wir es geplant oder erbeten haben. Diese Art von Vertrauen zu kultivieren, ist Gott äußerst wichtig und entscheidend dafür, dass wir einen christusähnlichen Charakter entwickeln. Das ist eines der beiden absoluten Erfordernisse für einen Gläubigen – Liebe und Glaube. Wir wissen, *„die Größte aber von diesen ist die Liebe"* (1. Kor. 13, 13) und *„Ohne Glauben aber ist es unmöglich, ihm wohlzuge-*

fallen" (Hebr. 11, 6). In Galater 5, 6 sagt Paulus, dass Glaube durch die Liebe wirksam ist. Er offenbart somit, dass gemäß Gottes Plan beides zusammenwirken muss. Man könnte auch sagen, dass es sich um zwei Seiten derselben Medaille handelt.

Ich habe deshalb vollstes Vertrauen in ihn, weil ich glaube, dass Jesus wirklich alles abdeckte, was ich jemals brauchen werde, als er an meiner Stelle am Kreuz litt. Weil dieses Werk vollständig war und abgeschlossen ist, schulde ich ihm mein vollstes Vertrauen, wenn die Dinge anders aussehen als erwartet.

> *Er, der doch seinen eigenen Sohn nicht verschont, sondern ihn für uns alle hingegeben hat - wie wird er uns mit ihm nicht auch alles schenken?* (Römer 8, 32)

Das ist für mich einer der überzeugendsten und befreiendsten Verse der Bibel. Es ist die biblische Basis für diese Aussage: Ich schulde ihm mein vollstes Vertrauen. Wenn der Vater seinen eigenen Sohn für unsere Errettung gab, schließt dieses extreme Geschenk alles andere mit ein. Nichts sonst, was wir jemals brauchen werden, ist mit der Bedeutung dieses einen Geschenks zu vergleichen. Aufgrund dieser Tatsache wirkt die Frage, ob er gewillt ist, sich um unsere restlichen Nöte zu kümmern, nahezu töricht.

Wir sind bedeutend - diene gut

Ein Hauptfokus unseres Dienstes liegt darauf, Menschen hinsichtlich ihrer Identität in Christus zu helfen. Noch immer verfügen relativ wenige Menschen über ein gesundes Selbstwertgefühl als ein Sohn oder eine Tochter des Vaters. Viele gute Menschen sind bezüglich ihrer Identität in

Christus in die Falle des Unglaubens geraten. Tragischerweise halten viele diese Haltung auch noch für Demut. Und immer, wenn wir einem Defizit einen tugendhaften Namen geben, erteilen wir ihm die Erlaubnis, zu bleiben und an Einfluss zu gewinnen. Das ist keine Demut. Normalerweise offenbart es unseren Unglauben.

Wenn Menschen ihre Identität in Christus immer besser zu verstehen beginnen, durchlaufen sie oftmals Phasen, die ganz ähnlich sind wie die Wachstumsphasen eines Kindes. Ein immer wieder auftretender Fehler dabei ist, dass manche ihre Identität an einen Titel oder eine Geistesgabe knüpfen und auf diese Weise darin wachsen. Ich bin nicht meine Gabe oder mein Titel. Ich bin ein Kind Gottes. Basta. Sobald wir unsere Identität auf einen Titel gründen, geraten wir in unserem Dienst für den Herrn in eine Leistungsmentalität. Das ist einfach ungesund. Durch diese Haltung gefährden wir unsere seelische, mentale und geistliche Stabilität. Wir sind nur dann stabil, wenn wir uns als Kind Gottes sehen.

Einer der bedeutsamsten Momente im Leben Jesu findet sich im 13. Kapitel des Johannesevangeliums. Es wird davon berichtet, dass Jesus den Jüngern die Füße wusch. Das war eine Art von Beauftragung, bei der die Weichen für das Denken und die Werte der Jünger gestellt wurden:

> *Jesus aber wusste, dass der Vater ihm Macht über alles gegeben hatte und dass er von Gott gekommen war und wieder zu Gott ging. Er stand vom Tisch auf, zog sein Obergewand aus und band sich ein leinenes Tuch um. Dann goss er Wasser in eine Waschschüssel und*

begann, den Jüngern die Füße zu waschen und mit dem Tuch abzutrocknen, das er sich umgebunden hatte.
(Johannes 13, 3-5 NGÜ)

Diese Verse sind deshalb so faszinierend, weil sie verdeutlichen, was Jesus im Sinn hatte. Zunächst einmal war er sich dessen bewusst, dass der Vater alles in seine Hände gegeben hatte. Der ewige Sohn Gottes gab alles auf, um Mensch zu werden und erbte jetzt als Menschensohn erneut alles. Das ist ein atemberaubendes Bild des Opfers, das für uns erbracht wurde. Er tat das, damit wir an einer Erbschaft teilhaben konnten. Zweitens wusste er, dass er vom Vater kam und jetzt zu ihm zurückkehren würde. Auf diesem Hintergrund und im Bewusstsein von außerordentlicher persönlicher Bedeutung stand er vom Tisch auf, umgürtete sich mit einem Tuch und wusch die Füße der Jünger.

In unserem Umfeld erkenne ich, dass jemand seine Bedeutung erkannt hat, daran, wenn ihm kein Dienst zu gering ist. Ein solches Dienen beeinträchtigt weder das Selbstwertgefühl noch entsteht das Bedürfnis, Respekt dafür zu ernten. Jesus ist dafür das ultimative Beispiel, denn er nutzt diesen Moment, um die zu ehren, die jetzt seinen Namen in die Welt tragen werden und beauftragt sie, es ihm gleichzutun. Wenn wir unsere Bedeutung erkennen, werden wir gut dienen.

Für das richtige Umfeld sorgen

Diese vier Eckpfeiler des Denkens sind hilfreich, um eine Kultur zu schaffen, in der die Kinder Gottes ihre Bestimmung erfolgreich erfüllen können. Durch die genannten Werte wird eine Atmosphäre kreiert, in der das Herz Gottes entdeckt und in den Gemeindeversammlungen demonstriert wird. Dies schwappt auf die Region über, die wir lieben und der wir dienen. Wenn wir auf diese Weise Gottes Herz repräsentieren, kreieren wir eine Kultur, in der sein Wesen offenbar wird. Er ist der perfekte Vater.

Kapitel 5

UNSERE EINSTELLUNG ZUM LEBEN

Was wir zu unseren Lebzeiten für möglich halten, hat gravierende Auswirkungen auf unsere Lebenseinstellung. Wir als Christen haben da einen Vorteil, weil wir das Vorrecht haben, ein Leben führen zu können, in dem nichts unmöglich ist. Wenn das in unserer Haltung und in unseren Gedanken verankert ist, prägt es unser Weltbild.

Diese vorgegebenen Werte sind der Standardeinstellung eines Computers sehr ähnlich. Bei dem Textverarbeitungsprogramm auf meinem MacBook Pro ist beispielsweise eine Schriftart, die Größe der Schriftart und das Seitenlayout bereits eingestellt. Auch wir haben in gewisser Weise Voreinstellungen. Sie beeinflussen massiv unsere spontane Reaktion auf ein Problem oder eine Gelegenheit. Wenn diese Werte nicht bloß Konzepte, sondern flammende Überzeugungen sind, basierend auf dem, was Gott über das Leben sagt, ermöglichen sie uns, mehr wahrzunehmen, als es natürlicherweise möglich ist.

Wurden diese Werte jedoch von säkularer Kultur, Enttäuschungen oder gar bestimmte Phasen der Kirchengeschichte geprägt, werden sie unsere Sichtweise hinsichtlich des Planes Gottes massiv negativ beeinflussen. Das ist ein großes Problem, denn wenn meine Einstellung zum Leben sich von seiner unterscheidet, werde ich in meinem Umfeld eine Kultur entwickeln, die meine Sichtweise stützt. Solche Kulturen sind fehlerhaft in puncto Gesinnung, Zielsetzung und Glaube. Dazu ein Beispiel: Wenn Menschen erwarten, dass das Böse auf der Erde zunimmt und nicht davon überzeugt sind, dass Gott Antworten parat hält, entsteht Hoffnungslosigkeit. Auf merkwürdige Art werden diese Menschen wegen der Zunahme von Bösem ermutigt, weil es ihnen bestätigt, dass wir in den letzten Tagen leben, von denen die Bibel spricht. Wir sollten niemals durch den Mangel an Durchbrüchen des Reiches Gottes ermutigt sein. Es ist an der Zeit, die Entscheidung zu treffen, keine Endzeittheologie anzunehmen, die keinen Glauben erfordert, damit sie sich erfüllt.

Viele Christen antworten darauf, dass ihre Hoffnung auf der Wiederkunft Christi ruht. Tatsächlich wird sein Wiederkommen glorreicher sein, als wir es uns vorstellen können, aber unser Glaube muss Auswirkungen auf die Realitäten haben, mit denen wir uns jetzt konfrontiert sehen. Es ist eine schwache christliche Kultur, die es duldet, dass einige zwar Glauben an die Wiederkunft Christi haben, aber nicht glauben, dass die Kraft des Evangeliums im Hier und Jetzt Veränderung bewirkt. Der Glaube bleibt dann sowohl ungeprüft als auch unbewiesen und ohne messbare Auswirkungen auf das jeweilige Umfeld.

Unser Glaube muss Auswirkungen auf Tod, Verlust und Zerstörung haben – Dinge, mit denen wir täglich konfrontiert sind. Diese tragischen Realitäten sind die Fingerabdrücke des Feindes. Unser Glaube muss ein Hier-und-Jetzt-Glaube sein, der die Fingerabdrücke der Finsternis durch die eines liebenden Vaters ersetzt, der seinen Sohn sandte, um zu erlösen, wiederherzustellen, wieder aufzubauen und zu erneuern. Ein solcher Glaube verändert das Hier und Jetzt.

Die Schönheit von Weisheit

Weisheit wird häufig als der eher stoische Teil des Lebens betrachtet. Sie wird oft als die Fähigkeit gesehen, Probleme zu lösen oder schwierige Entscheidungen zu treffen. So wichtig das auch sein mag, diese gute, aber anämische Definition hat dazu geführt, dass Weisheit in weiten Teilen der Gemeindekultur an Bedeutung verloren hat. Laut Schrift ist Weisheit das Allerwichtigste und sollte vorrangig gesucht werden (siehe Spr. 4, 7; Gute Nachricht Bibel).

Denn Weisheit ist wertvoller als Edelsteine, und alles, was du dir jemals wünschen könntest, ist mit ihr nicht zu vergleichen. (Sprüche 8, 11 Neues Leben)

Wenn Weisheit so einen hohen Stellenwert in unserem Leben haben soll, dann ist von einer Kultur der Weisheit zu erwarten, dass sie die Welt jetzt beeinflusst.

Viele Dinge sind gut, wichtig und wünschenswert. Dennoch sind alle wünschenswerten Dinge nicht mit Weisheit zu vergleichen. Nichts, was wir uns wünschen könnten, ist besser als Weisheit oder kommt ihrem Wert gleich. Interessanterweise hat das Trachten nach Weisheit einen ähnlichen Stellenwert wie die Aussage *„Trachtet aber zuerst nach dem Reich Gottes"* (Mt. 6, 33) im Neuen Testament. Im Buch der Sprüche wird deutlich, dass das Suchen nach Weisheit den Segen Gottes in allen anderen Lebensbereichen freisetzt. Ob Gesundheit, Finanzen, Position, Titel oder die Schönheit bedeutungsvoller Beziehungen - all das wird durch unser Streben nach Weisheit freigesetzt. Die Beschäftigung mit diesem Thema bringt uns auch zu der wunderbaren Entdeckung, dass Weisheit eine Person ist. Jesus ist unsere Weisheit (siehe 1. Kor. 1, 30).

Weisheit ist eine Person ist, also ist das Leben in Weisheit eine Beziehung, in der wir lernen, mit Gottes Augen zu sehen und seine Perspektive zu gewinnen. Und es ist diese Perspektive, die den Glauben aktiviert. Man könnte sagen, dass Weisheit dem Glauben einen Kontext gibt, in dem er funktioniert. Auf die gleiche Weise wie ein Flussbett dem Wasser die Richtung vorgibt, gibt Weisheit dem Glauben eine Richtung, ein Ziel.

Weisheit und Gebet

Einer der interessantesten Aspekte der Weisheit ist, dass sie, ähnlich wie Gebet, das Wesen Gottes offenbart. Deshalb besteht eine einzigartige Verbindung zwischen Weisheit und unserem Gebetsleben. Naturgemäß offenbart sie Gott als einen Bündnis schließenden Vater, der sich danach sehnt, den Schrei unserer Herzen zu beantworten. In Sprüche 8, 34 heißt es: *„Glücklich ist, wer auf mich **hört** und täglich an meinen Toren nach mir **Ausschau** hält und vor meinem Haus auf mich **wartet**!"* (Neues Leben). Jetzt vergleiche diesen Vers mit Jesu Anweisung in puncto Gebet in Matthäus 7,7: *„**Bittet**, und es wird euch gegeben werden; **sucht**, und ihr werdet finden; **klopft an**, und es wird euch geöffnet werden!"* Jesus sagt „bittet" und Weisheit sagt „glücklich" ist der, der auf mich hört. Jesus sagt „suchet" und Weisheit sagt „haltet täglich an meinen Toren Ausschau". Jesus sagt „klopft an" und Weisheit sagt „wartet vor meinem Haus". Die göttliche Partnerschaft, die sich in der Schönheit des Gebetsbündnisses zeigt, wird tatsächlich durch die Ausdrucksform der Weisheit ermöglicht.

Ausdrucksformen der Weisheit

Es gibt viele wunderbare Möglichkeiten, um Weisheit treffend zu beschreiben und zu demonstrieren. Doch liegt mein Fokus auf drei Ausdrucksformen der Weisheit, die uns befähigen, eine Kultur zu gestalten. Es sind Kreativität, Vortrefflichkeit und Integrität.

Kreativität

Die Weisheit war am Tag der Schöpfung bei Gott. Sie erweist sich schon naturgemäß durch kreative Ausdrucksformen. Durch Sprüche, Kapitel 8, bekommen wir auf eine Weise Aufschluss über die Rolle der Weisheit bei der Schöpfung, die ansonsten in Vergessenheit geraten könnte. Sieben Fakten stechen in diesem Kapitel besonders hervor:

Weisheit ist der Architekt der Schöpfung (Vers 30)

Weisheit ist des Vaters Wonne (Vers 30)

Weisheit freut sich vor dem Vater (Vers 30)

Weisheit freut sich (mit Lachen) über die bewohnte Welt (Vers 31)

Weisheit erfreut sich an der Menschheit (Vers 31)

Haben wir Weisheit gefunden, nehmen wir in Gottes Augen an Gunst zu (Vers 35)

Anhand dieser Verse sehen wir, dass Weisheit alles andere als stoisch ist. Weisheit erfasst das Gefühl und den Intellekt des Himmels und bringt diese Dinge zum Ausdruck. Der Vater feiert die Weisheit. Die Weisheit feiert das Wunder der Schöpfung mit Lachen. Sie zeigt große Freude. Sie baut mit Wonne und sie liebt Menschen. Offenbar veranschaulicht Weisheit die Begeisterung für das Leben, denn sie erwartet, dass sich das Herz Gottes in jeder Situation offenbart. Weisheit erkennt stets Gottes Absicht und arbeitet daran, diese deutlich zu demonstrieren. Als Menschen, die sich nach Weisheit ausstrecken, müssen wir lernen, diese Eigenschaften in unserer Lebenseinstellung zu zeigen und somit erfolgreich die Frucht der Weisheit hervorzubringen.

Da Weisheit der Architekt der Schöpfung ist, wird sie auch jeden, der sie sucht, zu Kreativität inspirieren. Mit anderen Worten, Weisheit befähigt uns, kreativ zu sein. Ich wuchs in einem Zuhause auf, in dem Kunst eine ganz wesentliche Rolle spielte. Unser Haus war erfüllt von Musik, wunderbaren Gemälden und großartigem Design. Wenngleich wir nie reich waren, war unser Zuhause oftmals schöner als das unserer wohlhabenden Freunde. Das lag daran, dass sowohl meine Mutter als auch mein Vater Weisheit durch Kreativität zum Ausdruck brachten. Allerdings wäre es ein Fehler, zu glauben, Kreativität zeige sich nur darin, was gemeinhin als Kunst bezeichnet wird - malen, singen, schauspielern. All jene, die in Christus sind - beispielsweise der Arzt, der Buchhalter, der Lehrer, der Anwalt oder die nicht berufstätige Mutter - sind in der Lage, Weisheit durch Kreativität auszudrücken. Auf diese Weise wird unser Umfeld am stärksten durch Weisheit beeinflusst - durch Weisheit, die sich im Alltag zeigt.

Die Königin

Die Königin von Saba kam mit allen möglichen Fragen zu Salomo. Er beantwortete jede einzelne so tiefsinnig, dass sie von seiner Weisheit überwältigt war. Aber keine ihrer Fragen wurde in der Bibel festgehalten. Ich hätte diese Fragen und Antworten gerne gehört. Dass Gott hierzu schweigt, ist äußerst bemerkenswert. Manchmal verkündet sein Schweigen eine Botschaft, die wir andernfalls nicht hören könnten. Hätte er diese Fragen und Antworten erwähnt, wäre uns der wichtigste Teil der Geschichte vermutlich entgangen - Salomos Antworten beeindruckten sie zutiefst, aber Gott erwählte es, den Stellenwert der Weisheit durch Dinge des alltäglichen Lebens zu zeigen. Erwähnt wird beispielsweise die Kleidung, die Speisen auf dem Tisch und die Sitzordnung - diese Dinge überzeugten sie von Salomos Weisheit und letztendlich von dem Gott Israels (siehe 1. Kö. 10, 1-7).

Nichts könnte banaler sein als, Kleidung, Speisen und Sitzordnungen und doch sind das die Dinge, die Gott für erwähnenswert hielt. Das zeigt mir, dass einige der eher langweiligen Lebensbereiche - Dinge, die wir oft für selbstverständlich halten - förmlich danach schreien, von Weisheit berührt zu werden. Wenn sie von Gottes Weisheit berührt werden, sind sie nicht länger langweilig, sondern bedeutsam - nicht länger alltäglich, sondern sie offenbaren das Wesen Gottes![3]

Kreativität als kultureller Wert

Träume scheitern häufig an der mangelnden kreativen Ausdrucksform einer Kultur. Überall, wo es an kreativem Denken mangelt, hält man gottgegebene Träume für unbrauchbar und nicht umsetzbar. Wenn Kreativität zur Norm wird, reagieren Menschen auf Herausforderungen nicht mit Aussagen wie „Das ist unmöglich". Kreativität sagt: „Wir werden einen Weg finden, es umzusetzen. Weisheit agiert aus einer Position des Glaubens, gemäß dem Motto: *„Für Gott ist alles möglich"* (Mt. 19, 26; NeÜ)

Ich umgebe mich bewusst mit kreativ denkenden Menschen. Ich möchte mich nicht mit Leuten beraten, die nicht nach Lösungen suchen. Nur wenige Dinge sind noch frustrierender, als eine Idee zu präsentieren, auf die Menschen mit „unmöglich" reagieren. Wenn Menschen mit Unglauben reagieren, werden die Herausforderungen, vor denen ich stehe, in meinem Denken größer. Deshalb schaue ich auf Menschen, die stets frei sind, zu sagen, was sie denken, aber auch so reagieren können: „Ich weiß nicht, wie das möglich sein soll, aber wir finden einen Weg." Die kreativen Ausdrucksformen der Weisheit erfüllen diese Aufgabe hervorragend.

---

[3] Dieses Thema behandele ich eingehender in meinen Büchern „Träume mit Gott: Gestalte deine Welt durch Gottes kreativen Fluss in dir" und „Was die Welt verändert: Heute etwas für die Ewigkeit schaffen.

Vortrefflichkeit

Perfektionismus ist ein Kennzeichen von Religion, Vortrefflichkeit hingegen ein Kennzeichen des Reiches Gottes. Perfektionismus ist immer fordernd, aber unmöglich zufriedenzustellen. Vortrefflichkeit bedeutet, in jeder Situation oder Aufgabe unser Bestes zu geben. Mit einer vortrefflichen Herzenshaltung geben wir das Beste von unserer Zeit, unseren Bemühungen, Ideen, Gebeten und Talenten, um uns in den von Gott anvertrauten Verantwortungsbereich voll und ganz zu investieren. Das Beste aus uns zu machen, bedeutet zu lernen und alle erforderlichen Veränderungen vorzunehmen, um schrittweise auf ein neues Level der Vortrefflichkeit zu kommen. Für jeden besteht diese Möglichkeit, aber es erfordert Einsatz, Disziplin und Demut. Das bedeutet im Grunde, dass jeder von uns die Verpflichtung für einen Lebensstil der Vortrefflichkeit eingeht, um in jedem Lebensbereich unser volles Potenzial ausschöpfen zu können. Das ist die Brillanz Gottes, die zur Brillanz des Menschen wird. Wenn es um Talent und Können geht, haben wir unterschiedliche Fähigkeiten. Mein Bestes in den unterschiedlichen Lebensbereichen ist vielleicht nicht so gut wie dein Bestes. Doch für einen Christen bedeutet Vortrefflichkeit, stets darauf konzentriert zu sein, alles, was er tut, *„als dem Herrn und mit all meiner Kraft"* zu tun (siehe Kol. 3, 23). Diese Motivation bringt ein Level von Vortrefflichkeit in uns hervor, wie es auf andere Weise nicht möglich wäre. Ein Ungläubiger könnte dieses Maß von purer Motivation nie erreichen. Wir alle können eine vortreffliche Herzenshaltung erlangen. Und es ist unser Herz, aus dem das Leben strömt (siehe Spr. 4, 23).

Selbst bei den Königen der Erde ist Vortrefflichkeit gefragt, ja sie ist sogar unerlässlich. Ein solcher König kann der Chef einer Firma oder der Präsident eines Landes sein. Sie alle verlangt nach Vortrefflichkeit und sie treffen die Entscheidung, sich damit zu umgeben. Ich bin davon überzeugt, dass es sich um ein gottgegebenes Verlangen handelt, aber ich bin der Meinung, dass dieser „Appetit" nicht immer auf die richtige Weise gezeigt wird.

Im Buch der Sprüche wird diese Realität wunderbar verdeutlicht:

Siehst du einen Mann, der gewandt ist in seinem Geschäft - vor Könige wird er hintreten, er wird nicht vor Niedrige hintreten ... Wenn du dich hinsetzt, um mit einem Herrscher zu speisen, so achte ja auf das, was du vor dir hast! Und setze ein Messer an deine Kehle, wenn du heißhungrig bist! (Sprüche 22,29+23, 1-2)

Diese Verse offenbaren mehrere Dinge, die wichtig für uns sind, wenn wir danach trachten, einen Lebensstil der heiligen Vortrefflichkeit zu führen. Erstens zeigt sich, dass Vortrefflichkeit der Weg zur Beförderung ist. Zweitens, Könige und Leiter halten Ausschau nach Vortrefflichkeit. Drittens, setze ein Messer an deine Kehle (eine selbst auferlegte Einschränkung deines Appetits auf mehr), wenn du deine einflussreiche Position behalten möchtest. Deine Neigung, das zu wollen, was andere haben, ist eine ehrliche Einschätzung, die dir in einem solchen Umfeld das Leben retten könnte. Das bedeutet, dass man in der Welt des Überflusses solcher Menschen von zwei Dingen nur eines haben kann - entweder Einfluss oder persönlichen Gewinn. Viele werden wegen ihrer Vortrefflichkeit bei der Arbeit befördert, verlieren aber in einem Umfeld von extremem Überfluss die Vortrefflichkeit des Herzens. Ihr Verlangen nach mehr (Reichtum, Macht, Position/Titel oder Ruhm) führt dazu, dass sie ihren Einfluss im Austausch gegen persönlichen Gewinn verlieren. Das heißt nicht, dass jeglicher Gewinn falsch ist. Gott bringt oft große Fülle in das Leben dessen, der ihm gegenüber treu lebt. Aber es macht einen großen Unterschied, wenn die Fülle der Lohn dafür ist, dass man das Ziel aufgibt. Die Menschen, die das Sagen haben, können leicht erkennen, wenn andere für selbstsüchtigen Gewinn dienen. Das Motto „Eine Hand wäscht die andere", ist wesentlicher Bestandteil des politischen Systems. Es geschieht sehr leicht, dass man an Einfluss verliert, wenn man ein reines Herz verliert, denn gute Leiter werden sich niemals dauerhaft dem Einfluss eines Menschen unterstellen, der dient, um Profit herauszuschlagen. Eine solche Herangehensweise führt normalerweise zu Manipulation. Vortreffliche Arbeit muss die Vortrefflichkeit des Herzens widerspiegeln. Und die Vortrefflichkeit des Herzens muss stets in jedem Umfeld geschützt werden, das uns die Vortrefflichkeit unserer Arbeit erschließt.

Integrität

Es ist eine der größten Tragödien der Geschichte, dass der weiseste Mensch, der jemals gelebt hat, in absolut törichte Sünden verfiel. Weil er ausländische Frauen heiratete, betete er schließlich die Götzen an, die in den Heimatländern seiner Frauen angebetet wurden. Er baute in Jerusalem sogar Tempel für diese Götzen und brachte diesen dämonischen Wesen Opfer dar. Mir wurde gesagt, dass es dreihundert Jahre dauerte, bis Israel sich von den Auswirkungen erholt hatte, die durch Salomos Sünden verursacht worden waren. Jeder Leiter muss sich darüber im Klaren sein, dass die eigenen Sünden über das persönliche Leben hinaus negative Auswirkungen haben. Eine noch größere Ironie dieser Geschichte liegt jedoch darin, dass Salomo vor solchen Fehltritten bewahrt geblieben wäre. Er hätte einfach nur sein eigenes Leben ebenfalls nach der Weisheit, die ihm gegeben war, ausrichten müssen. Wenn es jemals ein Beispiel dafür gab, was es bedeutet, etwas in der Theorie zu wissen, ohne es persönlich umzusetzen, dann dieses. Nicht angewandte Kenntnis der Wahrheit führt schließlich dazu, dass wir für die vollen Auswirkungen dieser spezifischen Wahrheiten nicht mehr empfänglich sind. Seltsamerweise kann uns der Heilige Geist ausgerechnet bei den Wahrheiten nicht überführen, die wir zwar am umfassendsten verstehen, die aber unseren Lebensstil nicht prägen. Ich glaube, auch das hatte Paulus im Sinn, als er sagte: *„Die Erkenntnis bläht auf ..."* (1. Kor. 8, 1). Er sprach weder von fleischlicher Erkenntnis noch von der Kenntnis über Götzen oder anderer offensichtlicher Fehler. Nicht angewandte Erkenntnis arbeitet gegen Gottes Absichten mit dieser Erkenntnis.

Im Buch der Sprüche wird an verschiedenen Stellen davor gewarnt, Verbindungen mit jenen einzugehen, die in Sünde leben. Es gibt ein ganzes Kapitel, das den Leser ermahnt, sich von unmoralischen Menschen fernzuhalten (beispielsweise Kapitel 7). Aber Salomo praktizierte nicht, was er andere lehrte. Er wies uns an, das Wort Gottes auf unser Herz zu binden, damit wir nicht in Sünde fallen. Auch daran hielt er sich nicht. Es geht mir nicht darum,

Salomos Sünden aufzulisten. Vielmehr möchte ich deutlich machen, dass angewandte Weisheit sich in persönlicher Integrität zeigt.

Die Auswirkungen der Weisheit auf Integrität zeigen sich geradezu auf messbare Weise in unseren Beziehungen, unseren Gedanken, unseren Ambitionen, unserem Umgang mit Geld und sogar an dem, worauf wir unser Augenmerk richten. All diese Dinge tragen zur Integrität des Herzens bei, die um jeden Preis bewahrt werden muss.

Was in den Sprüchen über Weisheit geschrieben steht, verliert durch Salomos Versagen nicht an Kraft. Es hat auf mich sogar eher den gegenteiligen Effekt. Es ist äußerst ernüchternd zu sehen, dass wir eine Gabe von Gott empfangen können, ohne einen Nutzen daraus zu ziehen, wenn sie nicht durch vollständige Hingabe an Jesus eingesetzt wird.

Baue hier und jetzt

Weisheit baut mit der Ewigkeit im Blick. Sie hat einen ewigen Zweck, aber Wirkung im Hier und Jetzt. Weisheit verbindet auf unerwartete Weise die beiden Welten von Ewigkeit und Zeit, wenn wir Erbauer einer ewigen Kultur mit ewigen Auswirkungen im Hier und Jetzt werden. „Mach dich auf und baue" ist unser aller Mandat der Stunde.

Kapitel 6

ALLE KÖNIGREICHE WERDEN ZU SEINEM KÖNIGREICH

Das Reich Gottes ist eine Hier und Jetzt Realität. Es manifestiert sich überall dort, wo die Herrschaft des Königs realisiert wird – also in seinem Königreich. Praktisch betrachtet zeigt sich das Reich Gottes immer dann, wenn die Auswirkung der Herrschaft Jesu über gravierenden Problemen im Leben demonstriert wird. Wenn diese Probleme durch Gottes erlösendes Wirken verändert werden, offenbart sich die Anwesenheit des Reiches Gottes.

Das Reich Gottes ist eine Realität in der unsichtbaren Welt, aber es hat Auswirkungen auf das Sichtbare. Das zeigt sich im Dienst von Jesus. Wenn sich das unsichtbare Reich Gottes manifestierte, erfuhren Menschen Heilung und Befreiung. Das sind lediglich zwei Manifestationen des Reiches Gottes - es gibt jedoch weitaus mehr. Wenn Jesus diese Wunder wirkte, zeigte er die Auswirkungen seiner Herrschaft. Paulus sagte: *„Denn das Reich Gottes ist nicht Essen und Trinken, sondern Gerechtigkeit und Friede und Freude ..."* (Röm. 14, 17). Es ist nicht von der natürlichen

Welt. Aber ebenso, wie der Blinde jetzt sieht, hat es sich durch eine Veränderung im Natürlichen gezeigt.

Die Auswirkungen dieses Königreichs werden anhand dessen, was Jesus lehrte und praktizierte, sichtbar und geradezu messbar. So lernen wir durch sein Beispiel, dass das Reich Gottes hier ist. Es ist im Hier und Jetzt. Die Wahrheit wird jedoch häufig unter Spannung gehalten. Das geschieht, wenn scheinbar gegensätzliche Konzepte zusammengehalten werden und wiederum in unserem Denken Spannung erzeugen. Die Wahrheit liegt in dieser Spannung. In diesem Fall verhält es sich so: Es ist eine Tatsache, dass das Reich Gottes gegenwärtig ist und doch kann die Fülle des Reiches Gottes jetzt noch nicht vollständig verwirklicht werden, weil unser Körper die Herrlichkeit nicht aushalten könnte. Daher leben wir mit dieser Realität: Das Reich Gottes ist beides – einerseits ist es schon da, andererseits aber noch nicht.

Einerseits im Hier und Jetzt, andererseits aber noch nicht

Mein Streitpunkt ist der, dass für viele das Argument „andererseits noch nicht" zum Versteck für ihren Unglauben geworden ist. „Andererseits noch nicht" führt häufig zu der falschen Schlussfolgerung, dass ein bestimmter Durchbruch nicht erfolgte, weil es nicht Gottes Wille war. Vielleicht denken wir: „Gott ist schließlich groß und mächtig genug, dass er geschehen lassen kann, was er will." Es steht außer Frage, dass er in der Lage ist, alles zu tun, was er will. Wir sind jedoch keine Roboter. Auch programmiert er uns nicht wie einen Computer, damit der von ihm beabsichtigte Zweck erfüllt wird. Stattdessen wurden wir von einem perfekten Vater angenommen. Er ist ein Vater, der sich danach sehnt, dass sich seine Söhne und Töchter seinem Familienunternehmen anschließen. Diese Partner nennt man Mitarbeiter. Er hat Diener, das sind sowohl bestimmte Engel als auch Thronwesen. Das Buch der Offenbarung gibt uns einen Einblick in diese Realität. Aber Mitarbeiter sind jene, die nach seinem Bild geschaffen wurden und einen Platz in seinem Herzen haben, den kein anderes Geschöpf ausfüllen kann.

Söhne und Töchter haben Zugang zu seinem Herzen. Indem wir diese Ehre und Verantwortung wahrnehmen, lernen wir, seinen Willen durch Gebet und Gehorsam durchzusetzen. Diese Partnerschaft hat Auswirkung darauf, wie Dinge sich entwickeln. Orientieren wir uns allerdings nicht an dem Beispiel und den Anweisungen Jesu, geschieht es allzu oft, dass wir uns mit „Gottes Souveränität" herausreden. Ich habe keinen Zweifel, dass es Zeiten gibt, in denen Gott in seiner Souveränität anders entscheidet, als wir geplant oder gebetet hatten. Doch allzu oft wird die Schönheit und das Wunder seiner Souveränität zum Teppich, unter den wir unsere unbeantworteten Gebete kehren, weil wir annehmen, es sei sein Wille, zu einer bestimmten Bitte oder Richtung Nein zu sagen. Das trifft jedoch nicht immer zu. Wir haben etwas beizutragen, das auf das Ergebnis Einfluss hat.

Die Menschen, die keine oder nur sehr wenige Wunder erleben, benutzen diese Ausrede sehr oft. Doch jene, die einen Lebensstil der Zeichen und Wunder führen, benutzen sie kaum, denn sie haben eine tiefere Offenbarung über das Herz Gottes. Allerdings ist dieses Level jedem zugänglich.

Auf meinem Weg als Christ habe ich gelernt, mit Mysterien zu leben und mich daran zu erfreuen. Ich muss nicht wissen, warum manche Dinge sind, wie sie sind. Ich brauche nur sein Herz zu kennen und muss wissen, was er von mir verlangt. Ich opfere nicht das, was ich über die Güte Gottes weiß, auf dem Altar der menschlichen Vernunft, damit ich eine Erklärung dafür habe, wenn etwas nicht so geschah, wie ich es erwartete. Mysterium ist für mich ebenso wichtig wie Offenbarung. Wenn ich Mysterien nicht wertschätze, beraube ich mich der Gelegenheiten, mein Vertrauen zu vertiefen.

Die Beziehungsebene

Schwache Theologie, die auf dem Papier gut aussieht, muss häufig als Tarnung für Feigheit herhalten, untergräbt sie doch unsere Verantwortung, in den Bereich des Unmöglichen vorzudringen. Das hält uns davon ab, dem nachzujagen, was zu unseren Lebzeiten möglich ist. Es ist schlicht viel leichter, wegen mangelnder Antworten nach Erklärungen zu suchen, als Gott solange zu suchen, bis ein Durchbruch geschieht. Der herausfordernde Teil dieser Gleichung besteht darin, dass solche Erklärungen für gewöhnlich keine korrektere Theologie sind. Die Antwort liegt auch nicht immer in Prinzipien. Entscheidend ist vielmehr unsere Beziehung zu Gott. Es geht um die Bereitschaft, seinem Konzept zuzustimmen, indem wir zu dieser Beziehung Ja sagen.

Manche Dinge werden uns nur durch die Beziehung zum Heiligen Geist klar. Es ist durchaus möglich, prinzipiell biblisch korrekt zu sein und doch vollständig zu verpassen, was Gott sagt. Jesus befahl seinen Jüngern, in die ganze Welt hinauszugehen und das Evangelium zu predigen. Als der Apostel Paulus plante, nach Asien zu gehen, was dem schriftgemäßen Mandat entsprach, sagte der Heilige Geist Nein. Lukas schreibt in Apostelgeschichte 16, 6: *„... denn der Heilige Geist erlaubte ihnen nicht, in der Provinz Asien die Botschaft Gottes zu verkünden"* (Gute Nachricht Bibel). Als er und sein Team versuchten, nach Bithynien zu ziehen, heißt es in der Schrift: *„... und der Geist ließ es ihnen nicht zu"* (Apg. 16, 7; Schlachter). Es war schriftgemäß, in diese Regionen zu gehen, aber es war nicht der Wille Gottes. Ihre Beziehung zum Heiligen Geist half ihnen, den spezifischen Willen Gottes für diesen Zeitpunkt zu erkennen. Es wäre falsch zu folgern, Gott hätte für bestimmte Teile der Welt kein Herz. Er sieht jedoch die notwendige Ordnung und die erforderliche Vorgehensweise, die wir nicht sehen. Er leitet uns immer, für das große Ganze zu bauen. An einer anderen Stelle in der Apostelgeschichte lesen wir, dass das Evangelium vom Reich Gottes Asien erreichte und dort gewaltige Auswirkungen hatte. *„So hörten alle Bewohner der Provinz Asien, Juden wie Griechen, das Wort des Herrn"* (Apg. 19, 10; Basis Bibel).

Mein Lieblingsbeispiel für einen solchen biblischen Konflikt findet sich in Sprüche 26, 4-5. In Vers 4 heißt es: *„Antworte dem Toren nicht, wie es seine Dummheit verdient, damit nicht auch du ihm gleich wirst!"* (Einheitsübersetzung). Und schon im nächsten Vers findet sich ein Widerspruch. *„Antworte dem Toren, wie es seine Dummheit verdient, damit er sich nicht einbildet, ein Weiser zu sein!"* (Spr. 26, 5; Einheitsübersetzung). Welcher Anweisung folgen wir denn nun? Tatsächlich sagt er uns, nicht mit dem Toren zu sprechen und dann sagt er, dass wir mit dem Toren sprechen sollen. Je länger wir Jesus nachfolgen, desto klarer sollte der Punkt für uns sein, dass der Wille Gottes in der Schrift offenbart ist, aber dass die spezifischen Details durch unsere Beziehung zu Gott deutlich werden. Es ist eine beziehungsorientierte Reise. Es ist offensichtlich, dass Gott seinem Wort niemals widersprechen wird. Dennoch scheint sich sein Wort manchmal zu widersprechen - allerdings nur, damit wir in seine Arme getrieben werden. Nochmals, es geht um Beziehung. Der Schlüssel, um unsere Bestimmung in Christus zu erfüllen, ist unsere Beziehung zum Heiligen Geist.

Im Endeffekt bedeutet das, dass wir das Wunder und die Schönheit seines Willens jetzt demonstrieren sollen. Wenn sich sein Wille in den Schwierigkeiten des Lebens offenbart, offenbart sich das Kommen seines Reiches. Wenn diese Realität tief mit unserer Gemeindekultur verwoben wird, werden wir in unseren Städten und Gemeinden Einfluss haben.

Vor einigen Jahren erlebte eine ortsansässige Kosmetikerin ein Wunder in ihrem Körper, als in der Bethel Gemeinde für sie gebetet wurde. Als eine ihrer Kundinnen depressiv in ihr Geschäft kam, fragte die Kosmetikerin, was los sei. Die Kundin sagte, dass man bei ihr gerade Krebs festgestellt habe. Die Kosmetikerin sagte, sie müsse in die Bethel Gemeinde gehen, weil man Krebs dort nicht toleriere. Das tat sie. Die Frau wurde geheilt.

Ich liebe diese Geschichte. Ich wünschte, sagen zu können, dass jeder, für den wir mit dieser schrecklichen Krankheit gebetet haben, geheilt wurde. Das trifft leider nicht zu. Wir hatten tragische Verluste. Aber wir sind auf diesem Weg und kämpfen für eine krebsfreie Zone, entspricht es doch der Natur seines Reiches. Wie könnten wir uns nach weniger ausstrecken?

Die Frage bleibt: Wie viel von Gottes Königreich können wir jetzt erleben?

Wie viel ist jetzt erfahrbar?

Wir sind auf einer Reise, um die Realität seiner Herrschaft hier und jetzt zu entdecken, zu erleben und freizusetzen. Ist es richtig, mehr zu erwarten? Und wenn ja, wie viel können wir erwarten? Hier einige persönliche Schlussfolgerungen zu diesem Thema:

1. Wir könnten den vollen Ausdruck von Gottes Königreich hier auf Erden nicht überleben, weil seine Herrlichkeit eine Manifestation seines Reiches ist. Die Fülle seiner Herrlichkeit geht über das hinaus, was der menschliche Körper ertragen kann. Also hat das erwähnte „noch nicht" auch einen Vorteil. Nur verherrlichte Körper können die volle Manifestation seines Reiches verkraften.

2. Wir können mehr haben, als es gegenwärtig der Fall ist. Die Geschichte belegt das anhand vieler Beispiele. Die Kirchengeschichte ist voll von Erfahrungsberichten, die weit über das hinausgehen, was die meisten von uns erlebt haben. Selbst das Volk Israel erlebte Level seiner Gegenwart, die heutzutage gänzlich unbekannt sind – und das unter einem schlechteren Bund. Dieses Mehr an Herrlichkeit zu sehen, das die Geschichte bezeugt, und dennoch nicht um eine große Zunahme zu flehen, ist biblisch gesehen unvernünftig.

3. Er gab uns eine Gebetsperspektive, die jenseits dessen ist, was wir erbitten oder erdenken können (siehe Eph. 3, 20). Das bedeutet, es geht über unseren Glauben und unsere Vorstellung hinaus. Das Gebet „wie im Himmel, so auch auf Erden" ist beides, ein Befehl und eine Einladung. Die Kombination von Gehorsam gegenüber seiner Gebetsanweisung und risikoorientierten Handlungen, die erforderlich sind, um seinen erklärten Willen zu erleben, befähigt uns, Dinge zu entdecken, die wir aufgrund unserer Intelligenz oder unseres Unterscheidungsvermögens niemals erbeten hätten.

4. Jesus setzte nie eine Grenze, indem er sagte: „Glaubt für so viel, aber nicht für mehr." Er legte in seiner Lehre und seinen Taten eine Richtung fest, aber er setzte niemals solche Grenzen, wie es Lehrer heutzutage tun. Um uns die notwendige Hoffnung und den erforderlichen Mut zu geben, sagte er sogar, dass wir größere Werke tun würden als er. Wir können nur dann größere Werke tun, wenn wir das Gleiche tun wie er. Er lädt uns zu einer umfassenden Erkundung ein, wie eine stärkere Manifestation seines Reiches aussehen könnte.

5. Er gab unserer Hoffnung einen Ausblick, indem er proklamierte: *„Die Königreiche der Welt sind unserem Herrn und seinem Christus zuteilgeworden ..."* (Offb. 11, 15; Schlachter). Und abermals sagt er, dass die Erde von der Herrlichkeit des Herrn erfüllt werden wird (siehe Hab. 2, 14). Diese beiden Aussagen offenbaren das messbare Ziel seines Willens und zeigen die Erwartung seines Herzens.

Jesus setzte für uns im Gebet ein scheinbar unmögliches Ideal und er setzte keine Grenzen. Wie sollten wir uns da mit weniger zufriedengeben, als dem erkennbaren vollständigen Ausdruck von Gottes Herrschaft über die ganze Erde? Keinem von uns wurde eine Strategie gegeben, wie das geschehen soll, abgesehen davon, dass wir dem Beispiel Jesu folgen und die Werke des Teufels zerstören sollen (siehe 1. Joh. 3, 8). Uns wurde eine Richtung, ein Gebet, ein Auftrag und ein Beispiel gegeben, dem wir folgen sollen. Und all das wurde uns ohne Einschränkungen gegeben.

Ich verstehe, dass das, wozu ich ermutigt habe, einige nervös machen wird. Geschichtlich gesehen wissen wir, dass es Menschen gab, die versuchten, Gottes Reich auf der Erde zu kreieren - manchmal nannten sie ihr Projekt Zion oder gemäß eines anderen biblischen Namens. Doch all diese Versuche scheiterten. Mir scheint, dass sie möglicherweise deshalb versagt haben, weil sie glaubten, sie müssten sich an die Spitze eines hierarchischen Systems stellen, damit Gottes Reich auf die Erde kommt. Es ist wichtig, dass wir auf dem Level dienen, den der Herr uns zuweist und dass wir uns nicht selbst befördern, sondern jegliche Beförderung in einflussreiche Positionen dem Herrn überlassen. Der sicherste Weg, um zu versagen, ist, uns selbst zu befördern.

Wie gehen wir also verantwortungsvoll mit diesem Mandat um? Hoffnung ist der grundlegende Faktor.

Hoffnung ist ein wesentlicher Faktor

Jetzt werden viele davor warnen, falsche Hoffnungen zu wecken. Diese Möglichkeit ist in der Tat sehr real und schmerzhaft. Wenn falsche Hoffnung vermittelt wird, dann normalerweise im Kontext eines gewissen Hypes, und das verachte ich. Sie verspricht Wunder, Durchbrüche, erfüllte Träume und vielleicht sogar materiellen Segen im Namen des Glaubens. Aber falsche Hoffnung kann nicht liefern. Ich denke, es ist häufig ein fleischlicher Versuch, seinen Glauben zu praktizieren - manchmal durchaus in guter Absicht. Hype ist im Kern unehrlich. Jene, die auf diese Weise leben, verlieren mit der Zeit an Glaubwürdigkeit. Doch meine Sorge und mein Fokus liegt mehr darauf, dass wir Menschen keine minderwertige oder schwache Hoffnung geben. Sowohl Warnungen als auch Ängste werden oftmals von jenen als Weisheit bezeichnet, die nicht gewillt sind, das erforderliche Risiko einzugehen, um hinsichtlich unseres Reich-Gottes-zentrierten Lebensstils und unserer Erfahrung signifikante Fortschritte zu erzielen. Immer, wenn einem schwachen Glauben ein tugendhafter Name verliehen wird, erteilt man ihm die Erlaubnis, zu bleiben.

Olivia Shupe, eine der jungen Mütter unserer Gemeinde, kam vor einigen Jahren aus einer Gebetszeit mit einer Botschaft zurück, die sich eine ganze Weile auf unser Umfeld ausgewirkt hat. Der Herr hatte zu ihr gesagt: „Derjenige mit der größten Hoffnung hat den größten Einfluss." Das gehört zu den wichtigsten Dingen, die wir über unser Leben lernen können. Wir müssen in jedem Lebensbereich hoffnungsvoll sein. Genaugenommen steht jeder hoffnungslose Bereich unseres Lebens unter dem Einfluss einer Lüge.

Der Gott der Hoffnung aber erfülle euch mit aller Freude und allem Frieden im Glauben, damit ihr überreich seiet in der Hoffnung durch die Kraft des Heiligen Geistes! (Römer 15, 13)

Hoffnung sollte alles beeinflussen! Unsere Vergangenheit sollten wir im Licht des Blutes Jesu betrachten. Ich bin so rein wie Jesus, stehe ich doch gewaschen im Blut des Lammes vor dem Vater. Was die Gegenwart betrifft, sollten wir uns als Söhne und Töchter Gottes sehen, die wissen, dass ihnen vergeben ist und die jetzt verantwortungsvoll leben, damit sein Reich in jeden Lebensbereich kommt. Was die Zukunft angeht, legen wir unser Leben nieder, damit sein Wille auf Erden geschieht. Ferner nehmen wir unseren Auftrag an, um den Lauf der Geschichte verantwortungsvoll zu gestalten. Hoffnung weckt in Menschen Freude und führt zu Durchbrüchen, die sonst unerreichbar wären.

Wie sollen wir denn nun leben?

Als eine Gruppe von Gläubigen haben wir uns vorgenommen, unter dem Gesichtspunkt zu leben, dass das Evangelium für jeden Lebensbereich perfekt geeignet ist. Es ist pragmatisch und unverzichtbar. In seiner Weisheit hat Gott Lösungen für jedes Problem und ein Herz für jedermann. Unser Ansatz ist inspiriert von dem Vers „*... das Ersehnte aller Heidenvölker*" (Hag. 2, 7; Schlachter). Mit anderen Worten, jeder wünscht sich einen König wie Jesus. Alle Menschen sehnen sich nach ihm - sie wissen es nur nicht. Folglich ist Jesus perfekt geeignet, allen Lebensbereichen Einfluss, Sinn und Bedeutsamkeit zu geben.

Kürzlich feierten wir das 500-jährige Jubiläum der Reformation. Die damaligen Leiter waren erfolgreich darin, die Kultur zu prägen, weil sie glaubten, dass Gott für jeden Bereich des Lebens Antworten hat. Es spielte keine Rolle, ob es sich um das Bankwesen, die Wirtschaft, die Bildung oder die Wissenschaft handelte. Der Punkt ist, dass das Evangelium darauf abzielt, die Realität des Reiches Gottes in jeden Lebensbereich zu bringen. Und indem wir das tun, finden wir hinsichtlich unserer Bestimmung Erfüllung. Die Kinder Gottes müssen das Privileg annehmen, unabhängig von ihrem Einflussbereich öffentlich zu leben, damit die Realität des Reiches Gottes erkennbar wird. Bedenke, er sagte: *„Schmecket und sehet, dass der HERR gütig ist!"* (Ps. 34, 9). Schmecken ist eine Erfahrung. Sehen ist eine Wahrnehmung. Wenn Menschen die Realität des Reiches Gottes erleben, wird sich ihre Sichtweise verändern. Bring sie auf den Geschmack!

Kapitel 7

FRIEDEN IST DER SAUERSTOFF DES HIMMELS

Das meiste von dem, was unseres Erachtens eine Kultur prägen sollte, beginnt mit einer Person. Wenn jemand mit der Realität des Himmels in Berührung kommt und die Auswirkungen in seine Familie, zu seinen engsten Freunden oder in seine Arbeitsumgebung trägt, bekommt er Einfluss in seinem Umfeld. Diese Familie oder Gruppe trägt dann dazu bei, die Werte einer ganzen Ortsgemeinde zu prägen. Und wenn diese Gemeinde anfängt, die Realität einer anderen Welt zu demonstrieren, wird sie eine Stadt beeinflussen. Der Punkt ist, dass Kultur nicht geprägt wird, weil wir eine Kulturkampagne durchführen. Es beginnt für gewöhnlich mit einer Person oder vielleicht mit einer kleinen Gruppe von Gleichgesinnten, die die Atmosphäre zum Wohle anderer verändern und überwachen. Es ist diese himmlische Realität, die Gott geschaffen hat, um die Erde so lange zu beeinflussen, bis wir die Erfüllung des Gebets *„wie im Himmel, so auch auf Erden"*, erleben.

Frieden

Für die meisten Menschen ist Frieden eine Zeit ohne Krieg oder ohne Streit oder einfach nur eine Zeit ohne Lärm. Beachte, dass es sich immer um die Abwesenheit von etwas handelt. Im Reich Gottes ist Frieden die Anwesenheit von jemandem. Frieden ist eine Person. Jesus ist der Friedefürst. Wenn die Gegenwart Jesu den Haupteinfluss auf unser Herz und unser Denken hat, haben wir einen erobernden Frieden. Das wunderbare an diesem Frieden ist, dass er vom jeweiligen Umfeld weder definiert noch kontrolliert wird. Diese Art Frieden verändert unser Umfeld. Jesus schlief während eines Sturms und setzte Frieden über diesem Sturm frei (In Mk. 4, 39 heißt es frei übersetzt nach der englischen King James Bible: „Friede, sei still"- Anmerkung des Übersetzers). Daraufhin hörte der Sturm auf (siehe Mk. 4, 35-41). Was er in sich trug, beeinflusste das Geschehen um ihn herum.

Spürbare Wirklichkeiten

Fast jeder Christ lebt in dem Wissen, dass der Heilige Geist in ihm wohnt und ihn niemals verlassen wird. Das ist eine grundlegende biblische Wahrheit. Wahrheit sollte aber auch erlebt werden. Religion glorifiziert Konzepte, vermeidet aber persönliche Erfahrung. Zu wissen, dass der Herr mein Versorger ist, ist beruhigend. Aber das wird mir nur wenig nützen, wenn ich ihn in puncto Versorgung nicht suche. Das Konzept der Errettung nützt mir nichts, es sei denn, ich bin errettet. Die neue Geburt ist die Erfahrung, die wir machen, wenn wir die Botschaft der Errettung gehört haben. Ebenso muss auch die bleibende Gegenwart des Heiligen Geistes eine spürbare Realität werden.

Viele werden jetzt denken, dass ich glaube, wir sollten nach unseren Gefühlen leben oder dass unsere Emotionen definieren, was wahr ist. Das würde gewiss zu weiteren Problemen führen. Obgleich dies zutreffend ist, wird eine spürbare Realität normalerweise meine Emotionen beeinflussen. Eine solche Erfahrung sollte möglichst so real sein, dass sie sich in meinem Leben auswirkt. Jeder Teil von uns, von unserem Verstand zu unseren Emotionen bis zu unserem Körper, ist so beschaffen, die offenbarte Gegenwart Gottes zu erkennen und darin zu leben. Wenn man lernt, in dieser Realität zu leben, nennt man das Reife (siehe Hebr. 5, 12-14).

Wir müssen unseren Glauben aktivieren und aufhören, Selbstzufriedenheit zuzulassen, um unser christliches Leben zu definieren. Die Tatsache, dass der Heilige Geist stets bei uns ist, muss unseren Lebensstil beeinflussen. Wir können uns seiner Gegenwart so sehr bewusst sein, dass er unseren Glauben, unsere Haltung, unser Verhalten und noch so vieles mehr beeinflusst. Er ist die Wonne des Lebens.

Wir sprechen oft davon, unseren Glauben für ein Wunder einzusetzen und das ist richtig und gut. Aber wie wäre es, wenn wir unseren Glauben auch gebrauchten, um zu entdecken, dass Gott mit uns ist?

Frieden beschützen

Frieden ist die Atmosphäre des Himmels. Ich bezeichne Frieden gern als den Sauerstoff des Himmels. Und dieser Frieden ist stets bei mir. Wenn ich diesen Frieden jedoch durch Furcht, Ärger oder andere Reaktionen verletze, die nicht Gottes Natur entsprechen, ist er keine spürbare Realität mehr. Ich sage nicht, dass der Heilige Geist mich verlassen hat. Ich sage lediglich, dass der Friede mir dann nichts mehr nützt. Ich kann nicht mehr von ihm profitieren oder ihn gut verwalten. Vielleicht könnte man es so sagen: Weil Gott mich nie verlassen wird, habe ich Frieden auf meinem Konto, aber er ist nicht in meinem Besitz. Ich muss eine Abhebung tätigen.

Einer der wichtigsten Grundsätze meines Lebens besteht darin, dass ich meinen Frieden um jeden Preis schütze. Wenn ich beispielsweise bemerke, dass ich keinen Frieden habe, muss ich herausfinden, wo ich ihn verloren habe. So einfach ist das. Wenn ich ängstlich oder frustriert bin, versuche ich herauszufinden, seit wann ich untergeordnete Realitäten in meinen Gedanken, meiner Einstellung und meinem Verhalten zugelassen habe. Stelle ich beispielsweise fest, dass ich seit drei Stunden besorgt bin, überlege ich, was der Auslöser war. Vielleicht ein Anruf. Das heißt nicht, dass der Anruf falsch war. Aber meine Reaktion war es. So geschah es, dass ich durch meine Überlegungen Raum für Furcht gab. Unsere Reaktionen basieren grundsätzlich entweder auf Liebe oder auf Furcht. Also gehe ich zurück zu dem Anruf und erkenne jetzt deutlicher, wie ich Furcht in meinem Herzen und meinem Denken Raum gegeben habe. Vielleicht habe ich daran gedacht, was alles falsch laufen könnte. Bedenke, Furcht lässt die Verheißungen außer Acht. Es hätte ein Telefongespräch über alles Mögliche sein können – eine persönliche Herausforderung, ein Vorfall in der Gemeinde oder sogar ein Bericht über eine nationale oder internationale Krise. Das Problem war, ich habe Frieden gegen Furcht eingetauscht. Und das war ein schlechter Deal. Ich tauschte etwas Ewiges gegen etwas, das sich nur deshalb in unser Leben drängt, um zu stehlen, zu töten und zu verderben.

Wenn ich erkenne, was geschehen ist, tue ich Buße. Ich bekenne dem Herrn meine Verfehlung. Wenn es ein fortdauerndes Problem ist, muss meine Umkehr noch tiefer zum Ausdruck gebracht werden. Ehrlich gesagt, manchmal reicht es schon aus, das Problem zu erkennen. Ich reagiere dann im Gebet mit einem einfachen Bekenntnis:

> „Jesus, vergib mir. Ich habe trotz des Wissens um deine Güte Angst zugelassen. Danke für deine Vergebung, denn ich weiß, dass du meine Stärke bist, wenn das nächste Problem auftaucht. Ich gebe dir Dank und Lob, denn du bist immer gut."

Es ist so wunderbar, weil Frieden jetzt wiederhergestellt ist. Ich kann ihn nicht kreieren. Er gehört mir bereits. Ich brauche ihn nur von meinem Konto abzuheben und wieder in meinen Besitz zu bringen. Aber manchmal weiß ich, dass das Problem viel tiefer in mir verwurzelt ist. Wenn Gott an uns arbeitet, erkennen wir vielleicht in dem Moment, dass eine Wurzel von falschem Denken unser Leben jahrelang beeinflusst hat. Ist das der Fall, ist es Zeit, mit dem Herrn allein zu sein, um sicherzugehen, dass meine Buße ebenso tiefgehend ist wie meine Sünde. Ich schnappe mir dann meine Bibel, um herauszufinden, was er über mich und über mein Problem sagt. Außerdem suche ich hinsichtlich dessen, was mich ins Straucheln gebracht hat, nach einer Lösung. Es ist wichtig, dass ich herausfinde, wo ich in Unkenntnis der Wahrheit war oder diese durch meinen Unglauben geschwächt habe. Ganz gleich, ob es zehn Minuten oder eine Stunde dauert, es ist es wert, die Last der gedanklichen Täuschung nicht länger mit sich herumtragen zu müssen. Falsches Denken und Frieden können nicht nebeneinander bestehen. Buße, die Veränderung unseres Sinnes, bewirkt die Wiederherstellung unseres Friedens.

Durch Frieden bewahrt

Entscheidend für ein Leben im Frieden ist unsere Beziehung zum Heiligen Geist. Das funktioniert am besten, wenn wir Gott vollkommen vertrauen, was sich durch unser Bleiben in Christus zeigt. Wenn ich mich auf Furcht einlasse, zweifle ich an Gott. Es geht darum, dass wir es hier auf der Erde lernen, dem Einen zu vertrauen, der absolut treu und vertrauenswürdig ist. Unser Verstand, losgelöst von göttlichem Einfluss, wird stets den Einen bekämpfen, der unseres Vertrauens würdig ist. Und darin besteht der Kampf. Es ist ein Kampf in unserem Kopf, der darauf abzielt, unser Herz zu verderben und zu infizieren. Wenn wir diesen Kampf gewinnen, wirkt sich das auf jeden Bereich unseres Lebens aus.

Der Apostel Paulus sah sich mit einigen der extremsten Erfahrungen konfrontiert. Und er war im Gefängnis, als er einige der hilfreichsten Erkenntnisse für unser Leben weitergab.

> *Freut euch im Herrn allezeit! Wiederum will ich sagen: Freut euch! ... Seid um nichts besorgt, sondern in allem sollen durch Gebet und Flehen mit Danksagung eure Anliegen vor Gott kundwerden; und der Friede Gottes, der allen Verstand übersteigt, wird eure Herzen und eure Gedanken bewahren in Christus Jesus.*

(Philipper 4, 4-7)

Freude, Gebet, Flehen und Danksagung sind geeignete Maßnahmen, um den Kampf in unseren Gedanken beizulegen. Im darauffolgenden Vers (Phil. 4, 8) zeigt Paulus uns, womit wir unsere Gedanken füllen sollen. Die Schlussfolgerung ist, es bleibt kein Raum für Gedanken, die der Natur Gottes entgegenstehen, wenn wir unseren Verstand mit seinen Wahrheiten füllen. Und immer, wenn wir seine Natur entdecken, entdecken wir auch unsere neue Natur in Christus. Wir werden immer so werden wie der Eine, dem wir vertrauen.

Es ist wichtig, dass wir beten und unsere Nöte, Ängste und Herausforderungen vor Gott bringen. Er empfängt uns in jedem Zustand, in dem wir uns gerade befinden. Gebete der Autorität werden jedoch nie in Furcht gebetet. Angstbasierte Gebete sind die Gebete von Knechten, nicht von Söhnen und Töchtern. Nochmals, er empfängt mich in jedem Zustand. In seiner Gnade dient und heilt er uns. Er hat uns jedoch zu einem weitaus besseren Lebensstil berufen. Ich ermutige Menschen, so lange zu beten, bis die Angst und die Sorge verschwunden sind. Für mich beinhaltet dieser Prozess auch immer Anbetung und das Meditieren über seine Verheißungen. Wenn wir dann wieder eine Position des Glaubens einnehmen, werden wir nützliche Mitarbeiter, indem wir die erforderlichen Dekrete verfügen, um den Willen Gottes in der jeweiligen Situation freizusetzen. Danksagung hilft uns, um mit unserem Vater, der niemals lügt und immer unseres Vertrauens würdig ist, im Einklang zu bleiben. Dankbarkeit fließt mühelos von dem, der diesen Sieg in seinem Herzen erfahren hat.

Wir wollen uns jetzt noch einmal Vers 7 der eben zitierten Bibelstelle genauer ansehen: *„Und der Friede Gottes, der allen Verstand übersteigt, wird eure Herzen und eure Gedanken bewahren ..."* (Phil. 4, 7). Es ist interessant, dass sein Friede mich bewahren wird, wenn ich meinen Frieden bewahre. Vielleicht klingt das wie ein Widerspruch, aber das ist es nicht. Wenn ich mein Herz vor den Dingen bewahre, die mein Vertrauen in Gott unterminieren, wird er sich erheben, um mich vor den unsichtbaren feurigen Pfeilen zu bewahren, die in meine Richtung fliegen. Sein Friede bewahrt uns, wo es uns an Erkenntnis mangelt. Es ist wunderbar zu sehen, dass Friede den Verstand übersteigt, da echter Glaube dem naturgemäßen Denken stets überlegen ist. Ich sage es gern so: Wenn ich mein Recht, etwas zu verstehen, aufgebe, wird er mir den Frieden geben, der allen Verstand übersteigt.

Frieden als Lebensstil

Wenn ich einen Lebensstil des Friedens führen will, muss ich hinsichtlich meiner Lebenseinstellung Entscheidungen treffen. Viele Menschen brauchen den Alltagsstress, weil sie dadurch motiviert werden, fokussiert zu sein und Dinge zu bewerkstelligen. Sie nutzen bewusst negative Einflüsse. Das bedeutet, sie reagieren auf Probleme, anstatt auf die Absichten Gottes. Ich behaupte nicht, es würde nicht funktionieren. Stress kann Menschen antreiben, um Dinge zu erledigen. Aber Frieden ist für mich zu wichtig, als dass ich diesem äußerlichen Motivator in meinem Herzen Raum geben würde. Vielleicht gewinne ich an Produktivität, aber was ich verliere, ist für mich von größter Bedeutung: Die spürbare Realität seiner Gegenwart. Ich habe mich entschieden, in Erwiderung auf den Vater zu leben und nicht, indem ich auf die Finsternis reagiere. Ich schätze die spürbare Gegenwart Gottes mehr, als das zu bewerkstelligen, was andere scheinbar am stärksten beeindruckt. Die wunderbare Realität ist, wenn wir in dem Bewusstsein seiner Gegenwart leben, können wir Dinge bewerkstelligen, die Bestand haben.

Der Schutz meines Friedens muss praktiziert werden. Zum Beispiel lese ich spätabends keine herausfordernden E-Mails und ich führe, wenn möglich, keine schwierigen Gespräche. Ich möchte nicht, dass solche Dinge mich noch beschäftigen, wenn ich mich schlafen lege. Die meisten Menschen hätten bessere Tage, wenn sie bessere Nächte hätten. Als Pastor weiß ich allerdings, dass es manchmal unvermeidbar ist. Es gibt nun mal Krisen. Dann müssen wir auf solche Situationen voller Glauben und mit dem Herzen eines Dieners reagieren. Aber sich ständig noch spät in der Nacht mit Ideen, Problemen und Konflikten zu beschäftigen, die am nächsten Tag besser gehandhabt werden könnten, bedeutet, Gott herauszufordern. Ich schulde ihm ein reines Herz voller Zuneigung, wenn ich mich schlafen lege. Ich spreche von einem Herzen, das nicht mit den Trümmern unbewältigter Dinge überladen ist. Es sind unsere Nächte, die der Heilige Geist nutzt, uns in einer Weise zu dienen, die weit über das hinausgeht, was wir tagsüber verarbeiten könnten. Es ist wichtig, die Nachtruhe so anzugehen, dass wir von Gott empfangen können. Häufig hält Furcht sein Wirken zurück.

Ein reines Gewissen bedeutet für mich nicht nur, von den Gedanken an Sünde in meinem Leben frei zu sein. Es bedeutet, frei zu sein von der Last des Alltags, die mein Herz umschlingt und mich an einem Leben des Glaubens hindert, für das ich geschaffen wurde. Ein reines Gewissen bedeutet, dass unser Herz zur Ruhe gekommen ist.

In Zeiten, in denen Konflikte unvermeidbar waren, musste ich lernen, wie man betet, um nicht Furcht diktieren zu lassen, was und wem ich traue. Ich bete dann, bis ich meine Last in seiner Obhut weiß. Ich weiß, dass mir das gelungen ist, wenn ich nicht länger besorgt bin. Das ist die Voraussetzung für Ruhe. Und Dankbarkeit fließt leicht, wenn wir diese Position der Ruhe eingenommen haben.

Ein ruhendes Herz ist ein Herz des Glaubens. Ich spreche nicht nur von Schlaf, denn erschöpfte Menschen können auch dann schlafen, wenn sie Gott nicht vertrauen. Ruhe ist eine Position, in der wir uns weigern, uns anzustrengen. Glaube kommt nicht durch Anstrengung, sondern durch Hingabe. Und das ist eine Position von tiefem Frieden.

Beziehungen des Friedens

Ich kenne Menschen, die ein Problem überbetonen, weil sie hoffen, dass ich dann mit ihrer Angst übereinstimme. Ja, wirklich. Nur so scheinen sie zu wissen, dass ich das Problem genauso bedrohlich einschätze wie sie. Die Logik dahinter ist die, dass Besorgnis und Angst zeigen, ob wir ein Problem ernst nehmen. Wenn ich ängstlich und besorgt bin, wissen sie, dass ich sie verstanden habe und mir der Ernst der Lage bewusst ist. Eine wichtige Wahrheit des Reiches Gottes ist, dass vollkommene Liebe die Furcht austreibt. Menschen in Krisensituationen Mitgefühl zu zeigen, ist die Antwort. Fühle ihren Schmerz und lerne, mit den Trauernden zu trauern. Geh nicht leichtfertig über ihr Problem hinweg. Bete mit ihnen, wenn die Zeit dafür reif ist. Tröste sie. Ermutige sie. Sprich nur, wenn es nötig ist. Aber opfere nicht deinen Frieden, um zu beweisen, dass du sie verstehst. Glaube ruht. Es ist auch richtig, dass Glaube kämpft. Er kämpft jedoch aus einer Position der Ruhe (Zuversicht) in Gott. In einer solchen Situation wird Wohlbehagen zu einem falschen Frieden. Glaube ist. Ich bin nicht gut für meinen Freund, wenn ich ebenso ängstlich bin wie er. Meine Gebete werden dann zu Bettelgebeten und sind dann keinesfalls Gebete der Autorität, die Gott für uns vorgesehen hat.

Wenn Frieden der gemeinsam beschlossene Wert einer Gemeinschaft von Gläubigen ist, die für *„wie im Himmel, so auf Erden"* kämpft, wird sie nicht Angst dazu benutzen, um andere zu kontrollieren oder zu beeinflussen. Das ist so tief in unserer Kultur verwurzelt, dass Menschen sich häufig gar nicht bewusst sind, dass sie dieses Mittel einsetzen, um andere entsprechend ihrer eigenen Sichtweise zu manipulieren. Politiker tun das oft. Die meisten unserer Medien leben von dem Geld, das durch Ängste „produziert" wurde. Prediger und auch Eltern tun häufig das Gleiche. Die Kultur des Reiches der Himmel erlaubt uns nicht, Werkzeuge der Angst zu benutzen, denn Furcht unterminiert wahren Glauben und ist diesem unterlegen.

Probleme existieren. Sie aus Gottes Perspektive zu sehen, ist der sicherste Weg, um in diesen Tagen zu überleben, zu florieren und zu überwinden.

Leugnung, falscher Glaube

Es gibt viele, die ein Problem nicht diskutieren können, weil das in ihren Augen ein Zeichen für Unglauben ist. Echter Glaube kann jeder Herausforderung und jedem Thema standhalten. Er muss jedoch in dem Einen verankert sein, der treu ist.

Glaube verneint nicht das Vorhandensein eines Problems. Er verweigert jedoch dem Problem jegliche Einflussnahme. Ehrliche Konversation, das Benennen von Nöten, Ängsten und dergleichen müssen in der Familie Gottes willkommen sein. Wir nehmen an Reife zu, Jesus würdig zu repräsentieren, und dieser Prozess muss freudig zugelassen werden. Das gilt besonders für junge Christen.

Jemanden wegen seines schwachen Glaubens zu verspotten, bewirkt nie großen Glauben. Wenn Menschen von ihren Herausforderungen im Leben überwunden werden, sollten wir ihre Ängste nicht widerspiegeln, nur um ihnen zu beweisen, dass wir sie verstehen. Um Teil der Antwort sein zu können, sei die liebevolle Unterstützung, die aus einem inneren Frieden heraus agiert.

Jesus sprach Menschen häufig auf ihren Unglauben an. Er hielt nie ein Wunder wegen schwachem Glauben oder wegen Unglauben zurück. Wenn jemand genug Glauben hatte, um zu ihm zu kommen, reagierte er auf seine Not als die befreiende Lösung des Vaters. Ich glaube, dass er ihren Unglauben ansprach, damit sie nach dem empfangenen Wunder größeren Glauben entwickeln konnten.

Das Thema Glaube war für Jesus weitaus wichtiger als für die meisten von uns. Jesus beschäftigte dieses Thema so sehr, dass er fragte, ob er wohl Glauben finden wird, wenn er auf die Erde zurückkehrt (siehe Lk. 18, 8).

Wenn wir Dinge nicht verstehen

Der springende Punkt ist, dass das Mysterium einen wesentlichen Teil im Leben eines Jüngers ausmacht. Deshalb wurden uns Verheißungen darüber gegeben, dass alle Dinge zum Guten mitwirken. Und er wird vollenden, was er begonnen hat. Glaube arbeitet mit Frieden zusammen. Glaube stillt den Hunger des fragenden Herzens, wenn es an Verstehen mangelt. Glaube ist Substanz. Wenn wir bereit sind, Mysterien zu akzeptieren, schaffen wir Raum für den Geist der Offenbarung. Was du nicht verstehst, ist ebenso wichtig wie die Dinge, die du verstehst.

Wenn jemand, dem gewaltige Offenbarungen und ebenso viele Geheimnisse anvertraut wurden, durch Offenbarung gemäß der Berufung Gottes leben kann, ohne dabei durch das Mysterium (die Unfähigkeit, wichtige Fragen zu beantworten) ins Wanken zu geraten, wird er den Reichtum seiner Berufung entdecken.

Kapitel 8

TRENNUNGSLINIEN AUFHEBEN

Die Gemeinde ist in der Regel in der Lage, Maßstäbe für Lobpreis, Moral und Mitgefühl zu setzen, die Menschen gewiss daran erinnern, wie wir unser Leben führen sollen. Doch selbst dann neigen wir dazu, diese Werte in den vier Wänden unserer Gemeindegebäude zu belassen, anstatt das Wertesystem der Städte zu beeinflussen, in denen wir leben. Das ist zwar ein guter Anfang, greift aber hinsichtlich der Aussage Jesu, dass wir das Salz der Erde sind (siehe Mt. 5, 13), zu kurz.

In dem Bild, das Jesus hier gebraucht, geht es darum, einer Region Geschmack zu verleihen – ebenso, wie Salz verwendet wird, um den Geschmack einer Mahlzeit zu verbessern. Denke einmal über die gravierende Auswirkung nach, von der Jesus in dieser Metapher spricht. Wir werden bildlich gesprochen einer Mahlzeit hinzugefügt, was bedeutet, dass wir nicht die vollständige Mahlzeit sind. Die Gemeinde neigt zu der Annahme, dass wir vollständig sind und die Stadt uns braucht. Das hat zwar seine Berechtigung, aber es ist zutreffender zu sagen, dass wir dem hinzugefügt werden, was gemäß Gottes Plan bereits existiert. Eine andere Möglichkeit, um das gleiche Konzept zu beschreiben, wäre, dass die gesamte Gemeinde im Reich Gottes ist, aber das gesamte Reich Gottes ist nicht in der Gemeinde. Gott wirkt tiefgreifend durch Menschen, die ihn noch nicht kennen. Wir demonstrieren Weisheit, wenn wir diese einfache Tatsache anerkennen und diese Menschen entsprechend ehren.

Typischerweise wenden wir das Prinzip, dass wir das Salz der Erde sind, bildlich gesprochen so an, dass wir den Deckel des Salzstreuers abschrauben und den gesamten Inhalt auf eine Stelle im Teller schütten. Das veranschaulicht unseren Hang, zusammenbleiben zu wollen. Solange lediglich andere Christen unseren Geschmack (Einfluss) erfahren, haben wir außerhalb der Gemeinde nur wenig Einfluss. Natürlich sollen wir unsere Versammlungen mit anderen Gläubigen nicht versäumen, aber unsere Fähigkeit, unser Umfeld zu beeinflussen, wird freigesetzt, wenn wir gleichmäßig über die gesamte Mahlzeit (unsere Region) gestreut werden. Mit anderen Worten, unsere gemeinsame Zeit dient dazu, uns auszurüsten, um die jeweilige Region beeinflussen zu können, wenn wir nicht zusammen sind.

Wir müssen die Tatsache beachten, dass Jesus die Trennungslinien in verschiedenen Bereichen unseres Denkens und unserer Werte löscht. Diese Linien haben wir gezogen, nicht er. Das Ausradieren dieser Linien beeinflusst letztendlich unser Verhalten. Wenn das geschieht, hebt sich der Vorhang, der die Gemeinde von dem gesunden Einfluss zurückhält, den wir in unsere Städte bringen sollen.

Geistlich oder weltlich?

Ich bin in einer Zeit aufgewachsen, in der man davon ausging, dass Pastoren, Missionare und Evangelisten im Dienst stehen. Aufgrund ihrer offensichtlichen Verantwortung, das Evangelium zu predigen, hatten sie heilige Aufgaben. Es schien unserer Aufmerksamkeit entgangen zu sein, dass jeder Gläubige, der das Evangelium im Alltag lebt, als nicht so wichtig geachtet wurde wie das Predigen des Evangeliums. Beschäftigungen, die nicht offensichtlich besonders geistlich wirkten, maß man nicht den gleichen Wert zu. Der Gedanke, dass jeder Gläubige unabhängig von seiner Beschäftigung im Dienst stand, war den meisten Menschen fremd.

Ich kann mich noch deutlich daran erinnern, als mein Vater, der auch mein Pastor war, anfing, darüber zu lehren, dass jeder Christ ein Priester des Herrn ist (siehe 1. Petr. 2, 9). Dieses Konzept wurde jahrhundertelang belächelt und es hat sich nie in dem Maß durchgesetzt, wie Gott es beabsichtigte. Wir mussten es erneut hören und dieses Mal auf einem ganz neuen Level.

Dass jeder Christ ein Priester des Herrn ist, war eine tiefgründige Erkenntnis, die unser Leben vollkommen veränderte. Es begann mit der Bedeutung von Anbetung. Wir lernten, dass es unser Privileg ist, dem Herrn mit Danksagung und Lobpreis zu dienen und uns ihm in der Anbetung darzubringen. Es dauerte eine Weile, aber schon bald nahm die Gemeinde unseren Auftrag, Gott zu dienen, an. Doch was die Berufstätigkeit betrifft, blieb die Trennungslinie nach wie vor im Denken der Leute. Ich spreche von der Linie, die aussagte, die eine Arbeit sei weltlich und die andere sei geistlich. Arbeitete beispielsweise jemand in einer Schule als Lehrer von Kindern, bewunderte man das, hielt es aber nicht für geistlich. Das Gleiche galt für jede andere Beschäftigung, die man nicht zum geistlichen Dienst zählte.

In Wirklichkeit gibt es für einen Christen keine säkulare Arbeit. Ehrlich gesagt bin ich Menschen begegnet, die ihre Arbeit in der Geschäftswelt geistlicher angingen, als einige mir bekannte Personen ihren pastoralen Dienst. Es ist nicht die jeweilige Aufgabe, die eine Arbeit heilig macht. Sie ist allein wegen dem Einen heilig, der uns für diese Aufgabe berufen und autorisiert hat. Sein Ruf ist immer heilig. Meine Betrachtungsweise dieses Rufes ist entscheidend für meine Effektivität. Sagen wir einmal ja zu der Verantwortung, wird sie durch den geheiligt, der uns den Auftrag gab. Ich möchte hier auf keinen Fall die Wertschätzung für beispielsweise einen Missionar mindern. Ich möchte einfach den Wert all jener erhöhen, die Ja zum Ruf Gottes gesagt haben – sei es nun eine vollzeitliche evangelistische Arbeit, eine missionarische Tätigkeit, die eines Zahnarztes oder die einer Hausfrau und Mutter. Das Entscheidende ist, zu Gott Ja zu sagen. Es ist das tägliche Ja zu Gott, das unsere Arbeit heiligt.

Mein guter Freund Winkie Pratney hat hervorragende Arbeit geleistet, damit wir die wahre geistliche Natur dessen erkennen können, was die Gemeinde als säkular bezeichnet hat. In seinem kürzlich erschienenen Buch *Spiritual Vocations* beschreibt er, wie geistlich sämtliche seriösen Berufe sind, indem er verdeutlicht, dass jeder von ihnen auf Gott zurückgeht. Zum Beispiel war Gott der erste Gärtner, der erste Künstler, der erste Trainer, der erste

Seelsorger, der erste Anwalt, der erste Arzt, der erste Baumeister und so weiter. Durch diese Erkenntnis wird deutlich, dass unsere Aufgaben im Leben von großer geistlicher Bedeutung sind, ganz gleich, ob wir auf der Kanzel stehen oder nicht. Denn der absolut heilige Gott zeigte diese Fähigkeiten zuerst, um zu offenbaren, wie er denkt und was er wertschätzt. In diesen Berufen haben wir das Privileg, das Herz und die wahre Natur Gottes in allem, was wir tun, zu repräsentieren. Wir werden freigesetzt, unsere Verantwortung ganz bewusst wahrzunehmen, denn wir wissen, dass wir durch das Ergänzen unseres Glaubens zu unserer Tätigkeit überall dort gravierende Veränderungen bewirken können, wo wir Einfluss haben. Letztendlich positionieren wir uns sogar für die nächste Reformation, da der Einfluss von König Jesus so in jeden Bereich der Gesellschaft getragen wird. Beispielsweise brauchen wir in der Politik, in der Unterhaltungsindustrie, in der Medizin und im Ausbildungswesen unbedingt Menschen, die mit dem Heiligen Geist erfüllt sind. Nur dann wird es zu dem Effekt kommen, den Jesus meinte, als er sagte: *„Das Reich der Himmel gleicht einem Sauerteig ..."* (Mt. 13, 33). Sauerteig ist leise, subtil, gleichmäßig verteilt und äußerst wirksam hinsichtlich allem, womit er in Berührung kommt. Einen solchen Einfluss hat das Reich Gottes auf unser Umfeld, wenn wir in der Aufgabe dienen, für die er uns berufen hat.

Dieser Teil unserer Kultur ist ganz wesentlich, denn so wird jeder Gläubige befähigt, seiner gottgegebenen ewigen Bestimmung gerecht zu werden. Wir entwickeln ein gottgefälliges Selbstwertgefühl, wenn wir realisieren, dass wir uns gemäß des göttlichen Auftrags in unserer Berufung befinden. Diese Einstellung ist nicht nur lebensverändernd, sie beeinflusst unmittelbar die Kultur. Das ist der Grund, weshalb Gott die Trennungslinie zwischen geistlich und weltlich entfernt.

Der Vorhang ist zerrissen

Wenn die Gemeinde die Kultur des Himmels erlebt, lüftet der Herr den Vorhang, der die beiden Welten voneinander trennt - die Gemeinde und die jeweilige Region. Es ist ähnlich wie die Situation, als er beim Sterben Christi den Vorhang im Tempel zerriss. Dieser Vorhang trennte uns von seiner Realität. Erst die Auferstehung Jesu machte „den Himmel auf Erden" für das normale Christenleben möglich. Wenn das geschieht, ist es der Herr selbst, der die Welt einen Blick darauf werfen lässt, wie seine Welt funktioniert. Jesus selbst wird *„das Ersehnte aller Heidenvölker"* (Hag. 2, 7; Schlachter) genannt. Die logische Schlussfolgerung ist, dass jeder einen König wie Jesus haben will. Er regiert ein Königreich, in dem nicht nur jeder sicher ist, sondern auch ein erfülltes Leben führt. In diesem Reich ist jeder wertvoll, jeder wird gefeiert und funktioniert gemäß seiner Gaben auf eine Weise, dass alle davon profitieren. Das ist die Natur seiner Welt, die jeder erleben kann, der Jesus zum Herrn (König) seines Lebens macht.

Wenn die Gemeinde lernt, hier und jetzt gemäß der Kultur des Himmels zu leben, profitiert jeder davon. Die Prinzipien dieses Reiches sind in jedem Bereich der Gesellschaft anwendbar. Ein besseres Wort wäre „übertragbar". Zum Beispiel die Art und Weise, wie Menschen im Reich Gottes geschätzt und geehrt werden, funktioniert in jedem Unternehmen oder politischen Amt. Es funktioniert wunderbar in der Gemeinde, aber auch im Gesundheitswesen und in unseren Schulen. Gottes Kultur in der Reich-Gottes-orientierten Gemeinde ist auf jeden Bereich der Gesellschaft übertragbar.

Die Alternative ist eine traurige Realität. Würde man beispielsweise die übliche Gemeindekultur in puncto Geld in einem großen Unternehmen wie Apple einführen, würde diese Firma schon nach kurzer Zeit mit ungewohnten Herausforderungen konfrontiert sein. Warum? Was in einer Gemeinde funktioniert - ganz gleich, ob es sich um eine Gemeinde mit 200 Mitgliedern oder mit 20.000 Mitgliedern handelt -, wird nicht zwangsläufig losgelöst von den Menschen funktionieren, die das Produkt erfunden haben. Die Realität sieht so aus: Vereinbarte Werte funktionieren, solange die davon betroffenen Menschen damit einverstanden sind. Das gilt sogar dann, wenn sie guten und richtigen Werten unterlegen sind. Hingegen funktionieren die Werte des Reiches Gottes überall. Das Prinzip der Herrschaft oder des Königtums bringt Gottes Natur in allem hervor, das er geschaffen hat.

Wenn sich uns das Wertesystem des Himmels erschließt, können wir die Systeme dieser Welt beeinflussen. Ich erinnere dich daran, dass unser Retter das Ziel verfolgt, dass alle Reiche dieser Welt das Reich unseres Gottes werden. Begehe nicht den Fehler, diese Verheißung auf eine Zeit zu verschieben, für die wir keine Verantwortung haben. Wir neigen dazu, das mit den Verheißungen zu tun, die großen Glauben erfordern. Wir müssen das genannte Ziel im Gebet zu unseren Lebzeiten verfolgen, um Gott unsere Loyalität zu zeigen.

Wenn wir gemäß seiner Werte leben und seiner Atmosphäre (die in Wirklichkeit seine Gegenwart/sein Angesicht ist), lüftet Gott den Vorhang der Trennung, damit sein Volk auch außerhalb der vier Gemeindewände Einfluss hat.

Natürlich und übernatürlich

In vielen Regionen der Welt hat das Übernatürliche einen hohen Stellenwert. Es ist Teil der Kultur der Menschen dort. Das bedeutet nicht, dass ihre Erkenntnis korrekt ist. Aber für gewöhnlich sperren sie sich nicht, wenn ihnen etwas authentisch präsentiert wird. Es ist beängstigend, wie weit sich die Gemeinde in der westlichen Welt von dieser Kultur entfernt hat. Stattdessen haben wir einen Lebensstil entwickelt, den wir verstehen und kontrollieren können. Auf diese Weise haben wir schließlich einen, nach unserem Bild geschaffenen, gefügigen Gott, den wir handhaben können und der uns nur selten verärgert. Dennoch gab es immer einen Überrest. Und obwohl diese Menschen für gewöhnlich verspottet werden, haben sie mutig den Weg für das gebahnt, was wir jetzt erleben – eine Zunahme von Zeichen und Wundern – einen übernatürlichen Lebensstil, der Jesus Ehre bringt. Nur er allein ist es wert, dass wir ihm nachfolgen.

Fast jede Gruppe, der ich in diesen Tagen begegne – ganz gleich, welcher Konfessionszugehörigkeit –, hat ein zunehmendes Verlangen nach biblischem Christentum. Diese Menschen sehnen sich leidenschaftlich nach Vollmacht und Reinheit. Das hat die übernatürlichen Aktivitäten Gottes wieder in den Vordergrund gerückt. Es ist wunderschön und wunderbar, Frucht zu sehen, die den Namen Jesu verherrlicht.

Es ist begeisternd zu sehen, wie die Kultur der Gemeinde sich dahingehend verändert, dass man sich der Gegenwart des Gottes bewusst ist, für den nichts unmöglich ist. Diese Haltung verändert alles. Wir sind aber immer noch natürliche Menschen, die in einer natürlichen Welt leben. Angesichts dieser offensichtlichen Zweiteilung zwischen dem Natürlichen und dem Übernatürlichen brauchen wir Gottes Sichtweise, um diese verantwortungsvoll zu bewerten. Wir sind uns zweier Bereiche bewusst – dem Natürlichen und dem Übernatürlichen. Gott hat nur einen Bereich – den natürlichen. Denk einmal darüber nach: Das Übernatürliche ist sein natürlicher Bereich, und da er das Natürliche schuf, ist dies ebenfalls sein natürlicher Bereich. Der natürliche Bereich ist nicht böse. Er spiegelt den himmlischen Bereich in besonderer Weise wider. Und wenn Gott am Werk ist, fließen beide Bereiche nahtlos zusammen.

Wir sind uns manchmal nicht darüber im Klaren, wie sehr Gott die natürliche Welt schätzt. Als er Israel aus Ägypten ins verheißene Land führte, leitete er sie durch die Wüste. Er offenbarte sich unter ihnen bei Nacht in der Feuersäule und bei Tage durch die Wolkensäule. Sie gelangten in die Wüste, nachdem sich das Rote Meer geteilt, zwei Wasserwände gebildet und die ägyptische Armee, die sie töten wollte, unter sich begraben hatte. Gott versorgte sie täglich mit Manna vom Himmel außer am Sabbat, denn am sechsten Tag gab Gott ihnen doppelt so viel Manna, damit sie am Ruhetag genug zu essen hatten, ohne es auflesen zu müssen (Arbeit). Sie wurden mit

Wasser aus dem Felsen versorgt. Gott half ihnen immer wieder durch Wunder. Schließlich brachte er sie ins verheißene Land, wo sie für ihre Nahrung arbeiten mussten. Die meisten Christen glauben, die übernatürliche Versorgung Gottes sei ein Bild für das verheißene Land. Gott hatte etwas anderes geplant. Er wollte sie durch ungewöhnliche Versorgung im Bereich des Übernatürlichen trainieren, damit sie in ihrem Vertrauen zu ihm zunahmen. Im Gegenzug könnte er ihnen dann die überfließende Versorgung anvertrauen, die er für sie im verheißenen Land vorgesehen hatte.

Bedenke, Gott wünscht sich Mitarbeiter - Menschen, mit denen er sich zusammentun kann, damit diese auf Erden seine Herzensgesinnung und sein Wesen zum Ausdruck bringen. Er wollte, dass die Israeliten ihrem Auftrag treu bleiben und hart arbeiten - dann würde er ihre Arbeit segnen, damit sie auf diese Weise übernatürliche Versorgung erleben würden. Die Ernten würden weit über das normale Maß hinausgehen, ihr Vieh würde gesund bleiben und überaus fruchtbar sein. Tatsache ist, dass der übernatürliche Gott mit ihrer natürlichen Arbeit kooperierte, um zu zeigen, wie sehr er sich nach diesem Zusammenwirken sehnte. Gott für wenig bis gar nichts zu vertrauen, wie Israel es in dieser Geschichte tat, diente als Lektion, damit sie lernten, gute Verwalter von Gottes Überfluss zu werden. Das Gleiche gilt heute für uns. Mangel ist die Schule für Überfluss, wenn wir weiterhin vertrauen, ihm unsere Arbeit ausliefern und Vertrauen haben, dass er uns segnen will.

Heutzutage wollen viele Gläubige nicht arbeiten und Gott für Versorgung vertrauen. Das mag geistlich klingen, ist aber nicht unbedingt richtig. Für gewöhnlich leben diese Leute vom Mitgefühl anderer, die ihnen Geld geben, damit sie zu essen haben und ihre Miete bezahlen können. Derjenige, der das Geld bekommt, behauptet dann meistens, dass er aus Glauben lebt. (Ich weiß, dass Gott einige Menschen zu einem solchen Lebensstil berufen hat. Doch sie posaunen nicht überall herum, wenn sie etwas brauchen, damit andere sich nicht für ihre Bedürfnisse verantwortlich fühlen.)

Ich habe Geschäftsleute beobachtet, die für Hunderte Angestellte Verantwortung tragen. Sie tragen die Bedürfnisse von deren Familien in ihrem Herzen. Sie müssen ihren Glauben dermaßen strecken, wie es die meisten von uns nie erleben werden. Sieh es mal so: Was erfordert größeren Glauben? Dafür zu glauben, dass die Bedürfnisse meiner Familie jeden Monat aufgrund der Großzügigkeit anderer erfüllt werden? Oder Gott für seine Gunst und seinen Segen auf meinem Geschäft zu vertrauen, damit den Bedürfnissen hunderter Familien begegnet wird? Ich glaube, Letzteres. Unser übernatürlicher Vater möchte mit der natürlichen Welt, in der wir leben, zusammenarbeiten, damit in unserer Sicht- und Denkweise beide Welten unter der Herrschaft Jesu vollkommen miteinander verschmelzen.

Ein weiteres großartiges Beispiel findet sich in Sprüche 21, 31: *„Das Pferd wird gerüstet für den Tag der Schlacht, aber die Rettung ist Sache des HERRN."* Das Pferd ist das Natürliche. Es repräsentiert harte Arbeit durch Training und Bereitschaft. Beides hält Gott für erforderlich. Doch der Sieg ist ausschließlich das Ergebnis von Gottes Eingreifen. Er ist übernatürlich. Das Natürliche und das

Übernatürliche wirken zusammen. Gott möchte, dass unsere Bemühungen ihm zukommen, damit er diese segnen kann. Wir müssen ihm etwas geben, das er berühren und vermehren kann, wie er es mit dem Mittagessen des Jungen getan hat (siehe Joh. 6, 9-14).

Wenn wir in diesen Dingen wachsen, werden wir uns an natürlichen Durchbrüchen ebenso freuen wie an einem offensichtlichen Wunder. Ob der Herr nun tausend Dollar vom Himmel fallen lassen würde, um meinen Nöten zu begegnen oder jemand gäbe mir die Möglichkeit, dieses Geld durch Arbeit zu verdienen - beides ist in der Hinsicht übernatürlich, dass Gott für die Gelegenheiten sorgte. Letzteres ist deshalb schwieriger zu handhaben, weil ich es als meinen Verdienst ansehen könnte. Ein reifer Christ nimmt beides aus Gottes Hand und feiert seine Gnade entsprechend. Er sieht Gottes Gnade nicht nur in einem schöpferischen Wunder. Schon beim geringsten Eingreifen Gottes geben wir ihm die Ehre. Es besteht eine nahtlose Verbindung zwischen diesen beiden Realitäten. Es ist wichtig zu erkennen, dass Gott sie zu einer Einheit machen will, um das Herz eines perfekten Vaters zu offenbaren. Das Wunderbare an dieser veränderten Sichtweise ist, dass wir das Wirken unseres übernatürlichen Gottes im natürlichen Bereich deutlicher erkennen werden. Aufgrund der erlangten Reife werden wir vertrauenswürdiger sein, das Übernatürliche gut zu verwalten, ganz gleich, ob es sich um ein offensichtliches Wunder oder um das fast unmerkliche Wirken Gottes in einer bestimmten Angelegenheit handelt.

Wir und sie

Es besteht ein großer Unterschied zwischen einem Christen und einem Nichtchristen. Beide haben völlig unterschiedliche Naturen. Einer ist ein Träger des Heiligen Geistes, der andere nicht. Einer hat eine berechtigte Hoffnung für die Ewigkeit, der andere nicht. Einer hat seine Identität in Gott, einen Grund, weshalb er lebt und eine Bestimmung. Der andere nicht. Der Christ ist abgesondert für den Herrn. Meine Erläuterungen in diesem Abschnitt müssen im Licht dessen betrachtet werden, was ich gerade erwähnte.

Gleichwohl löscht der Herr die Trennungslinie zwischen der Welt und uns. Indem er jede Arbeit zu etwas Geistlichem macht, gibt er uns sowohl die Verantwortung als auch das Privileg, bildlich gesprochen auf das gottlose System dieser Welt gestreut zu werden, um zu lieben, zu dienen und Einfluss auszuüben. Der in uns ist größer, deshalb gibt es keinen Raum für Furcht. Doch hierin liegt die Herausforderung: Niemand will das Projekt eines Christen sein, der Zeugnis gibt und versucht, einen Ungläubigen zu bekehren, um sein Gewissen zu erleichtern. Evangelisieren ist unerlässlich! Evangelisieren ist wunderbar! Aber niemand will unser Projekt sein.

Ich habe festgestellt, dass Menschen geschätzt werden wollen. Sie sehnen sich danach, gehört und verstanden zu werden. Jeder wünscht sich Freunde, die geben können, ohne im Gegenzug etwas zu verlangen.

Der springende Punkt ist, Menschen wollen geliebt werden. Und was können wir Besseres tun, um Menschen ins Reich Gottes zu bringen, als sie so zu lieben, wie sie sind. Das soll die wunderbare Aufgabe, das Evangelium zu predigen, nicht ersetzen. Es geht darum, Menschen Wertschätzung entgegenzubringen, bevor sie sich diese verdienen können.

Wenn Jesus uns in die Welt streut, so wie man Salz über ein Essen streut, bringt er uns mit allen möglichen Leuten in Kontakt. Agieren wir in diesem Umfeld wie ein vollmächtiger Diener und nicht wie jemand, der sich für etwas Besseres hält, ähneln wir Jesus.

Christen bringen sich häufig in bestimmten Bereichen des Stadtlebens ein, um Veränderung zu bewirken. Das an sich nennt man Vision und eine Vision ist von Hoffnung inspiriert. Wir halten das zurecht für gut. Ein Beispiel dafür ist, wenn jemand in einer örtlichen Schule ehrenamtlich mitarbeitet, um für Veränderungen am Lehrplan zu sorgen. Andere arbeiten ehrenamtlich in einem Krankenhaus, um für Kranke zu beten oder um auf die Ärzte und Krankenschwestern Einfluss zu nehmen. Diese Wünsche sind wunderbar, denn schließlich sind wir ja hier, um Veränderung zu bewirken. Aber interessengeleitete Beziehungen sind häufig kontrollierend und überschreiten nur allzu leicht die Grenze zur Manipulation. Dann wird aus etwas Gutem Übles, und wir bemerken es noch nicht einmal. Allzu ehrgeizige Menschen stehen in dieser Gefahr, da sie andere oft übergehen, um ihre Aufgabe zu erfüllen. Nichtchristen können das leicht erkennen und wehren sich instinktiv dagegen.

Im Lauf der Jahre sind einige Mitglieder unserer Gemeindefamilie in eine andere Stadt umgezogen. Sie fragten mich, wie sie am besten Veränderung in die Gemeinde bringen könnten, die sie dort besuchen würden. Ich sage ihnen, dass sie nicht versuchen sollen, Veränderung zu bringen, es sei denn, sie sind mit der Gemeindeleitung betraut. Sei einfach still und diene. Was die genannten Beispiele betrifft, ist es zwar durchaus legitim, dass wir unseren Einfluss fruchtbringend geltend machen wollen, aber die Menschen wissen, ob jemand mit interessengeleiteten Absichten kommt, um zu helfen. In einem solchen Fall stoßen wir bei Nichtchristen häufig auf Ablehnung. Aus Unwissenheit bezeichnen wir das dann als Leiden für den Herrn, in Wahrheit aber leiden wir, weil wir uns töricht verhalten. Jeder Mensch hat einen gottgegebenen Verteidigungsmechanismus, um sich selbst und den eigenen Verantwortungsbereich vor Eindringlingen zu schützen. Manchmal ist dieser Eindringling ein wohlmeinender Christ, der versucht, Veränderung zu bringen. Doch dauerhafte Veränderung geschieht normalerweise nicht durch die Methoden von Christen, die eine weitere Kerbe auf ihrer Bibel für eine gut ausgeführte Aufgabe brauchen. Der schlimmste Teil dieser Geschichte besteht darin, dass wir auf diese Weise manchmal Schlachten gewinnen. Doch letztendlich verlieren wir den Krieg. Bleibende Veränderung geschieht durch jene, die lernen, zu lieben. Diese Menschen dienen mit dem Herz eines Königs und regieren mit dem Herz eines Dieners.

Das Beste, was wir tun können, ist, Menschen so zu lieben, wie sie sind und zu dienen, ohne eine Gegenleistung zu erwarten. Wir haben unserer Stadt Millionen von Dollar in Form von Geld und Dienstleistungen gegeben, aber nie nach einer Gegenleistung gefragt. Unsere Stadt weiß noch nicht einmal, was wir getan haben, weil das Meiste im Verborgenen geschah. Es geschieht für unsere

Stadt und nicht, um die öffentliche Meinung zu unseren Gunsten zu beeinflussen. Wir werden unsere Gaben niemals benutzen, um die Verantwortlichen unserer Stadt um Gefälligkeiten zu bitten. Wir geben, weil wir unsere Stadt lieben.

Gemeinden sind dafür bekannt, interessengeleitete Absichten zu haben, was häufig dazu führt, dass sie sich Feinde machen. Diese „Feinde" haben oftmals nicht Jesus, sondern uns zurückgewiesen. Das ändert sich, wenn wir Menschen für das lieben, was sie sind und ihnen entsprechend dienen.

Der falsche Geist

Viele Christen haben mittlerweile erkannt, dass sie eine Verantwortung haben, in ihrem Umfeld Einfluss auszuüben. Das ist wunderbar. Die Zeugnisse derer, die diese Herausforderung angenommen haben, ermutigen mich ungemein. Tragischerweise entwickeln einige der Visionäre eine zu ehrgeizige, stressige Herangehensweise. Sie denken, Gott würde den „Arm des Fleisches" ehren, wenn sie für persönliche Bedeutsamkeit kämpfen. Es ist wichtig, dass wir realisieren, dass Gott den Weg mehr schätzt als das Ergebnis. Mit anderen Worten, meine Reaktionen auf seine Anweisungen sind für ihn von weitaus größerem Wert, als alles, was ich durch meine einflussreiche Position bewerkstelligen kann.

Du magst das unverschämt finden, aber ich habe festgestellt, dass Gott die Bemühungen von Ungläubigen eher ehren wird, als die selbstsüchtigen Bemühungen seiner Kinder. Er weigert sich, den Teil von uns zu füttern, der sich im Namen des Geistes vom Fleisch ernährt. Bei mir geht immer eine Alarmlampe an, wenn ich Menschen sehe, die hinsichtlich eines geistlichen Ziels Getriebene sind. Eine solche Herangehensweise lässt für gewöhnlich darauf schließen, dass deren Identität sich eher auf persönliche Leistungen, statt auf den Namen dessen gründet, der uns in eine Beziehung zu sich berufen hat. Ich glaube das Reich Gottes hat eine alternative Antwort auf das Mandat des Herrn: fokussiert, anstatt getrieben zu sein. Ich schütze mich, indem ich dafür sorge, dass mein Streben nach seiner Berufung niemals größer ist als meine Hingabe.

Wer hat das Sagen?

Ich möchte darauf hinweisen, dass es nicht darum geht, dass Christen über alles die Kontrolle haben. Ich glaube, das wäre weder gut für uns noch für unser Umfeld. Es geht darum, dass die Kinder Gottes die Art Einfluss haben, dass die bereits existierende Bedeutsamkeit von Individuen und Institutionen zur Geltung gebracht wird.

Einige der Menschen in der Bibel, die das am meisten verdeutlichen, sind Daniel, Josef und Esther. Keiner von ihnen war verantwortlich für eine Nation. Sie waren weder König noch Präsident noch Premierminister noch ein sonstiger Würdenträger. Wenngleich es sich hierbei um wunderbare Funktionen handelt, sofern Gott einen dazu befördert hat, ist niemals Kontrolle das Ziel, sondern Einfluss. Diese drei alttestamentlichen Leiter hatten nicht die höchste Position des jeweiligen Landes inne. Sie dienten denen, die die Verantwortung hatten, zu regieren. Sie dienten dem, der an der Spitze stand. Mehrere Nationen wurden schlicht wegen dem Einfluss derer, die dienten, vor großem Unheil bewahrt.

Etwas entfernen, um zu bauen

Gott radiert etwas aus, um Neues zu schreiben. Er gibt uns seine Gesinnung, damit wir in unserer Funktion als seine Mitarbeiter keine Kompromisse eingehen. Immer, wenn diese Werte im Denken eines Menschen, einer Familie oder Gemeinde verankert sind, erleben wir ein höheres Level der Kultur des Himmels. Dieser Perspektivwechsel ermöglicht es uns, Vermittler einer anderen Welt zu sein, indem wir die Realität seines Reiches in unserer Welt freisetzen. So erfüllen wir zum Teil unseren Gebetsauftrag: *„wie im Himmel, so auch auf Erden!"* (Mt. 6, 10).

Kapitel 9

JESUS FÜRCHTETE SICH NICHT, MIT DER WELT IN BERÜHRUNG ZU KOMMEN

Respekt vor Menschen, und zwar noch vor ihrer Bekehrung, ist ein ungewöhnlicher aber äußerst wichtiger Wert. Das bedeutet nicht, dass wir Gottlosigkeit, Fleischlichkeit oder dergleichen schätzen. Es ist nur weise, die Hand Gottes in einem Umfeld zu erkennen, in dem wir nur wenig oder keinen Einfluss haben. Es ist immer wichtig, die Menschen zu ehren, die Gott ehrt. Religiöse Voreingenommenheit und Arroganz halten uns manchmal davon ab, aber ein solches Verhalten kann Teil unserer „Funktionsweise" werden, wenn wir unser Denken ändern.

Das Wissen um dieses Konzept hätte mir im Lauf der Jahre geholfen, einige der strittigen Themen im Gemeindeleben besser zu handhaben. Jesus dachte einfach anders als wir. Anders als wir alle.

Die heiligende Gegenwart und Kraft Gottes verändert für uns alle die Einstellung hinsichtlich unseres Umgangs mit unserem Umfeld. Ich war der Auffassung, die einzige sichere Handlungsweise für jeden Christen bestünde darin, sich von jedem abzusondern, der nicht rechtschaffen lebt. Wenngleich es klug ist, dich von denen fernzuhalten, die dich niedermachen wollen, gibt es viel darüber zu sagen, welchen Einfluss wir haben können, weil Gottes Kraft und Gegenwart im Leben eines Christen eine spürbare Realität ist. Mein Lieblingsbeispiel ist wieder einmal dieses: Wenn du zur Zeit des Alten Testaments einen Aussätzigen berührtest, wurdest du unrein. Im Neuen Testament erfahren wir jedoch: Wenn Jesus einen Aussätzigen berührte, wurde er rein. Jesus hat uns beauftragt, das Gleiche zu tun. Im Alten Testament sollte man sich von zornigen Menschen fernhalten. Im Neuen Testament wird ein ungläubiger Ehepartner durch den gläubigen Partner geheiligt. Diese Wirkung hat die Gegenwart und Kraft Gottes im Leben eines Christen auf sein Umfeld.

Worte und deren Ursprung

Worte und deren Ursprung können für uns große Bedeutung haben. Sie zu studieren, kann eine sehr aufschlussreiche Erfahrung sein. Ich glaube, jeder, der die Bibel gelesen hat, stimmt mit mir darin überein, dass bestimmte Worte eine ganz besondere Bedeutung haben. Das gilt besonders für das Neue Testament, wo Gottes Plan für die Zeitalter entfaltet wird.

Ich möchte über drei spezifische Worte sprechen, von denen keines hebräischen Ursprungs ist. Sie wurden nicht dem reichhaltigen jüdischen Erbe entnommen, was naheliegend gewesen wäre. Sie wurden von einer äußerst säkularen Gesellschaft übernommen. Und es war Jesus, der sich für diese Worte entschied, die erklären würden, was er gerade tat oder noch tun würde.

Die drei Worte sind *Apostel, Gemeinde* und *Paulus.* Jedes dieser Worte offenbart etwas sehr Bedeutsames über Gottes Plan für die Zeitalter. Die Randnotiz ist, dass Gott hinsichtlich seiner Botschaft keine falschen Assoziationen fürchtet. Er ist der Schöpfer aller Nationen und verbirgt seine Absichten oftmals in den Kulturen von Menschen, von denen wir denken, dass er sie niemals gebrauchen würde. Doch das tut er. Und wir sind diejenigen, die ihre Sichtweise ändern müssen.

Das erste Wort, Apostel, wird im Lichte des Vaterunsers verwendet. Hier noch einmal der Wortlaut:

> *Unser Vater, der du bist im Himmel! Geheiligt werde dein Name. Dein Reich komme. Dein Wille geschehe, wie im Himmel, so auch auf Erden. Gib uns heute unser tägliches Brot. Und vergib uns unsere Schulden, wie auch wir vergeben unseren Schuldnern. Und führe uns nicht in Versuchung, sondern errette uns von dem Bösen. Denn dein ist das Reich und die Kraft und die Herrlichkeit in Ewigkeit! Amen.*
> (Matthäus 6, 9-13 Schlachter)

Wenn wir sowohl den Zweck als auch die Natur eines Apostels sowie seine Aufgabe in der Gesellschaft verstehen, werden wir den Grund für dieses Gebet mit größerer Erkenntnis und Überzeugung wertschätzen.

Apostel[4]

Apostel ist eine Bezeichnung, die ein Großteil der Gemeinde ablehnt, weil man nicht glaubt, dass dieses Amt heutzutage noch existiert. Für andere ist es jedoch ein erstrebenswerter Titel, um die Karriereleiter zu erklimmen. Ein solcher Titel gibt ihnen das Gefühl, sie seien vollmächtig und bedeutsam in den Augen Gottes. In der Bibel ist der Apostel der Geringste von allen und steht nicht an der Spitze einer geistlichen Pyramide. Es ist auch nicht nötig, an Apostel zu glauben, um von diesem Gebet zu lernen. Überleg einfach mal, was der Begriff Apostel zu Jesu Zeiten bedeutete.

Jesus übernahm das Konzept des Wortes Apostel von den Römern, die es wiederum von den Griechen geliehen hatten. Der Heilige Geist, der die Schreiber des Neuen Testaments inspirierte, ist ziemlich pragmatisch, denn dieses Wort beschreibt am besten, was Jesus in seiner Gemeinde auf Erden baute - eine apostolische Bewegung. Das griechische Wort beschreibt das Leitschiff einer Armada von Schiffen. Die Verantwortung dieser Gruppe von Menschen bestand darin, die römische Kultur in dem eroberten Land zu reproduzieren, indem sie Roms Bildungssystem, Sprache, Kunst, Straßen und zahllose andere Werte einführten, die in Rom so gut funktioniert hatten. Dieses apostolische Team hatte die Absicht, in dem neuen Land etwas zu schaffen, das so sehr an Rom erinnerte, dass der Imperator sich bei einem dortigen Besuch ebenso zuhause fühlen würde wie in Rom. Das hilft uns,

---

[4] Dieser Abschnitt ist eine abgewandelte Fassung aus meinem Buch „Was die Welt verändert: Heute etwas für die Ewigkeit schaffen". (Schleife-Verlag).

die Absicht dieses Gebets von Jesus deutlicher zu erkennen – „wie im Himmel, so auch auf Erden." Er meinte tatsächlich, was er sagte. Er versucht nicht, uns mit geistlichen Aktivitäten zu beschäftigen, bis er eines Tages wiederkommt, um uns von der vorherrschenden Finsternis zu retten. Er sehnt sich nach Orten auf der Erde, die ihn an den Himmel erinnern – Orte, an denen er sich zuhause fühlt. Durch Gebet und radikalen Gehorsam sind solche Orte möglich.

Das ist das Rückgrat unseres Auftrags. Alles, was wir tun – sei es das Aufbauen von gesunden Familien, das Predigen des Evangeliums, Gebet für die Kranken oder dass wir Menschen zu Jesus führen – alles geschieht, um diesen wunderbaren Auftrag zu vollenden: Bete und gehorche, bis diese Welt so aussieht, so denkt und so handelt wie seine Welt.

Gemeinde

Wir benutzen diesen Begriff ziemlich häufig. Er beschreibt die Gebäude, in denen wir uns versammeln. Manchmal benutzen wir ihn, um die Leute zu beschreiben, mit denen wir uns treffen. Doch dieses Wort ist eigentlich ein säkularer Begriff. Und der Heilige Geist zog ihn den vielen hebräischen und aramäischen Begriffen vor, um zu beschreiben, was er vorhatte. Er hätte ein hebräisches Wort wählen können. Doch das tat er nicht. Ich persönlich glaube, dass er diese Entscheidung traf, weil nur dieser säkulare Begriff seine Absicht korrekt beschrieb.

Das griechische Wort für Gemeinde ist ekklesia. Der Heilige Geist benutzte dieses Wort, um sein Volk auf Erden zu beschreiben. Er gebrauchte es, als Jesus sagte: *„Ich* *werde meine Gemeinde bauen"* (siehe Mt. 16, 18). Er hätte die Worte Tempel, Versammlung oder Tabernakel verwenden können. Aber das tat er nicht, weil in dem Wort ekklesia etwas sehr Kraftvolles und Einzigartiges verborgen ist, das einen vorrangigen Auftrag offenbart. Dieses Wort war keinesfalls religiösen Ursprungs - nicht einmal als Implikation. Ed Silvoso definiert ekklesia in seinem Meisterwerk „Ekklesia: Rediscovering God's Instrument for Global Transformation" so: „Es war seit Jahrhunderten sowohl in griechischen als auch in römischen Imperien hinsichtlich einer säkularen Institution gebräuchlich, die im Geschäftsleben im Auftrag der Regierung tätig ist." Das ist verblüffend. Das Wort ekklesia war ein säkularer Begriff, der nicht benutzt wurde, um religiöse Versammlungen zu beschreiben.

Anders ausgedrückt: Gott würde seine ekklesia jetzt innerhalb der Systeme von Regierung und Gesellschaft pflanzen, um dort die DNA des Reich Gottes zu installieren. Darüber hinaus könnte ekklesia aus einer Handvoll Leute bestehen. Diese kleine Gruppe repräsentierte die Regierung des Himmels, um hier Regierungsgewalt geltend zu machen. Das griechische und schließlich auch das römische System wurde letztendlich auch von der säkularen Regierung respektiert. Jesus spricht uns nicht von den Konzepten frei, die sich in den Worten Tempel, Versammlung oder Zusammenkunft finden. Diese Begriffe offenbaren die Funktionen, die wir in unseren Gottesdiensten und kleineren Versammlungen vor Ort haben. Diese Worte beschreiben treffend die Versammlungen im Tempel oder in den Häusern (siehe Apg. 5, 42; 20,20). Doch ekklesia ist anders, weil sie mobil ist. Sie ist in Bewegung.

Sie ist überall dort, wo das Volk Gottes ist. Und die Kinder Gottes sind Regierungsvertreter, die diese Welt mit der DNA des Reiches Gottes durchdringen. Das ist vielleicht der Grund, weshalb Jesus betonte: *„Denn wo zwei oder drei versammelt sind in meinem Namen, da bin ich in ihrer Mitte"* (Mt. 18, 20). Die Versammlungen der Gemeinde sind unerlässlich, aber sie dienen zu etwas. Dieses „Etwas" ist die Repräsentation der Regierung des Reiches Gottes durch zwei oder drei Menschen in Übereinstimmung, die die säkularen Institutionen in ihrem Umfeld beeinflussen.

Allein schon die Definition dieses Wortes ist alarmierend. Es ist eine Versammlung von zwei oder drei Menschen in beispielsweise einer Stadt, die den Einfluss ihrer Regierung geltend machen. Welcher Regierung? Die des Reiches Gottes - seine Herrschaft.

Noch einmal, ich liebe unsere Versammlungen. Ich glaube, sie sind wichtiger als den meisten Menschen bewusst ist. Das hatte auch Jesus im Blick. Er änderte nichts an der Notwendigkeit, sich zu versammeln. Stattdessen definierte er neu, wer wir sind und was er uns aufgetragen hat. Entsprechend unserer neuen Natur sollen wir durch unsere gemeinsame Fokussierung seine Herrschaft in die Regierungen dieser Welt bringen. In einem solchen Setting werden wir erleben, dass das Reich Gottes auf die Umgebung Auswirkungen hat, wie Sauerteig auf einen Teigklumpen (siehe Mt. 13, 33).

Jesus hatte diesen spezifischen Gedanken im Blick, als er proklamierte, dass die Pforten der Hölle der Gemeinde nicht standhalten werden (siehe Mt. 16, 18). Es war diese Mehrheit (zwei oder drei Menschen und Jesus in ihrer Mitte), die in der Lage sein würde, die Mächte der Finsternis zu verdrängen, die auf der Erde gegen Gottes Absichten agieren. Es war diese Gruppe von bevollmächtigten Repräsentanten seines Reiches, zu der er sagte: *„Ich werde dir die Schlüssel des Reiches der Himmel geben; und was immer du auf der Erde binden wirst, wird in den Himmeln gebunden sein, und was immer du auf der Erde lösen wirst, wird in den Himmeln gelöst sein"* (Mt. 16, 19). Wir sind jetzt wieder bei dem Leitbild, das uns im Vaterunser gegeben wurde - „wie im Himmel, so auch auf Erden." Bitte beachte, wir binden nicht etwas auf der Erde, das dann im Himmel gebunden wird. Das ist keine gute Übersetzung, denn du kannst nicht etwas in der Dimension der Zeit binden, das dann in der Dimension der Ewigkeit gebunden wird. In der New American Standard Übersetzung ist es richtig wiedergegeben. Wir binden hier, was im Himmel bereits gebunden ist. Wir lösen hier, was im Himmel bereits gelöst ist. Ekklesia, wache auf! Wir sind die Vertreter einer Regierung. Wir repräsentieren eine andere Welt und wir setzen die Realität dieser Welt durch Übereinstimmung hinsichtlich unseres Auftrags frei.

Paulus

Abgesehen von Jesus ist Paulus die bemerkenswerteste Person des Neuen Testaments. Allein aufgrund seiner Schriften zählt er zu den einflussreichsten Menschen der Bibel. Aber manchmal wird vergessen oder es ist einigen gar nicht bekannt, dass Paulus ursprünglich Saul hieß. Saul ist ein schöner hebräischer Name. Paulus nicht. Der Name Paulus, der ihm gegeben wurde, ist ein sehr weltlicher Name. Geschah das nur, damit er für seine säkulare Zuhörerschaft ansprechender wirkte? Warum sollte Gott seinem wichtigsten Diener des Neuen Testaments einen Namen geben, an dem seine jüdische Zuhörerschaft Anstoß nehmen könnte? Insbesondere, wenn dieser Hebräer von Hebräern, dieser Gelehrte der Gelehrten - jemand von der höchsten Ordnung der Rabbis - sowohl zu internationalen jüdischen Gemeinschaften als auch zu Heiden sprechen würde?

Auch wenn ich diese Frage möglicherweise nicht zu deiner Zufriedenheit beantworten kann, ist doch offensichtlich, dass Gott an weltlichen Andeutungen keinen Anstoß nimmt. Er verfolgt ein Ziel, und wie schon mit den Worten Apostel und Gemeinde wird er wieder das optimale Wort wählen, um einer Gruppe von Menschen seine Liebe zu offenbaren. Er ist schließlich der ultimative Vater, der immer vollkommen liebt.

In der Bibel finden sich viele Beispiele dafür, dass der Name von Menschen geändert wurde. Zum Beispiel wurde Daniels Name von dem bösen König geändert, dem er diente. Er wurde bekannt unter dem babylonischen Namen Beltschazar. Daniel zählte man auch zu den Hexen und Zauberern seiner Zeit. Zumindest anfangs betrachteten ihn die anderen Mitglieder seiner Gruppe als einen von ihnen. Es schien ihn nicht zu verärgern, dass ihm ein säkularer Name gegeben wurde, denn es war nur eine Frage der Zeit, bis der Gerechte hervorstechen und alle in seinem Umfeld erkennen würden, dass er anders war. Das traf auf Daniel zu. Er wurde der am meisten begünstigte geistliche Ratgeber des Königs. Er hätte diese einflussreiche Position niemals bekommen, wenn er sich wegen seiner Namensänderung geärgert hätte. Doch selbst die Änderung von Daniels Namen war etwas anderes als die Namensänderung von Saulus zu Paulus.

Saulus wurde in Paulus umbenannt - wahrscheinlich von Sergius Paulus -, denn es kam zu dieser Namensänderung, nachdem Paulus und Barnabas den einflussreichen römischen Bürgern gedient hatten. Es wurde ein Ehrenname, weil Paulus jetzt vollständig seinen Auftrag annahm, zu den Heiden zu gehen. Ab diesem Zeitpunkt der Namensänderung wurde das Missionsteam anders wahrgenommen - jetzt hieß es nicht mehr Barnabas und Saulus, sondern Paulus und Barnabas. Die umgekehrte Reihenfolge war ein Zeichen für die Positionsverbesserung des Mannes, der jetzt Paulus genannt wurde. Das war für Paulus` Beförderung zu einem Veränderer der Kultur ein unbedingt notwendiger Vorgang. Ein säkularer Name kann die Berufung oder Salbung nicht verunreinigen. In diesem Fall würde der säkulare Name ihm in den Augen derer, zu denen Gott ihn senden würde, um Veränderung zu bringen, Glaubwürdigkeit geben. Es war für Paulus geradezu eine Ehre, einen weltlichen Namen zu empfangen, denn so würde er mehr Einfluss bei den Heidenvölkern haben.

Die Souveränität Gottes

Die Souveränität Gottes zählt zu den wunderbarsten Dingen, die es gibt. Die Tatsache, dass Jesus säkulare Worte benutzt, um seine Absichten hinsichtlich des Reiches Gottes zu offenbaren, ist ein wunderbarer Aspekt seiner Souveränität. Hat Jesus etwas von den Griechen und Römern übernommen? Ja, aber das ist nicht die ganze Wahrheit. Auf die gleiche Weise, wie Gott die

Nationen benutzte, die das verheißene Land besetzten und verwalteten, bevor Israel es in Besitz nahm, erlaubte er jetzt zwei großen Nationen – den Griechen und den Römern – durch die Worte Apostel und ekklesia etwas zu seinen Plänen beizusteuern. Das ist für mich einmal mehr ein Beweis dafür, dass Gott an die Menschen in unserem Umfeld glaubt, lange bevor sie es verdienen oder gläubig geworden sind. Tatsächlich gilt das für uns alle. Deshalb nennt man es Gnade. Es wäre weder für uns noch für unser Umfeld gut, wenn alles durch die Gemeinde käme. Es gibt Größe außerhalb der Gemeinde und wir haben das Privileg, das zu erkennen und wertzuschätzen. Wir brauchen das – und die Welt da draußen braucht es.

Salz und Licht

Wir können dieser Welt keinen Geschmack verleihen, wenn wir nicht Teil von ihr sind. Ebenso wenig können wir einen Raum erleuchten, wenn wir uns in einem anderen Raum befinden. Unsere Bestimmung besteht naturgemäß darin, dass wir uns auf unserem allerheiligsten Glauben aufbauen, dass wir rechenschaftspflichtig bleiben, dass wir zu zweit oder zu dritt im Gebet übereinstimmen und Veränderung in jedes Umfeld bringen, in das wir gestellt werden. Wir sind Salz. Wir sind Licht. Das ist ekklesia. Das sind wir.

Die Menschen, die sich fürchten, durch die Welt verunreinigt zu werden, haben nur wenig Glauben in die Kraft des Blutes Jesu, das beständig fließt, damit wir rein bleiben – und wenig Glauben an die Kraft des Heiligen Geistes in uns, der uns leitet, beschützt und bevollmächtigt, um den Unterschied zu machen. Diese Erkenntnis ist ein ganz wesentlicher Faktor, wenn wir Menschen sein wollen, die Veränderung bewirken.

Jedes Mal, wenn wir zusammenkommen - selbst wenn wir uns auf einen Kaffee treffen oder zusammen zur Arbeit fahren - repräsentieren wir die Regierung des Himmels. Zwei oder drei von uns mit Jesus in unserer Mitte bilden die Mehrheit, wenn es darum geht, Einfluss auszuüben. Lass uns diesen Einfluss jetzt gut geltend machen.

Kapitel 10

DIE KRAFT VON MUTMASSUNGEN

Was wir über Menschen mutmaßen, beeinflusst, was wir von ihnen erwarten und wie wir sie behandeln. Es ist unerheblich, ob es sich um einen Gläubigen oder um einen Beinahe-Christen handelt, unsere Mutmaßungen sind ein entscheidender Faktor, inwieweit wir bereit sind, uns in diese Menschen zu investieren. Wenn ich jemanden falsch beurteile und seine Stellung vor Gott falsch einschätze, werde ich ihn auch falsch behandeln. Im Natürlichen wissen wir, wird eine Krankheit falsch behandelt, wird das Problem nicht gelöst und manchmal werden sogar noch zusätzliche Schwierigkeiten auftreten. Hingegen bringen biblisch fundierte Annahmen das Beste in den Menschen hervor, denen wir dienen und die wir lieben. Die Kultur des Himmels sollte unsere Werte so sehr beeinflussen, dass unsere Einschätzung von Menschen und deren Potenzial die Realität dieser himmlischen Welt widerspiegelt.

Persönliche Lernkurve

In den Anfangsjahren meines Lebens mit Jesus erhielt ich ein intensives Jüngerschaftstraining. Es lag eine starke Betonung auf persönlicher Disziplin, Leidenschaft für Jesus und darauf, Gott alles auszuliefern. Absolute Hingabe war und ist die einzig logische Lösung, um unsere Bestimmung in unserem Wandel mit Jesus zu finden. Ich bin für dieses Fundament sehr dankbar. Ich wünsche den Menschen in meinem Umfeld, dass für sie der gleiche Fokus und die gleichen Prioritäten relevant sind. Mein persönlicher Hintergrund war mir in Bezug auf moralische Reinheit, Ethik und Rechtschaffenheit sehr hilfreich, diese Dinge eindeutig schwarz oder weiß zu sehen.

Die Hippie-Bewegung, die sagte: „Erlaubt ist, was gefällt", beeinflusste die Kultur zu meiner Jugendzeit sehr stark. Mit anderen Worten, richtig und falsch war gemäß dessen verhandelbar, wie man sein Leben führen wollte. Diese Leute glaubten, dass es keine absoluten Werte gibt. Das wurde weit und breit publik gemacht, sogar durch unser Bildungssystem. Ich kann mich sehr gut an die Geschichten und Beispiele erinnern, die darauf abzielten, absolute Werte im Leben infrage zu stellen. Menschen schienen relativ viel Zeit damit zu verbringen, sich Situationen vorzustellen, in denen Betrügen, Lügen oder Unmoral in Ordnung waren. Weil hinsichtlich der propagierten Optionen niemals Gott, die Bibel oder Gebet für ein Wunder erwähnt wurden, schien es, als wären Ethik und Moral ständig veränderbar.

Die Theologie wurde zur damaligen Zeit häufig Situationsethik genannt. Das bedeutet im Grunde, dass die

Umstände bestimmen, was richtig und falsch, moralisch oder unmoralisch ist. Es gab keinen absoluten Moralkodex oder verbindlichen Kompass. Es war stets unterhaltsam, sich anzuschauen, wie Menschen sich Dinge zurechtbogen, damit aus falsch richtig wurde und umgekehrt. Ich finde es faszinierend, dass Menschen bereit sind, so hart daran zu arbeiten, ihre schlechten Entscheidungen in einem guten Licht darzustellen. Wenn diese kreative Energie doch nur gebraucht würde, um etwas zu kreieren, wovon jeder profitiert.

In den Anfangsjahren meines pastoralen Dienstes beschloss ich, zusammen mit einem anderen Pastor, auf unserem Junior College einen Philosophiekurs zu besuchen. Ich weiß nicht mehr aus welchem Grund, aber ich glaube, wir wollten einfach nur aus unserem Gemeindeumfeld und unserer Routine ausbrechen.

Unser Professor war ein wunderbarer Mann. Es bereitete ihm unglaublich viel Freude, Diskussionen über herausfordernde Themen zu führen. Bei einem Meinungsstreit blühte er förmlich auf, aber nicht auf eine üble Weise. Ich fand nie heraus, was er tatsächlich glaubte, weil er so gut darin war, andere zu einer Diskussion anzuregen. Ich erinnere mich, dass er eines Tages besonders erfreut war, als er auf seinem Schreibtisch einen Zettel mit einem Bibelvers vorfand, den jemand dort deponiert hatte. Es war der Vers, in dem es darum geht, dass man sich nicht in leere Philosophie (siehe Kol. 2, 8) verstricken soll. Er schien deswegen keineswegs verärgert zu sein. So hatte er einfach wieder eine weitere Möglichkeit, eine Diskussion anzuzetteln.

Christen kommen oftmals nicht besonders gut damit klar, wenn in einer Runde Dinge kontrovers diskutiert werden. Einer der Gründe ist der, dass wir dazu neigen, unseren Standpunkt durch eine entsprechende Bibelstelle zu untermauern. Es macht durchaus Sinn, das in einem christlichen Umfeld so zu tun. Es ist jedoch ein deutliches Zeichen dafür, dass wir hinsichtlich der Welt um uns herum den Bezug zur Realität verloren haben. Letztendlich läuft es doch auf Folgendes hinaus: Es funktioniert äußerst selten, wenn wir mit Menschen sprechen, für die die Bibel keine Bedeutung hat. Es gibt uns ein gutes Gefühl, weil wir uns auf die Bibel berufen. Manchmal fühlen wir uns sogar gut, wenn wir Ablehnung erfahren, was in solchen Situationen durchaus normal ist. Manche deuten eine solche Reaktion als eine milde Form von Verfolgung. Aber wir können nicht punkten, wenn wir wegen unserer Dummheit leiden.

Die Bibel ist Gottes Wort. Es enthält die Kraft Gottes, um einen Menschen, eine Stadt oder eine Nation vollständig zu verändern. Aber es ist nicht immer ratsam, Menschen gegenüber Bibelstellen zu zitieren, wenn ihnen der Bezug dazu fehlt. Ich behaupte nicht, dass Gott das Zitieren von Bibelstellen nicht gebrauchen kann. Ich argumentiere lieber basierend auf biblischer Weisheit (das Anwenden von biblischen Prinzipien, ohne Bibelstellen direkt zu zitieren), da diese Herangehensweise in solchen Gesprächen äußerst gewinnbringend ist. Die Wahrheit des Wortes Gottes wird häufig das bestätigen, was die Menschen ohnehin als wahr erkannt haben. Gottes Logik übertrifft die Brillanz eines jeden, dessen Überzeugungen dem Wort Gottes widersprechen. Auf diese Weise sprechen wir am Ende über die absoluten Werte in der Bibel, ohne dass der Gesprächspartner zuvor an die Bibel glauben muss. Gott hat dem Menschen sein Gesetz ins Herz gegeben, und wenn wir in dieser Weise sprechen, kommt es zu einer gottgewirkten Überführung von der Wahrheit. Die Wahrheit, die wir weitergeben, spricht für sich selbst und veranlasst den Hörer, seine Werte zu überdenken. Wenn unsere Worte sich auf biblische Klugheit gründen, tragen sie immer noch das Gewicht des Wortes Gottes. Und beides – sowohl seine Kraft als auch seine Gegenwart untermauern diese Wahrheiten. Wenn Menschen erleben, dass du biblische Prinzipien praktisch anwendest, werden sie schließlich mehr über die Bibel erfahren wollen.

Eines Morgens saßen wir in unserer Philosophie-Klasse zu jeweils etwa acht Personen an runden Tischen. Es befanden sich mehrere dieser Tische in diesem Raum, damit alle Anwesenden einen Platz finden würden. Es handelte sich um eine sogenannte „Labor"- Session, was bedeutete, dass wir die ganze Zeit über herausfordernde Themen diskutieren sollten. Plötzlich ging es um das Thema Moral und absolute Werte. Der junge Mann, der mir am Tisch gegenüber saß, wurde extrem leidenschaftlich, da er die anderen davon überzeugen wollte, dass er recht hatte. Er deklarierte mit lauter Stimme: „Es gibt keine absoluten Werte." Ich fragte ihn, ob er sich absolut sicher sei, da sein Kommentar ebenfalls ein Absolutum war. Er starrte mich an. Dann erklärte er, dass es kein Richtig oder Falsch gäbe. Kaum hatte er diese Worte ausgesprochen, wurde er mitten in seinen hitzigen Ausführungen von jemandem aus der Gruppe unterbrochen. Er wurde sehr wütend und sagte: „Es ist falsch, dass du mich unterbrichst!" Er disqualifizierte sich mit seinen eigenen Worten. Solche Theorien mögen auf dem Papier gut aussehen, werden sich aber im wahren Leben als unrealistisch erweisen. Er erkannte schnell, wie töricht seine Ausführungen waren und sein brillantes Geplapper war im Nu beendet.

Die Jüngerschaftsjahre waren prägend für mich. Ich möchte nie von den wichtigen Dingen abweichen, die ich damals gelernt habe. Ich werde immer ein Jünger sein. Und doch entwickelte sich irgendwie eine gewisse Härte in meinem Denken. Kurz gesagt, ich glaubte, dass andere Christen Gott nicht gehorchen wollten, sodass man sie beschützen, überzeugen und kontrollieren müsste. Außerdem mutmaßte ich, diese Gläubigen würden sündigen, wenn ich ihnen nicht helfen würde. Sie wollten sündigen - zumindest dachte ich das. Das hört sich etwas verrückt an, wenn man es laut sagt. Ich bin mir noch nicht mal sicher, ob ich dieser Aussage zugestimmt hätte, wenn mir damals jemand die entsprechende Frage gestellt hätte. Aber mein Verhalten sagte etwas anderes.

Der Rundbrief

Ich werde nie vergessen, was ich in einem Rundbrief eines anderen Pastors gelesen habe. Ich weiß zwar nicht mehr, um wen es sich handelte, aber ich kann diesen Rundbrief immer noch sehen - gelbes Papier mit einer kleinen Kolumne auf der linken Innenseite. Er schrieb Beiträge, um anderen Leitern zu helfen. Er berichtete, ihm sei klar geworden, dass er seine Sichtweise im Hinblick auf die Menschen ändern müsste, denen er diente.

Anstatt davon auszugehen, dass sie sündigen wollten, beschloss er, sie jetzt so zu behandeln, als ob sie das Richtige tun und Gott gehorchen wollten. Mit anderen Worten, er sah sie jetzt so, als wenn er glauben würde, dass sie tatsächlich errettet waren. Wenn er glaubte, dass sie von Neuem geboren waren, musste er auch glauben, dass sie eine neue Natur hatten. Er erklärte, dass diese veränderte Sichtweise dramatische Auswirkungen auf die Entwicklung seiner Gemeindemitglieder hatte. Plötzlich ging mir ein Licht auf. Das war die Botschaft, die ich brauchte, auch wenn sie nur wenige Zeilen eines Rundbriefes umfasste.

Es hört sich merkwürdig an, wenn er sagt, dass er jetzt glauben musste, dass sie gerettet waren, denn warum sollte irgendjemand etwas anderes tun? Doch bei näherem Hinsehen stellt man fest, dass ein Großteil der Dienste in den Gemeinden darauf abzielt, dass Menschen nicht sündigen, anstatt sie in ihrer Gerechtigkeit zu festigen.

Ich reagierte schnell auf den Artikel dieses Pastors. Ich musste meine Sichtweise über die Menschen in meinem Umfeld entsprechend der biblischen Sichtweise verändern. Es ist sehr ernüchternd, wenn man feststellt, dass man aufgrund eines fehlerhaften Verständnisses vom Wort Gottes in seiner Wahrnehmung jahrelang falsch liegen kann. Es war an der Zeit, an ihre Bekehrung zu glauben. Wenn sie wirklich von Neuem geboren sind, haben sie eine neue Natur. Und zu dieser neuen Natur gehört das Verlangen, Gott gefallen zu wollen.

Es ist interessant, dass viele Pastoren zwar glauben, dass ihre Gemeindemitglieder von Neuem geboren sind, aber dennoch davon ausgehen, dass sie lieber sündigen würden, wenn sie damit durchkämen. Vielleicht sollten wir uns einmal genauer ansehen, was es bedeutet, von Neuem geboren zu sein. Wenn wir uns bekehren, lässt der Heilige Geist sich in uns nieder. Wo? In unseren Herzen, dem absoluten Zentrum unseres Seins. Der Weg bis zu unserer Bekehrung dauerte vielleicht mehrere Jahre, aber die Bekehrung selbst geschieht nicht schrittweise, sondern in einem Augenblick. Reife ist ein Prozess, aber nicht so unsere Bekehrung.

Als Christen sind wir mit Christus in seinem Tod und in seiner Auferstehung vereint. Diese Erfahrung verändert unsere Natur. Wir sind jetzt Heilige, und so nennt uns auch der Apostel Paulus in seinen Briefen.

Es wäre einfältig zu glauben, dass Menschen die Fähigkeit zu sündigen verlieren könnten. Diese Fähigkeit verlieren wir nicht. Adam und Eva sündigten, obwohl das nicht ihrer Natur entsprach. Unsere Bekehrung bewirkt jedoch, dass wir Sünde nicht mehr genießen können. Was bedeutet das? Mit unserer Bekehrung empfangen wir das Verlangen, gehorchen zu wollen. Gott zu gehorchen, ist jetzt Teil unserer neuen Natur. Das bedeutet nicht, dass wir nicht mehr sündigen können. Es bedeutet lediglich, dass es nicht länger unsere Natur ist.

Ich änderte meine Einstellung zu den Menschen in unserer Gemeinde. Zu glauben, dass sie Gott gehorchen wollen, hat massive Auswirkungen auf das, was du lehrst. Aber auch darauf, wie man sie behandelt, wenn sie in einer Krise stecken oder wenn sie versagt haben.

Auch meine seelsorgerlichen Gespräche verliefen jetzt anders. Ich appellierte jetzt an das Herz der Ratsuchenden, das darauf ausgerichtet war, Gott zu gehorchen und ihn zu ehren. Ich erinnere mich, dass ich bei einer Eheberatung sogar sagte: „Ich treffe mich nur deshalb mit euch, weil ich glaube, dass ihr von Neuem geboren seid. Weil ihr wirklich gerettet seid, habt ihr den Herzenswunsch, das Richtige zu tun." Anschließend beschäftigten wir uns mit der Frage, was in ihrer Situation richtigerweise zu tun sei.

Nur wenige Pastoren scheinen das zu verstehen, aber wir neigen dazu, das zu bekommen, was wir predigen. Unsere pastoralen und prophetischen Dekrete haben eine größere Wirkung auf unser Umfeld, als wir zuvor gedacht haben. Das erklärt vielleicht, warum es gerade in den Gemeinden so oft zu Rückfällen kommt, in denen ständig über Rückfälle gesprochen wird. Wenn wir Menschen ermutigen, sich ihrer Identität in Christus bewusst zu sein, werden sie eher in einer Haltung des Glaubens und der Hingabe wandeln.

Die Identität der Römer

In all seinen Briefen an die Gemeinden bezeichnet Paulus Christen als Heilige. Stell dir einmal vor, wie anders der Römerbrief ausgefallen wäre, wenn er geschrieben hätte: *„An alle Sünder in der Gemeinde in Rom."* Wir bekennen, gerettet zu sein und wir sind dankbar für seine Vergebung, aber unser Selbstbild entspricht nicht dem, was er für uns erwirkt hat. Unsere Selbsteinschätzung verleugnet oftmals sein Erlösungswerk. Sein Werk auf Golgatha war so vollständig, dass er basierend auf dieser Realität sagt: *„Haltet euch der Sünde für tot ..."* (Röm. 6, 11). Ich glaube, wir haben die Tragweite dieser Aussage gemindert, indem wir sie lediglich als eine Art positives

Denken betrachten. Positives Denken hat zwar einen guten Einfluss auf unsere Lebenseinstellung, aber unsere Natur wird dadurch keinesfalls verändert. Diese Lehre muss weit darüber hinausgehen. Andernfalls wäre Gott nichts anderes als ein Cheerleader, der versucht, uns Hoffnungen zu machen. Der Apostel Paulus sagt Folgendes: *„…da wir wissen, dass Christus, aus den Toten auferweckt, nicht mehr stirbt …Also auch ihr: Haltet euch selbst dafür, dass ihr für die Sünde tot seid, aber für Gott lebt in Christus Jesus, unserem Herrn!"* (Röm. 6, 9+11; Schlachter). Viele wären bereit, sich in die Schusslinie zu werfen, um den Tod und die Auferstehung Jesu zu verteidigen – und das zu Recht. Aber dieselben Leute stellen ihre neue Natur in Christus infrage. Wenn Paulus sagt: *„Haltet euch selbst dafür, dass ihr für die Sünde tot seid"*, offenbart er, dass wir im Hinblick auf unsere neue Natur ebenso zuversichtlich sein sollen wie hinsichtlich des Todes und der Auferstehung Jesu. Diese beiden Realitäten sollten wir nicht voneinander trennen, weil Gott es auch nicht tut. Meine Zuversicht in seinen Tod und seine Auferstehung ist die Grundlage, um auch wegen meiner persönlichen Veränderung zuversichtlich sein zu können. Das Wort „haltet" (In der englischen NASB steht hier das Wort „consider": bedenken, überlegen) impliziert: „Rechne es dir selbst aus." Addiere die Fakten: Jesus starb + Er wurde von den Toten auferweckt + unser Glaube in sein Erlösungswerk = *wir sind mit ihm gestorben und haben jetzt die Natur des auferstandenen Christus.*

Was er für uns erwirkt hat, muss die Grundlage unserer neuen Identität sein. Ein guter Ausgangspunkt, um sicherzustellen, dass wir die richtige Identität haben, besteht darin, dass wir uns als frei von Sünde sehen – sowohl hinsichtlich unserer Absichten als auch unseres Verhaltens.

Es ist schwierig, andere richtig einzuschätzen, wenn wir uns selbst nicht so sehen, wie Gott es tut. Die richtige Selbstwahrnehmung verändert auch unsere Sichtweise über andere Christen. Wird nicht von mir verlangt, sie ebenso zu sehen, wie ich mich selbst sehen soll? Ich denke schon. Eine solche Gesinnung legitimiert eine Kultur der Ehre in der Familie Gottes. Wir wissen sehr wohl, dass wir uns immer noch irren und sündigen können. Eine andere Sichtweise wäre ungesund und irreal. Aber es ist weise, Menschen so zu behandeln, wie Christus sie sieht. Das ist prophetisch inspirierte Weisheit.

Die Logik hinter dem Prinzip Ehre

Wenn ich darüber nachdenke, weshalb wir jedem Menschen Ehre erweisen sollen, halte ich mir drei Dinge vor Augen: 1.) Wir sind es jedem Menschen schuldig, ihn zu ehren, weil er nach dem Bilde Gottes geschaffen wurde; 2.) Wir sind es auch deshalb jedem Menschen schuldig, ihn zu ehren, weil er von Gott Gaben und Fähigkeiten empfangen hat; 3.) Für einen Christen gibt es noch einen weiteren Grund, andere Christen zu ehren. Wir erkennen den Geist Gottes auf ihrem Leben, und indem wir das tun, feiern wir ihre Salbung und ihre Berufung. Zuversicht in das Werk Jesu am Kreuz ist die Grundlage dafür, eine Kultur der Ehre prägen zu können, die sich dadurch auszeichnet, dass wir Menschen bereits ehren, bevor sie es verdient haben. Jesus behandelte Petrus auf diese Weise. Sein Name, Simon, bedeutet gebrochenes Schilfrohr. Jesus änderte Simons` Namen in Petrus und das bedeutet Fels. Jesus nannte ihn bereits Fels, als er noch gebrochen war.

Die richtige Identität bewirkt Frucht

An die Bekehrung von Menschen zu glauben, ist ein guter Anfang, um ihnen gut dienen zu können. Unsere Sichtweise beeinflusst uns sowohl gravierend in unserer Funktion, Menschen aufzubauen, als auch im Hinblick darauf, was wir von ihnen erwarten. Damit meine ich keine fordernde, unbarmherzige Haltung. Als Glieder, die miteinander verbunden sind, haben wir das einzigartige Privileg, in die Bestimmung anderer zu säen.

Jeder Christ ist ein Erbauer. Es sind nicht nur die Pastoren und Leiter, die in dieser Verantwortung stehen. Deshalb wird jedes Mitglied des Leibes ermahnt, den Leib Christi zu erbauen. *„Deshalb ermahnt einander und erbaut einer den anderen, wie ihr auch tut!"* (1. Thess. 5, 11). Aufgrund unseres Verständnisses von Gottes Wort, wer wir in seinen Augen sind und was uns als seinen Söhnen und Töchtern möglich ist, sind wir in der Lage, so zu bauen, dass es ewige Auswirkungen hat.

Jede Form von Autorität hat zwei grundlegende Funktionen. Es spielt keine Rolle, ob es sich um den Präsidenten eines Landes, den Geschäftsführer eines Unternehmens, einen Gemeindepastor oder um die Mama und den Papa einer Familie handelt. Die beiden gottgegebenen Verantwortlichkeiten sind, für Schutz zu sorgen und – mit der Sicherheit von Menschen vor Augen -, sie für ihre Bestimmung zuzurüsten. Petrus spricht diesen Punkt in seinem Brief an:

*Ordnet euch aller menschlichen Einrichtung unter um des Herrn willen; ... den Stadthaltern als denen, die von ihm gesandt werden zur **Bestrafung** der Übeltäter, aber zum **Lob** derer, die Gutes tun!"*
(1. Petrus 2, 13-14 Hervorhebung hinzugefügt)

Böses zu bestrafen, schützt die Gesellschaft und Lob bestätigt deren Bürger in ihren gottgegebenen Stärken. Bestrafung untermauert die Grenzen, die für eine gesunde Gesellschaft notwendig sind und Lob feiert jene, die einen positiven Beitrag für eine gesunde Gesellschaft leisten.

Vom Einzelnen bis zum großen Ganzen

Wenn ich Menschen mit den Augen Jesu betrachte - dass ihnen vergeben ist und sie in Gerechtigkeit vor ihm stehen -, stelle ich plötzlich fest, dass sich meine Erwartungshaltung hinsichtlich dessen, was zu meinen Lebzeiten möglich ist, drastisch verändert. Das bringt uns zu unserer Sichtweise über die Endzeit (Eschatologie). Es gibt viele Sichtweisen und Lehrmeinungen über die Endzeit. Für meinen Geschmack wird jedoch viel zu wenig die Erwartung betont, dass die Gemeinde siegreich und herrlich sein wird. Aus ihrer Sicht nimmt die Sünde zu, bis Jesus bei seiner Wiederkunft die Übriggebliebenen retten muss. Gemäß ihrer Weltsicht nimmt die Gerechtigkeit auf Erden kaum zu. Die Finsternis ist auf dem Vormarsch, aber selten nimmt auch das Licht zu. Jesaja sagt dazu Folgendes:

Steh auf, werde licht! Denn dein Licht ist gekommen, und die Herrlichkeit des HERRN ist über dir aufgegangen. Denn siehe, Finsternis bedeckt die Erde ... aber über dir strahlt der HERR auf, und seine Herrlichkeit erscheint über dir. (Jesaja 60, 1-2)

Beachte bitte den Kontext für die Zunahme von Licht. Dazu kommt es, wenn die Finsternis zunimmt. Mit anderen Worten, während der größten Bewegung des Feindes antwortet die Gemeinde mit Gottes größter Bewegung. Es gibt keinen Wettstreit zwischen Licht und Finsternis. Das Licht gewinnt immer.

Ich möchte nicht die Theologie hinsichtlich unserer Hoffnung auf eine glorreiche Gemeinde auslegen, sondern ich will vielmehr auf das Warum eingehen. Wenn ich glauben kann, dass der Einzelne in seinem gegenwärtigen Zustand glorreich und wunderbar ist, warum kann ich dann nicht auch für die gesamte Gemeinde glauben, dass sie in dieser Realität lebt. Und wenn ich das glauben kann, warum sollte ich dann nicht auch glauben, dass die Welt darauf reagieren wird, denn schließlich ist Gottes Gnade unwiderstehlich? An die Schönheit von gegenseitiger Ehrerbietung zu glauben, das Beste von anderen zu erwarten und sie hinsichtlich einer glorreichen Zukunft zu ermutigen - all das führt zu einem offensichtlichen Resultat: Wenn ich das über einen Einzelnen glauben kann, kann ich nicht mehr an der Lehre festhalten, dass die Sünde so überhandnehmen wird, dass Jesus kommen und uns retten muss, um uns in den Himmel zu bringen. Leider ist das ein typischer Ansatz der Eschatologie - darin findet sich sehr wenig Glauben an die Kraft des Evangeliums.

Wenn ich Glauben für den Einzelnen habe, muss ich in meinem Herzen auch Hoffnung nähren für die Familie, die Gemeinde oder die Stadt. Ich erkannte, dass meine Erwartung von zunehmender Sünde auf der Erde damit zusammenhing, dass ich mir nicht darüber im Klaren war, wie machtvoll das Evangelium der Errettung tatsächlich ist! Denk mal darüber nach - viele glauben mehr an die Kraft der Finsternis als an die Kraft des Evangeliums. Viele glauben an die Wiederkunft Christi, aber nicht an die Kraft der guten Nachricht von Jesus, die Welt von den durch Sünde verursachten Problemen zu retten.

Zuversicht in die Kraft des Evangeliums ist das Resultat dieser auf das Hier und Jetzt ausgerichteten Kultur. Man kann nur schwerlich glauben, dass die Finsternis gewinnt, wenn die Realität des Himmels unsere Werte, Einstellungen und Ambitionen durchdringt. Ich bin der Meinung, dass die kraftlose Sichtweise über die Endzeit oftmals dann entwickelt wird, wenn die Durchbrüche in der Auferstehungskraft, die dieses Evangelium bietet, nicht mit einbezogen werden. Wenn wir das außer Acht lassen, macht das Errettetwerden aus der Endzeit durchaus Sinn.

Wir haben die Verantwortung, die Erwartung zu wecken, dass Jesus auf der ganzen Erde verherrlicht werden wird. Denn dann geht unser Erleben über das hinaus, was wir erbitten oder erdenken können.

Kapitel 11

FREUNDSCHAFTEN BAUEN, MIT DER EWIGKEIT IM BLICK

Die Art und Weise, wie wir Beziehungen zu anderen gestalten, ist eine der besten Möglichkeiten, um die Kultur des Reiches Gottes zu veranschaulichen und sie in dieser Welt freizusetzen. Jesus sagte, die Menschen werden unseren Glauben daran erkennen, dass wir einander lieben (siehe Joh. 13, 35). Beachte die Worte: *„Daran werden alle erkennen ..."* Diese einfache Wahrheit gehört zu den effektivsten evangelistischen Werkzeugen. Liebt einander von Herzen. So stärken wir uns nicht nur gegenseitig und geben Gott die Ehre, sondern Menschen werden auch zu Christus gezogen. Könnte es noch deutlicher sein? Ich glaube nicht. Inwieweit unser Einfluss zum Tragen kommt, die Kultur des Himmels zu offenbaren, hängt zum Teil davon ab, wie wir einander lieben und dienen.

Gut geführte Beziehungen wirken auch anziehend auf die Gegenwart Gottes. Jesus sagte, dass er anwesend sein würde, wenn zwei oder drei sich in seinem Namen versammeln. Indem wir seine Gegenwart förmlich anziehen, bringen wir auch automatisch die Realität seiner Welt in unsere Umgebung. Beides lässt sich nicht voneinander trennen. Das ist zum Teil die Erfüllung des Auftrags, das Kommen seines Reiches zu erleben. Angesichts dieses Themas fällt mir ein wunderbares afrikanisches Sprichwort ein: „Wenn du schnell gehen willst, geh alleine. Aber wenn du weit kommen willst, geht zusammen." Das ist so wahr. Es ist unstrittig, dass die Gemeinde überall auf der Welt kurzzeitigen Erfolg und Durchbrüche erlebt. Diese Erfolge werden häufig von Menschen bewirkt, die ein gutes Herz, großen Glauben und feurigen Eifer haben. Aber die Durchbrüche sind oftmals nicht von Dauer, weil keine Gemeinschaft involviert ist, um sie aufrechtzuerhalten. Diese Menschen gingen schnell, aber sie waren nicht in der Lage, weit zu kommen. Unsere Erfolge sind in vielerlei Hinsicht vom Involviertsein anderer abhängig. Menschen, die Menschen lieben. Ich sehe die Sache so: Wenn die Vision für mein Leben die Hilfe anderer nicht braucht, ist sie zu klein.

Jede Realität des Reiches Gottes wird durch die Gemeindefamilie realisiert und aufrechterhalten. In der Bibel heißt es: *„Unser* **Vater** *... Denn dein ist das* **Reich** *..."* (Mt. 6, 9-13; Schlachter; Hervorhebung hinzugefügt). Immer, wenn wir das Konzept „Familie" nicht mit einbeziehen, haben wir das Thema Reich Gottes nicht miteinbezogen. Die Familie Gottes ist sein Ziel, und diese Familie basiert auf Gemeinschaft. Das impliziert auch, dass man Gemeinschaft untereinander hat, also miteinander kommuniziert. Gemeinschaft bedeutet, dass ein gegenseitiger Austausch von Leben stattfindet. Wir brauchen einander, um all das zu werden, was Gott für uns vorgesehen hat.

Die Realität ist, dass wir, auf uns allein gestellt, nicht dahin kommen können, wo Gott uns haben will. Manchmal wird er wegen einer bestimmten Angelegenheit noch nicht einmal zu uns sprechen. Gott zeigt uns dann nicht die kalte Schulter. Manchmal möchte er, dass wir erneut entdecken, was er uns bereits gesagt hat. Es gibt aber auch Zeiten, in denen wir lernen müssen, von einem anderen Glied des Leibes Christi zu empfangen. Gott betont, dass wir Glieder eines Leibes sind. Denke nur an David, der für Gott einen Tempel bauen wollte. In Apostelgeschichte 2 wird er ein Prophet genannt. Das zeigt uns, dass er ausgezeichnet von Gott hören konnte. Gott gab ihm jedoch hinsichtlich des Traums in seinem Herzen keine Wegweisung. Also öffnete er sein Herz für die Gabe, die Gott ihm in Form eines Menschen gegeben hatte. Der Prophet Nathan wurde zum Partner im Leben und Dienst von David. Dieser wunderbare Prophet war in der Lage, David das prophetische Wort zu geben, auf das er gewartet hatte. Es entsprach nicht dem, was er wollte, aber es gab etwas, was ihm wichtiger war - der Wille Gottes.

Straßensperren und Schnellstraßen

Ebenfalls zutreffend ist, dass andere Menschen deine Fortschritte und dein geistliches Wachstum verlangsamen können. Wenn man sich mit den falschen Leuten zusammentut, kann sich unser Wachstum und Fortschritt verlangsamen, nicht beschleunigen. Manche Menschen werden so von ihrer eigenen Lebensplanung getrieben, dass sie kein offenes Ohr für die Ziele anderer haben. Segne sie und liebe sie. Aber verschwende deine Zeit nicht damit, eine einseitige Beziehung ohne ein klares Wort von Gott aufzubauen.

Ich versuche, meinem Gegenüber stets zu dienen, ganz gleich ob er für mich oder gegen mich ist. Doch ich investiere meine Zeit nur in jene, die dieses Feuer in den Augen haben, wenn ich unsere Ziele deklariere. Diese Menschen entwickeln eine Leidenschaft für das, was ich auf dem Herzen habe.

Offensichtlich übe ich als Pastor eine andere Funktion aus, als die meisten Menschen, die dieses Buch lesen. Die Prinzipien sind jedoch auf jedes Umfeld anwendbar. Kurz gesagt finde jene, deren Herz ebenso für Jesus brennt wie deines. Verbinde dich mit denen, die demütig und liebevoll sind sowie eine dienende Haltung haben. Und je mehr Loyalität du bei ihnen siehst, desto mehr stärke diese Beziehungen. Auf diese Weise lernt ihr, das Leben gemeinsam zu meistern.

Gerade dann, wenn wir uns auf darauf einlassen, einander Rechenschaft zu geben, zeigen sich einige unserer größten Stärken. Teile dein Leben mit Freunden, denen du erzählen kannst, wie du mit deinen Stärken und Schwächen umgehst. Üblicherweise herrscht in puncto Rechenschaftspflicht die Meinung vor, dass man einander in den Bereichen hilft, in denen man zu kämpfen hat. Das ist durchaus richtig. Aber das ist nur ein Teil der Wahrheit. Es geht vor allem auch darum, dass wir gegenseitig Verantwortung übernehmen, um unsere Träume und Ziele zu erfüllen. Rechenschaftspflicht bedeutet, dass wir Rechenschaft über unser Leistungsvermögen ablegen. Loyale Freunde sind wahre Schätze.

Loyalität gegenüber einer Person oder einer Gruppe wird übrigens nie dadurch bewiesen, dass man eine andere dafür ablehnt. Das ist eine weltliche Loyalität, nicht die des Reiches Gottes. Im Reich Gottes lieben wir jeden, aber wir haben die nötige Weisheit, um unsere Familie und unseren Stamm zu erkennen.

Gut genutzte Jahrzehnte

Ich war siebzehn Jahre lang Pastor einer Gemeinde in Weaverville, Kalifornien. Inzwischen übe ich seit zweiundzwanzig Jahren in Redding, Kalifornien, meine pastorale Tätigkeit aus. Ich finde das Konzept eines langfristigen Engagements sehr reizvoll, weil ich glaube, dass es der Sichtweise des Vaters entspricht. Mein Seniorpartner Kris Vallotton und ich arbeiten seit neununddreißig Jahren zusammen. Dann Farrely, eine tragende Säule unseres Leiterschaftsteams, war bereits vor mir Teil der Bethel Gemeinde. Mittlerweile steht er mir schon seit zweiundzwanzig Jahren zur Seite. Charlie Harper gehörte in Weaverville zum Leiterschaftsteam. Er kam nach Redding, um zu helfen. Dieser Mann hat seit fast vierzig Jahren treu gedient. Meine Kinder, Eric, Brian und Leah waren ihr Leben lang Teil dieser Bewegung – zum Mitarbeiterstab zählen sie seit etwa zwanzig Jahren. Einige unserer Ältesten dienen bereits seit vielen Jahrzehnten. Tatsächlich sind die meisten unserer Teammitglieder schon seit vielen Jahren hier und dienen treu. Die Liste ließe sich noch weiter fortsetzen. In puncto unserer Zusammenarbeit im Dienst haben wir Folgendes festgestellt: Man kann als Co-Leiter größeren Einfluss haben, als man anderswo als hauptverantwortlicher Leiter hätte.

Viele der genannten Personen hätten überall hingehen, dort viel für das Reich Gottes bewirken und ihren eigenen Dienst aufbauen können. Niemand würde ihnen einen Vorwurf machen. Wir wissen, dass Gott manchmal so etwas für jemanden vorsieht und wir ehren und freuen uns dann über einen solchen Schritt. Viele unserer Teammitglieder haben sich jedoch entschieden, hier zu bleiben, Beziehungen zu pflegen und ihren Traum mit Unterstützung einer Gemeinschaft zu leben. Häufig müssen Söhne ihr Umfeld verlassen, um anderswo Väter zu werden. Ein gesundes Umfeld bietet die Möglichkeit, zu Hause ein Vater zu werden.

Es ist Gott ein Herzensanliegen, dass eine Gruppe von bevollmächtigten Menschen entdeckt, was durch den manchmal schmerzhaften Prozess der gemeinsamen Lebensgestaltung erreicht werden kann. Es gibt Konflikte. Es ist nicht immer leicht. Es kommt zu großen Enttäuschungen. Doch es gibt auch Ehrerbietung, Wachstum, Durchbrüche und unerwartete Segnungen. Wir wollen wirklich weit kommen, damit wir der nächsten Generation etwas hinterlassen können.

Vom Energie lernen

Soweit ich weiß, wurde der Bau der Atombombe durch das Prinzip der Spaltung möglich. Wenn ein Atom gespalten wird, kommt es zu einer ungeheuren Freisetzung von Energie. Wir wissen um die Realität dieser Tatsache aufgrund der Bombenabwürfe während des Zweiten Weltkriegs. Es gibt aber noch eine stärkere Kraft, die durch das Konzept der Fusion entsteht. Dazu kommt es, wenn zwei Atome miteinander verschmelzen. Die hierbei freigesetzte Energie ist sieben Mal stärker als die aufgrund einer Atomspaltung. Zusammenführung ist exponentiell stärker als Spaltung. Das ist eine tiefgründige Wahrheit, die uns alle angeht. Kommt es zu einer Gemeindespaltung, werden neue Vision und Energie freigesetzt. Doch was würde geschehen, wenn diese Gemeinden sich zusammenschlössen?

Es ist offensichtlich, dass Einheit in der Gemeinde Gott ein großes Herzensanliegen ist. Und zweifellos ist Einheit in der Gemeinde sehr hilfreich. Ich spreche jedoch von einer Form der Einheit, die etwas anders ist und vielleicht von mehr Reife zeugt. Einheit beginnt mit simplen Dingen, wie einander zu respektieren und Wertschätzung zu zeigen. Das ist ein guter Anfang. Doch Gott sucht Menschen, die einander tatsächlich kennenlernen und ihr Leben für den anderen geben. Partnerschaften sind von essenzieller Bedeutung für unser Leben. Dass sie von Dauer sind, ist ebenfalls äußerst wichtig. So lernen wir, hinsichtlich unserer Träume zusammenzuarbeiten.

Träume sind dazu bestimmt, erfüllt zu werden

Bedenke, sowohl der Pharao als auch Josef hatten Träume (siehe 1. Mo. 37, 5; 41, 1). Beide hatten große Ziele und eine gottgegebene Bestimmung. Aber keiner von beiden konnte die Erfüllung seines Traumes ohne den anderen erreichen. Erst als Josef den Traum eines gottlosen Königs auslegte, erfüllte Gott auch seinen Traum. Das ist erstaunlich. Es ist ein einzigartiger Ruf, sich für den Traum eines anderen einzusetzen. Das ist es, was Freunde, Familie und Partner tun. Wenn einer von uns einen Durchbruch erlangt, entsteht ein Dominoeffekt für die anderen. Der Sieg von einem ist unser aller Sieg. Aus dem Blickwinkel als Glieder eines Leibes können wir eher erkennen, wie das Reich Gottes funktioniert und wie es in unseren Gemeinden erfolgreich freigesetzt werden kann.

Eines meiner größten Privilegien ist es, mit einigen Menschen eine Bündnisfreundschaft zu haben. Diese Art Freundschaft wird täglich von den Bethel-Mitarbeitern praktiziert und wertgeschätzt. Darüber hinaus hat der Herr noch sechs Ehepaare zusammengeführt, um eine Allianz zu bilden. Das ist ungefähr zehn Jahre her. Dazu zählen John und Carol Arnott, Randy und DeAnne Clark, Che und Sue Ahn, Georgian und Winnie Banov, Rolland und Heidi Baker sowie Beni und ich. Wir gründeten eine Gruppe, die wir Revival Alliance nennen. Wir haben gelernt, dass wir aufgrund von Freundschaft und Partnerschaft im Dienst weitaus mehr erreichen können, als wir es jemals könnten, wenn wir alleine kämpfen würden.

Jeder Leiter hat sein eigenes Netzwerk von Gemeinden und Leitern. Zusammen wären das Zehntausende von Gemeinden und sogar noch mehr Leiter. Manch einer denkt vielleicht, das seien die perfekten Voraussetzungen, um eine neue Denomination zu gründen. Aber wir haben uns dagegen entschieden. Wir wollten ganz bewusst keine Gleichförmigkeit haben, sondern gerade aufgrund unserer Unterschiedlichkeit eine Einheit bilden. Wir hatten es auf dem Herzen, zu zeigen, wie unterschiedliche Gruppen in andere hineinsäen können, um ihnen dabei zu helfen, erfolgreich zu sein. Ich spreche häufig zu den Leitern dieser unterschiedlichen Gruppen. Ich unterstütze sie in ihrer einzigartigen Vision und darin, im Leben Erfolg zu haben. Niemand ist besorgt, dass jemand in dieser Gruppe versuchen könnte, Mitglieder zu stehlen, damit er eine größere Mitgliederliste hat. Das käme uns niemals in den Sinn. Der Punkt ist, wir haben Gefallen daran, den Traum des anderen zu unterstützen. Doch dieses Prinzip gilt nicht nur für unsere Gruppe. Wir alle dienen dem Leib Christi und genießen das Privileg, andere Strömungen im Leib Christi zu lieben, von ihnen zu lernen und in diese Bewegungen hineinzusprechen. Was für ein Vorrecht, denn keiner von uns hat alles von dem, was uns in den letzten Tagen zur Verfügung steht. Wir brauchen einander. Die Tatsache, dass wir mit denen zusammenarbeiten können, zu denen wir normalerweise keinen Zugang hätten, war für mich ein wahrer Augenöffner. Man kann so viele bereichernde Aspekte des Evangeliums in anderen Gruppen entdecken. Ich bin sehr dankbar für das Privileg, sich gegenseitig befruchten zu können.

Bin ich ein Vater oder ein Bruder?

Väter und Brüder sind vollkommen unterschiedlich, wenn es in der Familie um Erfolg geht. Brüder werden oftmals eifersüchtig auf den Erfolg einer anderen Person. Uns ist aufgefallen, dass geistliche Leiter sich recht häufig wie Brüder verhalten, indem sie versuchen, potenziell wichtige Leute klein zu halten, damit diese nicht zu größerer Bedeutsamkeit gelangen als sie selbst. Das nennt man Eifersucht, und auf diese Weise wiederholt sich die Geschichte von Saul und David immer wieder – *„Saul hat seine Tausende erschlagen und David seine Zehntausende"* (1. Sam. 18, 7). Das ist Schwäche. Gute Väter wollen, dass ihre Söhne und Töchter sie in jeder Hinsicht übertreffen. Sie feiern ihre Erfolge. Brüder hingegen spotten und widerstehen denen, die ihnen überlegen sind oder versuchen, sie zu diskreditieren.

Gott freut sich an Menschen

Als ich vor einer Weile im Charisma-Magazin blätterte, fielen mir die Inserate für verschiedene Konferenzen auf. Konferenzen sind ein wichtiger Bestandteil unseres Dienstes und von daher schätze ich diese Ereignisse sehr. Menschen opfern viel, um dabei sein zu können, nur damit sie lernen, Jesus besser zu repräsentieren und einen stärkeren Einfluss auf ihr Umfeld zu haben.

Als ich die Namen der Konferenzsprecher las und deren Bilder sah, beschlich mich ein gewisses Unbehagen. Das zeigte mir, dass irgendetwas an meiner Herzenshaltung nicht in Ordnung war. Ich hatte keinen Grund, ihnen zu misstrauen, aber ich vertraute ihnen auch nicht. Ich wusste zwar, dass es keinen Anlass gab, sie zu kritisieren oder abzulehnen, aber meine Reaktion enttäuschte mich.

Ich hatte die Idee, etwas auszuprobieren, was ich häufig in anderen Situationen praktiziere. Ich schaute mir die Bilder all derer, die ich infrage stellte, solange an, bis ich das Wohlgefallen des Herrn für sie empfand. Normalerweise erlebe ich Gottes Wohlgefallen an Menschen auf die Weise, dass ich Barmherzigkeit und Wertschätzung für sie empfinde. Diese Reaktion entspringt meinem tiefsten Innern, dem Bereich, wo der Heilige Geist wohnt. Man kann nur schwerlich auf jemanden wütend, eifersüchtig oder sogar misstrauisch sein, wenn man Gottes Wohlgefallen über diesem Menschen verspürt. Das Wohlgefallen des Herrn an Menschen zu verspüren, ist ein wirksames Mittel gegen Eifersucht. Das veränderte alles. Dieses Prinzip hat gewaltige Auswirkungen auf meinen Umgang mit

Menschen – mit den guten, aber auch mit den schlechten. Das Herz Gottes für andere zu spüren, hindert uns an einem typisch religiösen Verhalten und bringt uns in Übereinstimmung mit Gottes Liebe für Menschen.

Die Ewigkeit beginnt jetzt

Wir sprechen über das Wertesystem des Himmels für die Menschen dieser Welt. Wenn wir unsere Beziehungen zur Ehre Gottes gestalten, offenbart sich den Menschen in unserem Umfeld ein Aspekt der Natur Gottes, den sie andernfalls nicht sehen würden. Bedeutsame Beziehungen brauchen Zeit und haben ihren Preis, weil emotionale Energie investiert werden muss. Aber die Dividenden sind ewig. Es fängt also jetzt an.

Kapitel 12

EINE ERLAUBNISKULTUR

Jesus war in der Lage, die Geheimnisse des Herzens auf eine Weise anzusprechen, die heute nahezu unbekannt ist. Vielleicht bilde ich mir das nur ein, aber ich habe den Eindruck, dass die Menschen dankbar waren, wenn Jesus sie konfrontierte. Seine Worte spendeten Leben. Selbst wenn Jesus von Dingen sprach, die sie nicht verstanden, gaben diese Worte ihnen Leben - vorausgesetzt, sie hörten mit ihrem Herzen. Genau das geschah, als Jesus seine „anstößigste" Predigt hielt - *„Esst mein Fleisch und trinkt mein Blut"* (siehe Joh. 6, 53-58). Am Ende seiner Botschaft, nachdem Scharen von Menschen fortgegangen waren, fragte Jesus seine Jünger, ob sie auch gehen wollten. Petrus antwortete: *„Herr, zu wem sollten wir gehen? Du hast Worte ewigen Lebens"* (Joh. 6, 68). Für mich hört sich das an, als sagte Petrus: „Wir verstehen deine Botschaft über das Essen deines Fleisches oder das Trinken deines Blutes ebenso wenig, wie die Menschen, die gegangen sind. Aber eines wissen wir - immer wenn du sprichst, leben wir innerlich auf."

Jesus gab uns das ultimative Beispiel für eine Kultur der Konfrontation. Diese Kultur wurde von der Ehre übertroffen, die er den Menschen in seinem Umfeld erwies. Jesus war bekannt dafür, Menschen zu vertrauen, lange bevor sie es verdient hatten. Dafür gibt es so viele Beispiele, dass es ermüdend wäre, sie alle aufzuzählen. Ein äußerst bemerkenswertes Beispiel ist das des Besessenen, der als der Gadarener bezeichnet wird (siehe Mt. 8, 28-34). Dieser Mann hatte so viele Dämonen, dass zweitausend Schweine Selbstmord begingen, indem sie sich den Abgrund hinunterstürzten und im See ertranken, als Jesus sie austrieb. Was muss dieser Mensch für Qualen gelitten haben? Der erstaunlichste Teil dieser Begebenheit ist für mich, dass Jesus diesem soeben freigewordenen Mann verwehrte, ihm zu folgen, obwohl dieser das wollte. Ich würde denken, wenn jemand noch zusätzliche Hilfe und Training brauchte, bevor man ihn nach Hause schickt, dann dieser Mann. Stattdessen sandte Jesus ihn zurück in seine Heimatstadt, um zu bezeugen, was Gott für ihn getan hatte. Das ist eine große Verantwortung für einen soeben freigewordenen Mann, insbesondere, wenn man bedenkt, dass es in seiner Heimatstadt keinen Gleichgesinnten gab. Die Bewohner der Stadt hatten Jesus und seine Jünger aus ihrer Region vertrieben (siehe Mt. 8, 34).

Wie sehr Gott dich liebt, siehst du anhand dessen, was er dir anvertraut. In diesem Fall wurde das Schicksal der Städte dieser Region in die Hände eines Mannes gelegt, der gerade erst befreit worden war. Wie lange lag seine Befreiung zurück? Eine Stunde? Zwei Stunden? Lang genug, um sich zu bekleiden, was dir ansatzweise zeigt, unter welchen Qualen er gelitten hatte (siehe Mk. 5, 15).

Der Punkt ist, dass man diesem Mann in vielen Gemeinden nicht mal erlauben würde, den Müll auf dem Gemeindeparkplatz aufzusammeln. Man würde ihm erst recht nicht gestatten, zu predigen. Doch Jesus sandte ihn als einzigen Evangelisten der gesamten Region zurück in seine Heimatstadt. Wir neigen dazu, übermäßiges Training zu geben, um so unseren mangelnden Glauben hinsichtlich der Bekehrung eines Menschen zu kompensieren. Diese Geschichte offenbart das größte mir bekannte Risiko im Dienst. Der Lohn für dieses Risiko bestand darin, dass sämtliche Einwohner der Städte in dieser Region aufkreuzten, um Jesus predigen zu hören, als er das nächste Mal in diese Gegend kam. Die Bewohner der Städte, die Jesus fortgetrieben hatten, konnten es nicht erwarten, ihn wieder zu hören. Was für ein Unterschied. Es zeigt den bemerkenswerten Einfluss eines ungeschulten Mannes, eine ganze Region für die Absichten Gottes zu erwecken. Es funktionierte.

So beeindruckend das Beispiel des Gadareners auch ist, am meisten erstaunt mich, welches Vertrauen Jesus in seine Jünger hatte. Mit diesen Männern verbrachte er seine Zeit, nur um Tag für Tag festzustellen, wie unqualifiziert sie für den gewaltigen Dienst waren, den er für sie vorgesehen hatte. Wenn man jedoch realisiert, was einen Menschen in den Augen Jesu qualifiziert, sieht man, dass sie perfekt ausgewählt und qualifiziert waren. Und das sind wir auch.

Kultureller Wandel

Es klingt wie eine dumme Untertreibung, wenn ich sage, dass Jesus mich inspiriert. Und doch trifft es zu. Genauer gesagt überrascht mich seine ungewöhnliche Methode, Menschen auszubilden, und das fordert mich zu einem Lebensstil der Risikobereitschaft heraus, der für ihn die Norm war. Ich möchte hinterfragen, was wir normalerweise denken, wenn wir seine Trainingsmethoden betrachten.

Jesus sandte seine zwölf Jünger zurück in ihre Heimatstädte, damit sie dort dienten. Sie gingen jeweils zu zweit und berichteten Jesus anschließend von den Durchbrüchen, die sie bisher nur bei Jesu gesehen hatten. Und jetzt geschahen diese Dinge durch ihre Hände. Zu sagen, dass sie begeistert waren, ist eine weitere Untertreibung. Jesus sah sich deshalb veranlasst, sich mit ihnen zurückzuziehen, damit sie ein wenig zur Ruhe kamen. Was dann geschah, war irgendwie vorhersehbar, aber es überrascht, wie Jesus darauf reagierte.

Einmal kam es unter den Jüngern zu einem Streit darüber, wer von ihnen der Größte sei. Jesus wusste, was sie dachten. Er stellte ein kleines Kind neben sich und sagte zu ihnen:

> *Jeder, der ein solches Kind um meinetwillen aufnimmt, der nimmt mich auf, und wer mich aufnimmt, nimmt meinen Vater auf, der mich gesandt hat. Wer der Geringste unter euch ist, der ist der Größte.*

(Lukas 9, 46-48 Neues Leben)

Erfolg im Dienst bringt Dinge an die Oberfläche, die durch Probleme und Schwierigkeiten wahrscheinlich nie ans Licht kämen. Erst nachdem Jesus den Jüngern Kraft und Autorität über Dämonen und Krankheiten gegeben hatte, stritten sie darüber, wer der Größte sei. Es war ihr Erfolg. Ihr Durchbruch. Ich bin mir sicher, dass jeder von ihnen dachte, die übernatürlichen Manifestationen in ihrer Heimatstadt überträfen die Erfahrungen der anderen. Aus diesem Grund versuchten sie, sich ins rechte Licht zu rücken. Es bewegt mich sehr, dass Jesus sie niemals zurechtwies, weil sie sich für großartig hielten. Jeder, der mit Jesus Zeit verbrachte, fing an, von Bedeutsamkeit zu träumen. Und doch war es ihr Verständnis von wahrer Größe, das verkehrt war, nicht der Wunsch danach. Jesus rückte ihr Verständnis über wahre Bedeutsamkeit zurecht, indem er ihnen seine Sichtweise zeigte. Der Geringste ist der Größte. Der Diener aller ist der Größte. Das Kind ist der Größte. Sie kapierten es.

Die Diskussion darüber, wer der Größte sei, war beendet. Es gab jedoch noch mehr Probleme, die sich aufgrund ihres Erfolges in ihren Herzen bemerkbar machen würden. Johannes, in dem Glauben, etwas Gutes zu tun, erzählte Jesus, wie er mit denen umging, die in Jesu Namen Dämonen austrieben, aber nicht zu den Zwölfen gehörten.

Johannes sagte zu Jesus:

Meister, wir haben gesehen, wie einer in deinem Namen Dämonen austrieb, und haben versucht, ihn daran zu hindern, weil er nicht zu uns gehört.
(Lukas 9, 49 Neues Leben)

Für mich hört sich das so an, als würde Johannes über eine Gruppe, die losgelöst von den zwölf Jüngern war, sagen: „Okay, wir wissen, dass von uns keiner besser ist als der andere. Aber bestimmt sind wir größer als jene." Sie hatten die Lektion über Loyalität und Hingabe ans Team gelernt. Aber im Reich Gottes verhält es sich nicht so, dass Loyalität gegenüber dem Einen, Illoyalität gegenüber einem Anderen erfordert. Wir stehen nicht im Wettstreit miteinander. Es ist ein Wettlauf gegen die Zeit. Jesus war erfreut, als er hörte, dass Menschen durch seinen Namen Befreiung erlebten. Zweifellos freute er sich darüber, dass Menschen, die nicht zu dem erlesenen Kreis der Zwölf gehörten, sich von seiner Leidenschaft anstecken ließen. Jesus korrigierte ihr Verständnis über Loyalität so, dass Frucht für das Reich Gottes entstehen konnte, als er sagte: *„Hindert ihn nicht! Wer nicht gegen euch ist, ist für euch"* (Lk. 9, 50; Neues Leben).

Das war eine neue Sichtweise. Eigentlich würde man doch eher denken: Wer nicht für uns ist, ist gegen uns. Doch bei den Jüngern fand hier eine signifikante Veränderung ihrer Denkweise über andere statt. Diese Erkenntnis würde den meisten von uns im Umgang mit Führungskräften aus Wirtschaft, Politik oder Bildungswesen und dergleichen helfen.

Wenngleich dies eine schmerzhafte Lektion gewesen sein muss, musste noch ein weiteres Problem ans Licht kommen, bevor die Lektionen, die den Erfolgserlebnissen folgten, abgeschlossen werden konnten. Das dritte und letzte Problem war das weitaus gravierendste.

Jesus sandte Boten vor sich her, die für ihn und seine Jünger in einem Dorf der Samariter Vorkehrungen treffen sollten. Dort nahm man sie nicht auf. Jakobus und Johannes waren außer sich und schlugen vor, Feuer auf sie herabzurufen.

Als aber seine Jünger Jakobus und Johannes das sahen, sprachen sie: Herr, willst du, dass wir sagen, dass Feuer vom Himmel herabfallen und sie verzehren soll?
(Lukas 9, 54)

Es geschieht sehr leicht, dass wir glauben, in gerechtem Zorn zu handeln, obwohl wir in Wahrheit auf das schmerzhafte Gefühl der Ablehnung reagieren. Ein reifer Christ erkennt den Unterschied. Welche Art von Gottesdiensten müssen die Jünger wohl in ihren Heimatstädten erlebt haben, dass sie eine solche Reaktion für möglich hielten, wenn Jesus ihnen nur grünes Licht gegeben hätte?

In manchen Übersetzungen steht bei der erwähnten Frage der Jünger noch der Zusatz *„wie es auch Elia getan hat?"* (Lk. 9, 54; Schlachter). Die Jünger waren nicht die Ersten, die eine Bibelstelle anführten, um ihr falsches Verhalten zu untermauern.

Seien wir ehrlich. Sich auf den Geist des Mordes einzulassen, ist ein schweres Vergehen. Jesus ging nicht leichtfertig darüber hinweg. Er wies sie wegen ihres Anliegens scharf zurecht und beschnitt wieder einmal ihre falsche Auffassung vom Reich Gottes. Bevor wir uns mit seiner Antwort beschäftigen, wollen wir uns ansehen, was er nicht tat. Er bestrafte sein Team nicht. Er stellte sie hinsichtlich des Dienstes nicht solange aufs Abstellgleis, bis sie begriffen hatten, wie mit denen verfahren wird, die anderer Meinung sind. Ich möchte noch nicht einmal andeuten, dass solche Reaktionen in bestimmten Situationen von Nutzen sind. Für die meisten von uns wäre eine solche Situation zumindest Grund genug für eine kleine „Auszeit". Stattdessen verfeinert Jesus ihre Sichtweise darüber, wie sein Reich funktioniert.

> *Er aber wandte sich um und ermahnte sie ernstlich und sprach: Wisst ihr nicht, welches Geistes* [Kinder] *ihr seid? Denn der Sohn des Menschen ist nicht gekommen, um die Seelen der Menschen zu verderben, sondern zu erretten!* (Lukas 9, 55-56 Schlachter)

Das ist eine erstaunliche Zurechtweisung, wenn man bedenkt, dass die Jünger Elia als Beispiel anführten, um ihre Handlungen zu rechtfertigen. Was Elia tat, geschah durch den Geist Gottes. Was sie in ähnlicher Weise wie Elia tun wollten, war von einem anderen Geist. Die Schlussfolgerung ist, dass es sich um einen bösen Geist handelte. Gleiche Handlung, anderer Geist. Ernüchterung trat ein, als Jesus ihnen neu verdeutlichte, warum er auf die Erde gekommen war. Nicht, um das Leben von Menschen zu zerstören, sondern um sie zu retten. Ich wünschte, mehr Dienste würden dieses Mandat annehmen, anstatt fortwährend zu versuchen, es Elia gleichzutun.

Erfolgreich gemäß Gottes Maßstab

Wenn wir uns die Erfahrungen der Jünger im in ihrem Dienst in Lukas 9 ansehen, würden wohl die meisten von uns zugeben, dass es ein riskantes, herausforderndes Unterfangen war. Im Anschluss an ihren erfolgreichen Dienst korrigierte Jesus jede falsche Herzenshaltung, die ans Licht kam, aber er bevollmächtigte sie auch. Er wies nicht nur auf die Dinge hin, die nicht in Ordnung waren. Er zeigte ihnen zu jeder falschen Herzenshaltung auch seine Sichtweise. Aber das Erstaunlichste von allem, was in dieser Situation geschah, ist das, was nun folgt. Ich erinnere daran, dass es im Originaltext keine Kapitelunterteilung gibt.

Nach diesem aber bestimmte der Herr siebzig andere und sandte sie zu je zwei vor seinem Angesicht her in jede Stadt und jeden Ort, wohin er selbst kommen wollte. (Lukas 10, 1)

Das hört sich für mich seltsam an. Was viele Leiter als Misserfolg bezeichnen würden - die Bevollmächtigung von unqualifizierten Jüngern für den Dienst, was zur Folge hatte, dass sie auf ihren Erfolg mit Arroganz und Elitedenken reagierten und sich auf den Geist des Mordes einließen -, führte dazu, dass Jesus siebzig weitere Jünger mit der gleichen Aufgabe betraute. Es ist offensichtlich, dass Jesus nicht annähernd so nervös ist, dass wir es vermasseln könnten, wie die meisten von uns. Er erweiterte die Teams, die das Gleiche tun würden wie die Zwölf, damit mehr Menschen erreicht werden konnten, obwohl das Risiko bestand, dass es auch vermehrt zu Fehlern kommen konnte.

Anstatt in diese Geschichte hineinzulesen, dass Gott sich nicht um Fehler oder Charakterschwächen kümmert, sollten wir uns ansehen, was ihn bewegt - Mitarbeiter, die arbeiten, um ihn gut zu repräsentieren, indem sie den Gefangenen Freiheit und den Kranken Heilung bringen. Weiterhin ist erwähnenswert, dass Jesus die Denkweise der Jünger korrigierte, indem er ihre Werte und Konzepte neu definierte. Sämtliche Beschneidung geschieht, damit wir mehr Frucht bringen (siehe Joh.15, 2-3). Beschneidung ist naturgemäß eine Bestätigung für Fruchtbarkeit, geschieht aber, damit mehr Frucht hervorgebracht wird.

Eine harte Lektion

Vor vielen Jahren beging einer meiner Leiter einen gravierenden Fehler. Nicht in moralischer Hinsicht, aber es war eine ernste Sache. Ich nahm ihn für eine Zeit lang aus dem Dienst. Ich weiß, dass es Zeiten gibt, in denen ein solches Handeln erforderlich ist. Doch in dieser Situation sprach der Herr hinsichtlich meiner Entscheidung sehr deutlich durch diesen Vers zu mir: *„Und der Geist des HERRN wird über dich kommen, und du wirst mit ihnen weissagen und wirst in einen anderen Menschen umgewandelt werden"* (1. Sam. 10, 6).

Ich glaube, dass der Herr mir dadurch Folgendes zeigte: Wenn ich diesen Leiter von der Salbung Gottes fernhielte, würde ich ihn von dem zurückhalten, was ihn in einen anderen Menschen umwandeln würde. Dieser Schriftstelle entnehme ich, dass Saul dem Herrn nicht ergeben blieb. Das lag jedoch nicht an der Erfahrung an sich. Er nutzte nicht die Gnade, die Gott ihm in diesem Moment zuteilwerden ließ und verpasste das Momentum, das Gott für seinen persönlichen Sieg kreierte. Das ändert nichts an der Wahrheit, dass durch die Salbung Gottes auf uns persönliche Veränderung viel eher möglich ist.

Ich traf mich mit diesem Mann und erklärte ihm, welche Veränderungen ich vornehmen wollte und nannte ihm die Gründe dafür. Er ließ sich darauf ein, was dazu führte, dass er sein Versagen hinter sich ließ und in großer Reinheit wandelte. Das führte schließlich auch zu einem erfolgreichen, angesehenen Dienst.

Wie wir Jüngerschaft verstehen

Ich habe jahrelang versucht, für eine Atmosphäre zu sorgen, in der Menschen träumen und ihr volles gottgegebenes Potenzial ausschöpfen können. Ich habe weder Eigentumsrechte an Menschen noch an deren Gaben. Wenn sie zu unserem Team gehören, muss ich sicher sein, dass sie meine Gesinnung haben, ehe ich sie mit großer Autorität betraue. So halten wir es schon, solange ich zurückdenken kann.

Bei uns gibt es etwas, das ich eine „Erlaubniskultur" nenne. Hier wird Menschen erlaubt, zu träumen und zu experimentieren, wie sie ihre Ziele erreichen und ihre Bestimmung erfüllen können. Sobald die Teammitglieder meinen Traum verinnerlicht haben, möchte ich, dass sie selbst anfangen zu träumen. Ich weiß, dass ihr Traum dann keine Spaltung verursacht, sondern mit unseren Zielen in Einklang stehen wird. Aus diesem Grund ermächtige ich mein Team - abgesehen von wenigen Einschränkungen. Ich tue das mit denen, die sich als treu erwiesen haben, aber oftmals auch mit jenen, die es nicht verdienen. Manchmal richten sie einen Riesenschlamassel an. Ich behaupte nicht, dass das Spaß macht, aber es ist notwendig. Jesus fürchtete sich offenbar nicht vor den Konsequenzen, wenn er seine Jünger bevollmächtigte.

Ich habe festgestellt, dass es das Risiko wert ist, Menschen zu bevollmächtigen. Oftmals schwingen sie sich dann zu Höhen auf, die unsere Erwartungen weit übertreffen. Manche Menschen brauchen einfach jemanden, der an sie glaubt, um ihr Potenzial auszuschöpfen. Es ist das Risiko wert. Und ein Schlamassel kann wieder behoben werden. Diese Sichtweise kann auch im Geschäftsleben oder sogar zuhause angewendet werden.

Ich nenne dir jetzt ein paar hilfreiche Prinzipien:

- Glaube an Menschen, bevor sie es verdienen. Jesus hat den Maßstab für uns ziemlich hoch gesetzt, denn er vertraute Menschen die gute Nachricht vom Reich Gottes an, lange bevor sie sich das Recht dazu verdienen konnten.

- Gib Menschen einen Vertrauensvorschuss. Sei aufrichtig, konfrontiere, aber glaube auch das Beste über sie - solange, bis das Gegenteil bewiesen ist. Falls sich das Gegenteil herausstellt, gib ihnen Raum für Wachstum und Veränderung, indem du an ihre Buße glaubst.

- Diszipliniere so, wie es am besten für sie ist und nicht auf eine Weise, damit du gut dastehst. Korrektur dient nicht dazu, dass wir uns besser oder bestätigt fühlen. Sie muss vollständig zum Wohl anderer und mit Hoffnung für ihre Zukunft erfolgen.

- Sei großzügig im Übertragen von Verantwortung, aber sparsam im Übertragen von Autorität. Ich gebe bereitwilligen Menschen Verantwortung. Autorität gebe ich nur denen, die erprobt wurden und sich bewährt haben. Mein größter Fehler im Dienst bestand darin, dass ich jemandem zu früh Autorität gab. Es kam mich teuer zu stehen.

Training für die Ewigkeit

Seien wir ehrlich. Jesus trainierte Menschen anders, als wir es tun und er war dabei risikobereiter als wir. Aber noch einmal, wir sind es, die sich ändern müssen.

Es steht viel auf dem Spiel. Unsere Methoden sind nicht besser als seine. Er ging mit Menschen Risiken ein, die viele von uns niemals eingehen würden.

Wir versuchen seit vielen Jahren, seinem Beispiel zu folgen – sowohl mit wunderbaren als auch mit katastrophalen Ergebnissen. Wahrscheinlich hätte man mit mehr Weisheit manche Katastrophe verhindern oder eindämmen können. Aber eins steht fest – wir hatten einige wunderbare Ergebnisse, zu denen es niemals gekommen wäre, wenn wir nicht an Menschen geglaubt und sie bevollmächtigt hätten, die es nicht verdient hatten. Die Resultate sind eindeutig: Mehr Menschen wurden geheilt, errettet und befreit; größere Leidenschaft für Jesus und eine tiefere Hingabe untereinander; ein höherer Standard von persönlicher Reinheit und Hingabe an Jesus. Wir werden weiterhin lernen, wie wir die Frucht hervorbringen können, die er verdient.

Kapitel 13

Einzigartige Ausdrucksformen von Anbetung

Eine der häufigsten Fragen, die mir gestellt wird, lautet: „Wie sorgst du für Ausgewogenheit zwischen dem Dienst und der Familie?" Das ist eine gute Frage, die viele christliche Familien beschäftigt, weil wir sowohl im Dienst als auch zuhause, als auch bei der Arbeit und hinsichtlich unseres Engagements in unserer Region treu sein wollen. Die alltäglichen Dinge des Lebens zu handhaben und zuhause für ein gesundes Klima zu sorgen, ist wahrlich eine große Herausforderung. Ehrlich gesagt mag ich das Wort Ausgewogenheit nicht besonders. Neuerdings wird dieses Wort verwendet, um Mittelmäßigkeit zu beschreiben - einen Zustand zwischen Freude und Depression. Ich versuche, diese Frage immer gemäß dessen zu beantworten, was ich selbst im Laufe der Jahre gelernt habe.

Als ich noch jung im Glauben war, gab es in der Gemeinde eine Gruppe von Leitern, die feststellte, was für einen hohen Stellenwert die Familie hat. Es klingt fast komisch, so etwas zu sagen, aber es ist wahr. In früheren Generationen hatten viele ihre Familien für ihren Dienst geopfert, weil sie annahmen, dass Gott diesen Preis von ihnen fordert. Es war aufrichtig gemeint und wurde seinerzeit auch häufig in den Bibelschulen gelehrt. Was dabei herauskam, war absolut tragisch. Diese neue Betonung auf Familie war erfrischend und eine Botschaft, die viele hören mussten. Es gab ihnen die Freiheit, ihren Familien den bevorzugten Stellenwert zu geben, den sie bereits auf dem Herzen hatten. Als frisch verheirateter Mann empfand ich es als sehr ermutigend, dass das Thema „Familie" jetzt so betont wurde. Es gab mir Hoffnung für die Gemeinde, dass viele Leiter jetzt so über die Bedeutung der Familie sprachen, wie meine Eltern es uns gelehrt hatten.

Ich erinnere mich, dass man auf Pastorenkonferenzen aufgefordert wurde, Prioritätenlisten darüber anzufertigen, was für Gott besonders wichtig war. Das Wort Gott stand immer ganz oben auf der Liste. Die Familie stand an zweiter Stelle. Als Nächstes wurden unsere Berufung, unser Dienst und unsere Hingabe an die Gemeinde genannt. Dann folgten Beruf, Hobbys und dergleichen. Wenngleich einige von der genannten Reihenfolge abweichen würden, stelle ich fest, dass Gott logischerweise an erster Stelle steht, gefolgt von unserer Familie und so weiter.

An erster Stelle

Als ich meinen Dienst als Pastor in der Mountain Chapel in Weaverville, Kalifornien, aufnahm, forderte der Herr mich hinsichtlich meiner Prioritäten auf eine Weise heraus, die sehr überraschend war. Mit der damit einhergehenden Entdeckung begann ein Prozess, der mein Leben hinsichtlich der von mir gesetzten Prioritäten – Gott und die Familie – nachhaltig beeinflusste. Meine Entdeckung glich nahezu dem, was einige als ein böses Erwachen bezeichnen würden. Was mir klar geworden war? Wenn Gott die Nummer eins ist, gibt es keine Nummer zwei.

Ein erheblicher Teil meiner Gebets- und Studienzeit drehte sich um meine Familie. Bei den meisten meiner Gebete lag der Fokus auf meiner Familie und ich studierte die Bibel unter dem Gesichtspunkt, wie ich ein guter Ehemann und Vater sein könnte. Nicht, dass ich nicht auch für die Gemeinde oder für unsere Stadt gebetet hätte. Das tat ich sehr oft. Aber meine Familie vereinnahmte mein Herz auf eine Weise, die ich nur schwer beschreiben kann. Ich betete bereits für meine Kinder und deren Ehepartner, als sie im Kindergartenalter waren. Ich forschte in der Bibel nach Verheißungen für meine Kinder und was sie wohl im Leben erreichen würden. Einige dieser Verse lernte ich auswendig oder las sie während meiner Gebetszeiten laut vor. Ich proklamierte diese Verse, wenn ich während der Woche in unserem Gemeindegebäude betend auf und ab ging. Meine Gebetszeiten zuhause wurden von diesem einen Thema in Beschlag genommen – dass meine Kinder Gott lieben und ihm freudig dienen würden. Das war's. Ich hatte das Gefühl, als glücklicher Mann sterben zu können, wenn ich diesen einen Traum erfüllt sehen könnte.

Dennoch brannte mein Herz für Gott auf eine Weise, die ich nur schwerlich beschreiben kann. Ich wollte nur ihn erfreuen. Was andere über mich, über meine Familie oder sogar über die Gemeinde dachten, war für mich nicht besonders wichtig. Ich wollte einfach wissen, dass ich meine Bestimmung so erfüllt hatte, dass ich dem Herrn in jedem Bereich meines Lebens Freude bereitete.

Aber dann bekam ich diesen ungewöhnlichen Auftrag, über den ich noch nie jemanden predigen oder lehren gehört hatte: Wenn Gott die Nummer eins ist, gibt es keine Nummer zwei. Das würde schließlich nahezu jeden Bereich meines Lebens verändern, zeigt sich doch darin Gottes Einstellung zu unserem Leben auf eine Weise, wie es die beste Prioritätenliste niemals könnte.

Es gibt keine Nummer zwei

Ich hatte wirklich den Eindruck, dass ich den Herrn diesen Satz zu mir sagen hörte: „Wenn Gott die Nummer eins ist, gibt es keine Nummer zwei." Das begann einen Sinn für mich zu ergeben, denn solange ich eine Prioritätenliste hatte, musste ich ja meine erste Priorität aufgeben, um mich der zweiten zuzuwenden und so weiter. Diese neue Erkenntnis implizierte, dass ich einzig und allein Gott dienen konnte. Das klingt logisch. Aber die Auswirkungen waren lebensverändernd, denn ich musste lernen, wie diese Bereiche Teil meines Dienstes für Gott werden konnten. All diese anderen Dinge sollten ein ihm dargebrachtes Opfer sein.

Jeder Bereich meines Lebens muss Teil meiner Anbetung Gottes sein. Wenn es etwas in meinem Leben gibt, das nicht Ausdruck meiner Liebe zu Gott sein kann, gehört es nicht in mein Leben.

Dieser Perspektivwechsel veränderte mein Verhalten ganz praktisch, aber mehr noch meine Zuversicht, dass ich Gottes Herz erfreute. Meine Familie hatte für mich immer Priorität. Allerdings war ich mir nicht darüber im Klaren, wie sehr Gott durch meine Liebe zu meiner Frau und meinen Kindern geliebt wurde. Wir können uns keinen Urlaub von Gott nehmen. Ich höre nicht auf, Gott zu dienen, wenn ich Menschen diene. Genau das Gegenteil ist der Fall. Er nimmt es persönlich. Irgendetwas geschieht, wenn du realisierst, dass das, was du tust, dem Vater Freude bereitet. Unsere persönliche Wertschätzung und unsere Zuversicht nehmen rapide zu.

Nur der Anfang

So gelangte ich auf einen Weg, in der Bibel Dinge zu entdecken, die ich zuvor so nicht gesehen hatte. Zum Beispiel: Als Jesus darüber lehrte, einen Gefangenen im Gefängnis zu besuchen oder jemandem ein Glas Wasser zu geben, sagte er: *„Was ihr einem dieser meiner geringsten Brüder getan habt, das habt ihr mir getan!"* (Mt. 25, 40; Schlachter). Unter uns gibt es niemanden, der angesichts des Privilegs, Jesus ein Glas Wasser zu geben, nicht vollkommen aus dem Häuschen wäre. Es ist tatsächlich so, dass Jesus es persönlich nimmt, wenn wir Menschen dienen und liebevoll mit ihnen umgehen. Es ist so, als ob er im selben Raum wäre und wir ihm dienen würden. Ich glaube, dass wir uns seiner Gesinnung weitaus mehr bewusst werden, wenn wir erkennen, wie sehr ihn die Dinge erfreuen, die wir für andere tun. Es ist möglich, Menschen zu dienen, ohne Gott wirklich zu lieben. Genau darum geht es in 1. Korinther 13. Wenn man Gott liebt, ist es jedoch unmöglich, Menschen nicht zu lieben und ihnen zu dienen. Und das Schöne ist, wir lieben Menschen nicht getrennt von Gott, sondern wir lieben sie zu ihm hin.

Wir stehen in Gottes Gegenwart - manchmal stundenweise - und ehren ihn mit Danksagung, Lobpreis und tiefer Anbetung. Es ist ein unermessliches Privileg, dass wir in Gottes Thronsaal eingeladen sind, um ihm zu dienen. An diesem heiligen Ort sagen wir ihm, wie sehr wir ihn lieben. Das nennt man zurecht Anbetung. Er selbst ist es, der dieses Thema erweitert, indem er Folgendes deutlich macht: Immer, wenn wir jemandem etwas Gutes tun, empfängt auch er diese Wohltat. Diese Erkenntnis hilft mir zu realisieren, dass Gott möchte, dass ich alles, was ich tue, als dem Herrn und mit all meiner Kraft tue (siehe Kol. 3, 23). Er nennt das Anbetung.

Ich wusste, dass Anbetung mehr bedeutet, als ihm während eines Sonntagsgottesdienstes Lieder zu singen. Ich ahnte jedoch nicht, dass einen Gefangenen im Gefängnis zu besuchen, ebenfalls Anbetung ist. Ich hatte keine Ahnung, dass Gott es als Anbetung wertet, wenn ich mich um die einfachsten Bedürfnisse meiner Familie kümmere. Vor ein paar Jahren sagte mir jemand, dass die Juden Arbeit als eine Ausdrucksform für Anbetung betrachten. Dieser Gedanke war für mich eine weitere Offenbarung.

Ein neues Verständnis

Diese neue Erkenntnis veränderte ganz viel für mich. Ich konnte jetzt sehen, dass jeder Lebensbereich großartig ist und das Potenzial hat, Gott Ehre zu bringen. Allein schon, dass wir ihm unsere Bemühungen darbringen, heiligt das, was wir zuvor für weltlich, eitel oder banal hielten. Ich erkannte, dass jeder Bereich meines Lebens durch einen ewigen Zweck geheiligt wurde.

So viele Christen glauben, im Dienst zu stehen, würde bedeuten, dass man auf der Kanzel steht und predigt. Glücklicherweise gehört das dazu, ist es doch Teil meines Auftrags. In Wirklichkeit macht es jedoch nur einen sehr kleinen Teil dieses großen Themas aus. Es ist wichtig, dass wir das verstehen. Wenn wir uns nicht darüber im Klaren sind, was unsere Handlungen für Gott bedeuten, empfangen wir weder die Kraft noch die Ermutigung, die Gott uns aufgrund unseres Gehorsams geben möchte.

Wir alle warten auf den Moment, wenn er zu uns sagt: *„Gut gemacht, mein guter und treuer Diener"* (Mt. 25, 23; Neues Leben). Ich weiß, dass es hier um ein zukünftiges Ereignis geht. Aber er vergewissert uns dessen jedes Mal, wenn wir zuversichtlich sagen können, dass wir den Willen Gottes getan haben. Zu tun, woran er Gefallen hat - sei es zu predigen, für Kranke zu beten oder mit der Familie ein Picknick zu machen - erfreut das Herz unseres Vaters, der diese Dinge persönlich nimmt. Es kommt darauf an, in welcher Haltung wir etwas tun. Kranken die Hände aufzulegen, im Garten zu arbeiten und selbst der Besuch eines Junioren-Ligaspiels wird zu einer geistlichen Aktivität, wenn wir diese Dinge für Gott tun. Anbetung heiligt das Opfer.

Eine meiner Prioritäten in puncto Finanzen bestand darin, in die Missionsarbeit - den Dienst des Evangeliums überall auf der Welt - zu investieren. Ich lernte das als junger Mann und achtete es als eines der großen Privilegien für mein Leben. Beni und ich teilten unsere Leidenschaft mit anderen, um sie zu ermutigen, das Gleiche zu tun. Wir sprachen aber nie öffentlich über die Höhe unserer Spenden. Es war uns immer wichtig, das für uns zu behalten. Immer, wenn man Geld als Opfergabe sät, indem man auf eine Gelegenheit mit der Ewigkeit im Blick reagiert, hat man das Gefühl, dafür belohnt zu werden. Das gilt besonders in Situationen, wenn unser Geben uns persönlichen Komfort oder die Erfüllung von Träumen kostet. Ich glaube, dass die meisten meiner Leser darin zustimmen, dass diese Art des Gebens eine geistliche Handlung ist. Doch es gab eine Herausforderung für mich. Ich habe meine Frau und meine Kinder zwar nie vernachlässigt, aber ich hatte nie das Gefühl, etwas Geistliches getan zu haben, wenn ich Geld ausgab, um ihre Bedürfnisse und Wünsche zu erfüllen. Versteh mich nicht falsch, es war mir immer eine Freude und ein Vorrecht das zu tun. Ich hielt diese Dinge jedoch nie für „geistlich". Doch das waren sie. Mir wurde klar, dass es aus der Sicht unseres Vaters etwas überaus Geistliches war, für die Bedürfnisse meiner Familie oder für die Bedürfnisse der Familie eines Missionars Geld auszugeben. Dieses Umdenken half mir, mich an jeder Entscheidung zu erfreuen, profitierte ich doch von der Erkenntnis, soeben den Willen Gottes getan zu haben.

 Gehorsam ist ein Mittel, durch das Gott seinen Kindern Kraft gibt. Jesus sagte es so: *„Meine Speise ist, dass ich den Willen dessen tue, der mich gesandt hat, und sein Werk vollbringe"* (Joh. 4, 34). Das Tun des Willens Gottes nährt die Seele auf die gleiche Weise, wie gesunde Nahrung den Körper nährt und stärkt. Wenn wir nicht wissen, was Gott Freude bereitet, sind wir uns der Kraft und Ermutigung nicht bewusst, die er uns gibt, wenn wir seinen Willen tun. Durch Gehorsam werden Kraft und Zuversicht freigesetzt, aber wir werden auch in unserer Identität in Christus gegründet. Dies sind wahre geistliche Nährstoffe.

Sich der Freude Gottes an den einfachen Dingen des Lebens bewusst zu sein, ist der Schlüssel zu einem gottgefälligen Selbstwertgefühl. Im Gegenzug können wir in der Kraft leben, die uns durch das Essen der himmlischen Mahlzeit namens „Gehorsam" zukommen soll. Das könnte als Leistung auf Kosten von Gnade missverstanden werden. Dem ist aber nicht so. Es handelt sich hierbei viel mehr um eine Handlung der Anbetung, zu der es aufgrund der bereits empfangenen Gnade kommt. Das Resultat ist ein gesundes Selbstbild.

Gehorsam ist der Schlüssel, um unsere Identität zu verstehen und zu bestätigen. Jesus sagt: *„Ich nenne euch nicht mehr Sklaven, denn der Sklave weiß nicht, was sein Herr tut; euch* **aber habe ich Freunde genannt,** *weil ich alles, was ich von meinem Vater gehört, euch kundgetan habe"* (Joh. 15, 15; Hervorhebung hinzugefügt). Es hat gewaltige Auswirkungen auf unser geistliches Selbstwertgefühl, wenn wir uns als Freund Gottes sehen, und das ist auch so gewollt. Doch was uns Zugang zu dieser Freundschaft gab, erfahren wir durch die zuvor getroffene Aussage: *„Ihr seid meine Freunde, wenn ihr tut,* **was ich euch gebiete**" (Joh. 15, 14; Hervorhebung hinzugefügt). Gehorsam macht es erst möglich, ein Freund Gottes zu werden. Wichtig ist auch, dass wir unsere Liebe zu ihm beweisen: *„Wenn ihr mich liebt, so werdet ihr meine Gebote halten"* (Joh. 14, 15).

Wenn wir nicht wissen, dass eine Ausdrucksform unserer Anbetung darin bestehen kann, dass wir uns um die Armen kümmern sowie für Kranke und Gebundene beten, schöpfen wir nicht aus unserer Identität als Freunde Gottes, die berufen sind, die Welt zu verändern. Wir bewegen uns auch dann nicht in dem, was Gott für uns vorgesehen hat, wenn wir nicht verstehen, dass ein Urlaub mit unserer Familie oder der Besuch von musikalischen oder sportlichen Veranstaltungen, an denen unsere Kinder oder Enkelkinder teilnehmen, eine Ausdrucksform unserer Anbetung ist. Es entgeht uns, das Angesicht unseres Vaters wahrzunehmen, der sich über uns freut - und gerade das ist die große Belohnung für dieses Umdenken.

Wenn wir vor dem Herrn stehen, werden wir dabei zusehen, wie er jene ehrt, die Millionen zu Christus geführt oder in einem fremden Land gedient haben, indem sie Menschen die gute Nachricht brachten, die andernfalls das Evangelium nie gehört hätten. Wir werden jedoch auch sehen, dass er sowohl dem Ehepaar einen besonderen Ehrenplatz gibt, das den Großteil seines Lebens damit verbrachte, sich um ein behindertes Kind zu kümmern als auch denen, die immer wieder ihre an Alzheimer erkrankten Eltern oder Großeltern besuchten, obwohl diese sich nie an den vorangegangenen Besuch erinnern konnten. Aus Gottes Perspektive sehen die Dinge anders aus. Nur er kann deutlich sehen, welche Schönheit darin liegt, wenn wir jemandem in seinem Namen ein Glas Wasser geben. Er allein sieht in den einfachsten Aktivitäten das Herz der Anbetung. Und diese Dinge werden von ihm entsprechend belohnt.

Ein rundum gesundes Leben

Damit eine Kultur ganze Städte und schließlich auch Nationen beeinflussen kann, muss sie sich offenkundig in allen Aspekten des Lebens als gesund erweisen – Familie, Arbeit, Freizeit, Ruhe und dergleichen. In den Bereichen, in denen wir erfolgreich sind, werden sich Menschen nach der gleichen Erfahrung sehnen. Konkrete Erfolge des Reiches Gottes ziehen die Massen an. Stell dir eine Stadt auf dem Berg vor, die nachts hell erleuchtet ist. Menschen, die Schutz brauchen, freuen sich, wenn sie die weithin sichtbare Stadt sehen. Sie wissen genau, wohin sie gehen müssen. Wenn wir in den genannten Bereichen Vortrefflichkeit und Erfolg aufweisen, haben wir Einfluss auf unser Umfeld.

Kinder lernen wahrscheinlich durch Spielen mehr als in jeder anderen Lebensphase. Während dieser Zeit lernen sie, dass Lernen Spaß macht und dass es zum Leben gehört, Risiken einzugehen. Sie sind getrieben, höher zu klettern, schneller zu laufen und am lautesten zu schreien. Fahrradfahren macht Spaß, doch dabei belassen sie es selten. Sie versuchen, Rampen hinaufzufahren und durch die Luft zu fliegen. Sie verlagern ihr Gewicht, damit sich das Vorderrad vom Boden hebt und wollen herausfinden, wie lange sie auf dem Hinterrad fahren können. Das alles gehört zum Spiel. Das alles ist Teil des Lernens.

Lachen macht einen großen Teil des Spielens aus und darin unterscheiden sich Kinder von Erwachsenen. Das sollte uns zu denken geben, denn Jesus sagte, wir sollen werden wie die Kinder (siehe Mt. 18, 3). Zu lernen, das Leben in all seinen Facetten zu genießen und zu feiern, ist sehr befreiend. Es setzt uns tatsächlich für unsere Bestimmung frei.

Eine Kultur wird zuhause entwickelt

Eine bestimmte Kultur wird zuerst zuhause entwickelt und erlebt. Bei Ledigen geschieht dieser Prozess durch die Beziehung zu anderen Singles und Familien. Der Punkt ist, dass Kultur im Kleinen geformt wird, bevor sie eine transformierende Wirkung hat. Wir lernten rechtzeitig die Dinge, die für die Erziehung unserer Kinder äußerst wichtig waren. Wenngleich diese Entscheidungen den Lebensstil für uns als Familie betrafen, so sind sie doch für jeden Christen anwendbar und lassen sich sogar auf eine Ortsgemeinde übertragen. Wir haben unsere Kinder bewusst diesen Erfahrungen ausgesetzt:

Barmherzigkeit

Wir wohnten viele Jahre an einer Hauptstraße unmittelbar hinter dem Gemeindegebäude. Viele bedürftige Menschen kamen zu uns an die Tür und baten um Hilfe. Manchmal brauchten sie einen Schlafplatz für die Nacht. Oft haben wir Menschen, die in der Region Weaverville auf der Durchreise waren, einfach aus dem Grund zu uns nach Hause geholt, um ihnen Liebe zu zeigen und ihnen zu dienen. Es besteht immer eine gewisse Gefahr, wenn man einen Fremden mit zu sich nach Hause nimmt. Das bedeutete, dass wir wirklich für Unterscheidung beten mussten, wen wir aufnehmen sollten. Die Sicherheit meiner Familie hat für mich oberste Priorität. Wir dienten Menschen, um ihnen die Liebe Christi zu zeigen. Der Vorteil war auch, dass wir unsere Kinder lehren konnten, was es ganz praktisch bedeutet, Barmherzigkeit für andere zu haben. Sogar ein junges Ehepaar, das bis dato in einem Wohnmobil gelebt hatte, wohnte eine Zeit lang bei uns, nachdem beide Christus angenommen hatte. Im Laufe der Jahre wohnten auch mehrere Pflegekinder bei uns. Sie hatten Furchtbares hinter sich. Es gibt überall Gelegenheiten, um Barmherzigkeit zu zeigen. Dazu braucht es eine bewusste Entscheidung, da wir dazu neigen, uns vor menschlichen Nöten abzuschirmen.

Die Nöte der Welt

Wir fuhren fast jedes Jahr mit unseren Kindern zu einem Waisenhaus in Mexiko. Wir halfen diesem Dienst bei Bauprojekten und evangelistischen Einsätzen. Es war sehr bewegend, den Menschen zu dienen, die auf der Müllkippe lebten. Sie versuchten, ihren Lebensunterhalt mit Dingen zu verdienen, die andere wegwarfen und aßen sehr unappetitliches Essen. Unsere Teams, einschließlich meiner Kinder, brachten ihnen Nahrung, Decken und Kleidung. Die Erfahrung, eine solch schreckliche Armut mit eigenen Augen zu sehen und etwas dagegen zu tun, ist tausend Mal besser, als unseren Kindern zu erzählen, dass wir uns um Menschen in anderen Nationen kümmern müssen. Es heißt, dass 95 Prozent der Einnahmen von Amerikas Kirche für die eigenen Ausgaben verwendet werden. Dieser prozentuale Anteil würde sich vermutlich drastisch ändern, wenn man vor den Nöten der Welt nicht die Augen verschließen würde. Ich weiß, dass es mir so ergangen ist.

Großzügigkeit

Das ist ein zentraler Grundwert meines Lebens. Schon als Kind lernte ich, wie wichtig Großzügigkeit ist. Meine Kinder in diesem Sinne zu erziehen, zählt zu den wichtigsten Dingen, die ich ihnen mitgeben kann. (Das Gleiche gilt für die Gemeinde, deren Pastor ich bin). Großzügigkeit kommt meist im Umgang mit Geld zur Anwendung. Doch es geht auch um Zeit, Worte, Hilfsbereitschaft und dergleichen, um zu zeigen, wie der Vater ist. Es ist äußerst wichtig, dass wir unsere Kinder darin unterweisen.

Heiliger Geist

Wir sorgten dafür, dass unsere Kinder dabei waren, wenn der Heilige Geist auf einzigartige und machtvolle Weise wirkte. Manchmal bedeutete das, dass sie abends länger als für gewöhnlich auf waren. Es war egal. Einer Bewegung Gottes ausgesetzt zu sein, mit der Möglichkeit einer göttlichen Begegnung, ist mir für meine Kinder weitaus wichtiger, als die Frage, wie gut sie den nächsten Tag bewältigen würden. Wenn wir sie lange aufließen, erwarteten wir von ihnen am nächsten Morgen wesentlich weniger. Es ist wichtig, dass unsere Kinder von uns lernen, was wirklich wichtig ist. Und manchmal lernen sie, was wichtig ist, wenn sie sehen, dass Unbequemlichkeiten uns nicht daran hindern, uns beständig nach mehr auszustrecken. Wir sind es ihnen schuldig, dass sie dabei sind, wenn Gott etwas Außergewöhnliches tut.

Wort Gottes

Wir lesen Gottes Wort als Familie. Doch wahrscheinlich genauso wichtig war es, dass unsere Kinder Beni und mich dabei beobachten konnten, wie jeder für sich in der Bibel las. Sie folgen Beispielen eher als Anweisungen.

Anbetung

Das ist der Grund unseres Seins - wir sind Anbeter. Wir haben unsere Kinder belohnt, wenn sie in den Gemeindeversammlungen am Lobpreis teilnahmen. Eiscreme wirkt Wunder. Manche Leute hießen das nicht gut, aber das spielte für uns keine Rolle. Unsere Kinder waren involviert und das hatte Auswirkungen auf ihren Charakter und ihr Verhalten. Schlechtes Verhalten zu korrigieren, aber gutes Verhalten nicht zu belohnen, ist ein falsches System. Sie lernten auch etwas, das viele Erwachsene vergessen haben. *„... denn wer Gott naht, muss glauben, dass er ist und denen, die ihn suchen, ein Belohner sein wird"* (Hebr. 11, 6). Er belohnt. Also muss ich das Gleiche tun, wenn ich ihn gut repräsentieren will.

Gemeinschaft

Wir verbrachten Qualitätszeit mit anderen. Das waren häufig Familien mit Kindern im gleichen Alter wie unsere. Manchmal waren es auch Oma und Opa oder sogar Alleinstehende. Der Punkt war, sie mussten sehen, was es bedeutete, Menschen wertzuschätzen und mit ihnen zu interagieren. Gemeinschaft ist tatsächlich ein gegenseitiger Austausch von Leben. Mit Menschen Zeit zu verbringen, ihnen Wertschätzung zu zeigen, zu lernen, von ihnen zu empfangen und ihnen zu helfen - all das ist hilfreich, um einen hervorragenden Charakter zu formen.

Ruhezeiten

Ich habe eine ziemlich intensive Lebensweise. Mit den erforderlichen Reisen und den Verantwortlichkeiten vor Ort kann es manchmal recht extrem werden. Ausruhen ist eine der wahren Freuden des Lebens. Ich liebe es, Zeit mit meinen Kindern und meiner Frau zu verbringen, um zu entspannen. Manchmal fuhren wir für ein paar Tage weg. Manchmal saßen wir einfach nur zusammen und sahen uns im Fernsehen unsere Lieblingssendung an. Der Punkt ist, Ruhe ist unbedingt notwendig. In einer Leistungskultur wollen Menschen sich entschuldigen, wenn sie Ruhe brauchen. Tu das nicht. Der Herr versorgt dich mit Ruhezeiten. Für mich sind diese Ruhezeiten auch deshalb so wichtig, weil ich mir dann häufig mehr der Gegenwart Gottes bewusst werde und mit ihm auf eine Weise Zwiesprache halte, wie es in der Geschäftigkeit des Alltags nur schwer möglich ist.

Spielen

Wir unternahmen viele Dinge gemeinsam. Es war ein fester Bestandteil unseres Familienlebens, in Parks und auf Spielplätze zu gehen sowie andere Freizeitaktivitäten zu unternehmen. Als unsere Kinder älter wurden, fingen sie an, Sport zu treiben. Es war eine große Freude, sie spielen zu sehen. Wir entwickelten auch gemeinsame Hobbys. Das ist eine wunderbare Möglichkeit, um ins Gespräch zu kommen. Zusammen zu jagen und zu fischen war für uns ebenso selbstverständlich wie das Werfen des Baseballs oder das Fußballspielen auf dem Rasen im Vorgarten. Das ist das Leben. Es sollte gesund sein und Spaß machen – und alles sollte als eine Opfergabe für den Herrn betrachtet werden.

Was wir wissen

Wenn wir Geld spenden, um den Armen zu helfen oder um unsere Gemeinde oder ein anderes Projekt für das Reich Gottes zu unterstützen, wissen wir instinktiv, dass unsere Gabe eine übernatürliche Wirkung hat. Das ist wirklich eine erstaunliche Wahrheit. Das Geld, das wir alle in unseren Händen halten, wurde schon für viele Dinge verwendet. Manches davon war gut, wie Lebensmittel oder Kleidung. Es wurde jedoch auch für Drogen, Pornografie und dergleichen verwendet. Und dieses Geld halte ich nun in meinen Händen. Durch Großzügigkeit kann ich damit den Lauf der Geschichte gestalten, denn es wird gewiss Frucht zur Ehre Gottes bringen. Die profunde Schlussfolgerung lautet, dass etwas Natürliches dadurch, dass wir es geben, übernatürlich wirksam wird. Doch was würde geschehen, wenn wir das Gleiche beispielsweise mit unserer Familienzeit, unserem Arbeitsplan oder unserer Gemeinde tun würden? Es ist das gleiche Konzept. Was immer wir Gott geben, wird übernatürlich wirksam, weil wir es als eine Gabe in seine Hände gelegt haben. Unsere scheinbar so unbedeutenden Bemühungen ähneln sehr dem Mittagessen (die fünf Brote und zwei Fische) des Jungen. Sobald es jedoch in die Hände des Meisters gelangte, wurde das Übernatürliche so effektiv wirksam, dass damit eine Volksmenge gespeist werden konnte. So ist es auch mit jeder Opfergabe, die wir ihm geben, indem wir lernen, ihn in jedem Lebensbereich anzubeten.

Kapitel 14

GROSSZÜGIGKEIT DES HERZENS

Wie ich bereits erwähnte, wurde mir die Bedeutung von Großzügigkeit von Kindesbeinen an vor Augen geführt. Meine Eltern und meine Großeltern waren äußerst großzügig. Manchmal realisieren wir erst dann, wie sehr uns unsere Familienwerte geprägt haben, wenn wir sehen, wie andere Menschen auf ihre Herausforderungen reagieren. Das trifft hinsichtlich dieses Themas auf mich zu. Meine Eltern dienten anderen stets mit ihrem Geld, mit ihrer Zeit und mit guten Taten. Auch mit ihren Worten waren sie großzügig.

Ich habe sie bei uns zu Hause nie über andere negativ reden hören. Ich kann mich nicht daran erinnern, dass sich meine Eltern bei unseren gemeinsamen Mahlzeiten kritisch über eine andere Person äußerten - ganz gleich, ob es sich nun um jemanden aus der Gemeindeleitung handelte, der Spaltung verursachte oder um einen anderen Pastor in der Stadt, der meinen Vater öffentlich kritisierte. Mein Vater verhielt sich in Gesprächen großzügig, weil er ein großzügiges Herz hatte. So leben Könige.

Ich glaube, es ist an der Zeit, dass wir unseren königlichen Auftrag erkennen und die Engherzigkeit in vielen unserer Gespräche unterlassen, die unserer königlichen Berufung nicht würdig sind.

Von Gott hören

Die Kultur des Himmels kann sich in uns nur in dem Maße entwickeln, wie wir in der Lage sind, Gottes Stimme zu hören. Das ist der Schlüssel, damit das wahre Leben für uns beginnt. Wir leben *„von jedem Wort, das aus dem Mund Gottes kommt"* (Mt. 4, 4; Neues Leben).

Der Herr gebrauchte zwei Dinge, um mich zu lehren, wie ich seine Stimme erkennen kann. Das Erste war das Lesen der Schrift. Die Bibel ist das Wort Gottes. Es ist absolute Autorität und enthält die Offenbarung, die wir für jeden Lebensbereich brauchen. Ich sage unseren Schülern: „Die Bibel ist Jesus in gedruckter Form. Erzähl mir nicht, dass du Jesus liebst, aber nicht sein Wort."

Ich bemerkte bereits als junger Christ, dass Gott zu mir sprach, wenn ich in der Bibel las. Es war, als ob Verse, Themen und manchmal auch einfache Sätze sich deutlich abhoben und mein Herz tief berührten. Die Worte wurden buchstäblich lebendig! Oftmals konnte ich nicht erklären, was ich soeben gelesen hatte, weil ich es mit meinem Verstand noch nicht fassen konnte. In meinem Herzen spürte ich stets ein Verlangen nach tieferer Hingabe, nach mehr Ehrfurcht ihm gegenüber und nach einem größeren Hunger nach ihm und seinem Wort. Mein Verstand holte dann irgendwann auf.

Ich wusste jedenfalls genug, um sagen zu können, dass sein Wort mir Leben gab. Es wurde immer offensichtlicher, dass sich in den Seiten der Bibel ein Schatz fand, der weitaus größer war, als ich es zuvor erlebt hatte. Ich kann mich erinnern, dass ich als junger Mann ein Buch aus dem Regal unserer Gemeinde-Bibliothek nahm. Ich war damals kein großer Bücherleser, aber die Aufmachung des Buches war mir aufgefallen. Ich kann es immer noch sehen. Es war sehr alt, vielleicht 15x10 Zentimeter groß - ein weißes, gebundenes Buch mit Golddruck auf dem Cover. Ich schlug willkürlich eine Seite auf, fing aus Neugier an zu lesen und spürte, wie Leben in mich hineinströmte. Mir kam sofort der Gedanke: „Wer hat dieses Buch geschrieben? Das ist großartig!" Als ich nach dem Autor suchte, stellte ich fest, dass ich eine Bibelstelle gelesen hatte, die der Verfasser in seinem Buch angeführt hatte, um seinen Punkt zu untermauern. Das war für mich eine eindrucksvolle Lektion. Gottes Wort gibt Leben. Ich hatte es in diesem Augenblick gespürt. Auch wenn du diese Erfahrung nicht ständig machst, so sensibilisiere dich dafür und freue dich, wenn es geschieht.

Ich höre Leute oft sagen: „Ich weiß nicht mehr, was ich gelesen habe." Meine Antwort ist immer die gleiche: „Ich erinnere mich auch nicht mehr daran, was ich vor zwei Wochen zum Frühstück gegessen habe, aber dennoch hat mich diese Mahlzeit ernährt. Lies einfach in einer Haltung der Hingabe, dann wirst du überrascht sein, was es im Laufe der Zeit in dir bewirkt."

Wenn ich mir Zeit nahm, um zu beten und die Schriftstelle zu studieren, die Gott hervorhob, erläuterte er sie mir und schenkte mir Erkenntnis. Es schien immer darauf hinauszulaufen, dass er seine Wege, sein Herz und seine Ziele für diese Erde offenbarte. Das resultierte stets darin, dass mein Herz noch mehr für sein Wort brannte, und daran hat sich bis heute nichts geändert.

Immer, wenn Gott zu mir sprach, tat er das durch die Schrift, nicht ergänzend zu seinem Wort. Das muss gesagt werden. Manche Menschen denken vielleicht, es sei in Ordnung, der Bibel etwas hinzuzufügen. Das ist es nicht. Niemals. Dann gibt es noch jene, die uns bezichtigen, wir würden Gottes Wort etwas hinzufügen, weil wir glauben, dass Gott auch heute noch zu uns spricht. Beide Standpunkte sind weder wahr noch gesund.

Das Zweite, was Gott gebrauchte, um mich zu unterweisen, wie ich seine Stimme erkennen konnte, war der Bereich des Gebens. Für mich war es faszinierend, dass er mir offenbar stets deutlich machte, welchen Betrag ich in einer spezifischen Situation geben sollte. Mit seinem Reden kommt auch der Glaube, um zu gehorchen. Gemäß dem Herzen Gottes zu geben, ging immer über das hinaus, was mein Verstand mir sagte. Deshalb war Glaube so wichtig. So lernte ich, dass der Glaube durch das Hören kommt (siehe Röm. 10, 17). Für mich war es ungemein wichtig, Gottes Stimme in puncto Finanzen zu hören, denn die Auswirkungen dieser Lektion schwappten schließlich auch auf andere Bereiche meines Lebens über. Seine Stimme zu kennen, ist einer der großen Schätze des Lebens. Einfach gesagt, wenn er spricht, leben wir auf.

Ich erinnere mich, als der Herr zu mir sprach, dass ich einen bestimmten Missionar unterstützen sollte. Die Höhe des Betrages war klar. Ich wusste jedoch, dass wir nicht genug Geld hatten, um diese Summe monatlich geben zu können – aber so lautete die Anweisung des Herrn. Ich gehorchte. Bereits nach wenigen Tagen erhielt ich einen Brief von meiner Autoversicherung mit einer Entschuldigung dafür, dass meine monatlichen Beiträge zu hoch ausgefallen seien. Sie verringerten die monatlichen Beiträge nahezu exakt um den Betrag, den ich zugesagt hatte. Zufall? Vielleicht. Doch wenn ich gehorche, geschehen solche Zufälle offenbar öfter.

Solche schlichten Erfahrungen kommen in meinem Leben durchaus häufig vor. Großzügigkeit als kulturellen Wert zu vermitteln ist notwendig, sollte aber nie auf eine einmalige Handlung reduziert werden. Ein Lebensstil der Großzügigkeit muss gelehrt und vorgelebt werden. Und zwar nicht aus dem Grund, weil die Gemeinde Geld benötigt. Wenngleich stets ein gewisser Bedarf besteht, kommt wahrer Einfluss durch die Art und Weise, wie wir für andere leben. Geld ist eines der Werkzeuge, um das Herz des Vaters zu offenbaren und Großzügigkeit kann das Wertesystem ganzer Städte beeinflussen.

Geburtstage machen Spaß

Vor vielen Jahren fasste ich den Entschluss, an meinem Geburtstag meiner Familie Geschenke zu geben. Wir haben eine große Party und ich verteile Geschenke an meine drei Kinder, ihre wunderbaren Ehepartner und an meine zehn Enkelkinder. Für mich ist es ein Highlight des Jahres. Das ist der Tag, an dem ich mich am ehesten wie der Weihnachtsmann fühle. Es ist einfach ein Riesenspaß. Außerdem habe ich festgestellt, dass meine gesamte Familie meinen Geburtstag liebt. Ha!

Im Lauf des Jahres achte ich auf ihre Interessen, damit ich auf meiner Geburtstagsparty in ihre gottgegebenen Fähigkeiten und Interessen hineinsäen kann. Ich habe nur das eine Leben. Das bedeutet, ich habe nur dieses eine Leben, um zu zeigen, wie unser himmlischer Vater ist.

„Denn so hat Gott der Welt seine Liebe gezeigt: Er gab ..." (Joh. 3, 16; NeÜ)

Großzügigkeit in der Gemeinde

Als ich Pastor der Bethel Gemeinde in Redding, Kalifornien, wurde, stellte ich fest, dass es um die Finanzen der Gemeinde nicht gut bestellt war. Ich wusste, dass Probleme in diesem Bereich oft symptomatisch für Probleme an anderer Stelle sind. Es war für mich offensichtlich, dass ich über dieses Thema lehren musste. Also tat ich das. In den ersten zwei Wochen meiner neuen Aufgabe bei Bethel lehrte ich über das Thema Geld.

Ich habe mir vorgenommen, nie über ein Thema zu lehren, um einen persönlichen Vorteil dadurch zu haben. Das scheint zwar manchmal unvermeidbar, aber ich versuche, die nötigen Rahmenbedingungen zu schaffen, um sicherzustellen, dass die Lehre immer zum Nutzen anderer ist.

Ich lehrte zwei Wochen lang über den Zehnten. Ich weiß, dass in letzter Zeit die Meinung weitverbreitet ist, dass der Zehnte auf dem Gesetz beruht und wir frei vom Gesetz sind. Folglich würde das bedeuten, dass wir vom Zehnten frei sind. Wenngleich das geben des Zehnten nicht Thema dieses Buches ist, möchte ich kurz darauf eingehen.

Zunächst einmal beruht der Zehnte nicht auf dem Gesetz. Es war Abraham, der die Praxis des Zehnten einführte. In der Bibel wird er der Vater des Glaubens genannt (siehe Röm. 4). Viele Jahre später wurde der Zehnte durchs Gesetz und noch weitaus später auch von Jesus persönlich bestätigt. Die Geschichte zeigt, dass das Geben des Zehnten auch die Praxis der frühen Kirchenväter war. Das wiederum zeigt uns, welche Kultur Jesus ihnen gegeben hatte. Folglich lehre ich mit Freude und Zuversicht, dass der Zehnte und Opfer wichtige Ausdrucksformen dessen sind, wie ich die Herrschaft Jesu in meinem Leben anerkenne und ehre. Die Frucht in meinem Leben in diesem Bereich steht außer Frage. Auch in unserem Dienst halten wir es so, dass wir anderen Diensten den Zehnten zukommen lassen – Dienste, von denen wir keinen unmittelbaren Nutzen haben.

Nachdem ich zwei Wochen in der Gemeinde über dieses Thema gelehrt hatte, rief ich zu einem Bußopfer auf. Wenn unsere Buße echt ist, muss sie Frucht bringen. Andernfalls könnte es sich lediglich um eine Momentaufnahme unserer Herzenshaltung handeln. Ich informierte die Gemeinde darüber, dass wir das Geld dieses Opfers nicht behalten würden. Der gesamte Betrag sollte einer anderen Gemeinde in unserer Region zugutekommen. Da es sich um ein ungewöhnlich großes Opfer handelte, war eine tiefe Buße vorangegangen.

Ich rief einen anderen Pastor der Stadt an und fragte ihn, ob wir uns zu einem gemeinsamen Mittagessen treffen könnten. Nachdem wir Platz genommen hatten, übergab ich ihm einen Scheck über eine ansehnliche Summe und erzählte ihm die Geschichte. Als er die Höhe des Betrags sah, sagte er mir, er sei sich nicht sicher, ob es exakt die Summe sei, aber sie entspräche nahezu dem Betrag der Rechnungen, die in seiner Gemeinde noch offen waren. Das war für mich sehr ermutigend. Doch was dann geschah, berührte mich sogar noch mehr.

Er versammelte die Gemeindeleitung und berichtete von unserer Gabe. Die Mitglieder der Gemeindeleitung waren so tief bewegt, dass sie beschlossen, das Gleiche zu tun und das gesamte Opfer des Ostersonntagsgottesdienstes an andere Gemeinden der Stadt zu geben. Dieses Opfer war um ein Dreifaches höher als im Durchschnitt üblich! Sie teilten es auf drei andere Dienste auf. Einer dieser Dienste hatte es sich zur Aufgabe gemacht, Kinder aus der ganzen Stadt mit Bussen zu ihrem speziellen Kinderdienst zu bringen. Die dortigen Mitarbeiter waren von dieser selbstlosen Geste so angetan, dass sie dem Beispiel dieser Gemeinde folgten und ihren besten Bus einer anderen Gemeinde der Stadt gaben, die ebenfalls einen Fahrdienst mit Bussen eingerichtet hatte. Ich hoffe, du verstehst, was ich damit sagen will. Großzügigkeit ist ansteckend. So wird der Vater offenbart und so funktioniert das Reich Gottes. Wenngleich eine einzige großzügige Handlung noch keine Kultur schafft, so gibt sie doch einen Kurs hinsichtlich der Gesinnung, Haltung und Praxis vor, der schließlich zu unserer Kultur wird.

Nationen zu Jüngern machen

Wir müssen sicherstellen, dass wir in größeren Dimensionen denken, als es für uns bequem wäre. Gott hat uns nicht dazu berufen, etwas zu tun, was in eigener Kraft möglich ist oder uns sinnvoll erscheint. Wir sind Kinder eines Königs, dem nichts unmöglich ist. Und er sehnt sich danach, dass wir seine Gesinnung bekommen.

Wie ich bereits erwähnte, werden von Amerikas Kirche etwa 95 Prozent der Einnahmen für die eigenen Ausgaben verwendet. So gesehen liegt unser Fokus darauf, uns um uns selbst zu kümmern. Wir errichten Gebäude, entwickeln Programme und stellen Mitarbeiter ein, um unsere eigenen Angelegenheiten zu regeln. Wenngleich mich dieser Prozentsatz beunruhigt, so gefällt mir das Privileg, für uns selbst zu sorgen, doch sehr. Es ist wirklich eine Freude, die Auswirkungen des Gebens relativ schnell messen zu können, wenn die Menschen, die man liebt und mit denen man Zeit verbringt, am meisten von den Gaben profitieren. Doch gleichzeitig offenbart dieses Verhalten, wie wenig sich die Gläubigen für gewöhnlich unserer internationalen Verantwortung bewusst sind. Jim Elliott, ein Märtyrer für das Evangelium, sagte: „Das Licht, das am weitesten scheint, scheint am hellsten zuhause." Das ist eines meiner Lieblingszitate. Es sagt im Grunde, dass jene, die sich durch Geben, Liebe und Fürsorge nach den Nationen ausstrecken, stets genug haben werden, um den Nöten der Menschen vor Ort zu begegnen. Das ist es, was ich glaube und seit über fünfundvierzig Jahren praktiziere.

Geben durch Gebet

Als wir vor vierzig Jahren eine Gemeinde in dem Bergstädtchen Weaverville, Kalifornien, pastoral betreuten, begann ich damit, diese Gemeinde darin zu unterweisen, für die Nationen zu beten. Ich wusste, wenn die Gemeindemitglieder Gottes Herz für die Nationen annähmen, würde das Geben folgen. Es war ein interessanter gemeinsamer Prozess. Wir begannen freitagabends mit Late-Night-Gebetstreffen. Wir verbrachten immer etwa eine Stunde mit Lobpreis und beteten anschließend für unsere Stadt. Während dieser zweiten Stunde wählten wir dann eine Nation aus, für die wir beteten. Anschließend widmeten wir uns ausgiebig der Fürbitte für diese Nation, indem wir stets für die dortigen Gemeinden sowie für die führenden Politiker des Landes beteten. Unsere Leute setzten das wunderbar um. Selbst wenn sie für diese Nationen keine Vision hatten, gaben sie im Gebet ihr Bestes.

Wir entwickelten nicht nur eine Vision, für Nationen zu beten, sondern ich lud auch befreundete Missionare ein, damit sie uns als Gemeinde an ihrem Herzensanliegen für andere Nationen teilhaben ließen. Das war ansteckend. Der Geist des Gebets kam auf uns, wenn wir für unsere Stadt und anschließend für eine Nation beteten. Sich vom Heiligen Geist im Gebet leiten zu lassen, ist eine großartige Möglichkeit, um zu entdecken, wie Gott für die Nationen empfindet. Jesus brachte uns während dieser Zeit sehr viel bei. Nachdem wir diese Richtung eingeschlagen hatten, dauerte es jedoch noch fünf Jahre, bis eine Frau aus unserer Gemeinde zu mir kam und sagte: „Ich verstehe es. Ich verstehe es endlich!" Ihre Reaktion war tatsächlich ein Hinweis auf einen Durchbruch für uns als Gemeinde. Nicht alles wird vollständig erfasst, nur weil es gelehrt und praktiziert wird. Häufig müssen wir ein von Gott empfangenes Mandat Tag für Tag und Woche für Woche umsetzen, bevor es tatsächlich Teil unserer Identität wird. Das ist der Punkt, an dem wir etwas „Kultur" nennen können. Wenn Werte über einen längeren

Zeitraum praktiziert werden, entsteht eine Kultur. Unsere kleine Gruppe begann, an Nationen zu denken. Und was vielleicht noch wichtiger war, sie entwickelte mehr und mehr den Glauben, dass ein Mensch plus Gott stets in der Mehrheit ist.

Du musst wissen, dass Menschen deshalb in unseren 3.500-Seelen-Ort zogen, weil sie in Rente gingen, sich zurückziehen oder vor etwas flüchten wollten. Das traf zwar nicht auf jeden zu, aber doch auf die große Mehrheit. Der Gedanke, für eine Gruppe von Menschen zu leben, die diese Leute wahrscheinlich nie zu Gesicht bekommen würden, war eine neue und beängstigende Vorstellung. Aber dieses Konzept ist mit den Prinzipien des Reiches Gottes vollständig konform. Wenn man es annimmt, ist dieses Konzept hilfreich, um die Kultur zu definieren, in der du lebst, damit du Einfluss ausüben kannst.

In meinem letzten Jahr als Pastor der Mountain Chapel hatten wir etwa 100 Leute, die irgendwo in der Welt unterwegs waren, um mit dem Evangelium zu dienen. Manche von ihnen waren für eine Woche fort. Andere waren für ein Jahr oder länger im Einsatz. Der Punkt ist, dass Wertschätzung für die Nationen unseren Lebensstil veränderte.

Du bist gesund – und was jetzt?

Wir wollen, dass alle Christen und ihre Familien gesund und produktiv sind. Das ist wahrscheinlich der Grund, weshalb wir die 95 Prozent für uns selbst verwenden. Wir haben eine Vision dafür. Es ist äußerst wichtig, dass ganze Gemeinden gesunde Beziehungen, Produktivität, Prosperität und zweckorientierten Wohlstand vorleben

– Gemeinschaften, in denen Kinder ihre Träume entfalten können und Erwachsene ihnen helfen, in ihre Bestimmung zu gelangen. Unsere Philosophie basiert im Grunde genommen hierauf: Sobald du gesund und glücklich bist, sollst du deine weltverändernde Funktion einnehmen. Dabei spielt es für uns keine Rolle, ob du als Missionar im Ausland, als Zahnarzt oder Allgemeinmediziner, als nicht berufstätige Mutter oder als Pastor die Lücken ausfüllst. Tu das, was du auf dem Herzen hast, und tue es als dem Herrn. Doch sei dir der Bedeutsamkeit deiner Funktion bewusst, wenn Gott deiner Arbeit Leben einhaucht. Träume und gehorche, um herauszufinden, was in deinem Leben möglich ist.

Ich sage es nochmals, Arbeit ist Anbetung. Das ist ein wesentlicher Faktor der Reformation in der Gesinnung und in der Praxis, die sich vor unseren Augen mehr und mehr entfaltet. Ich glaube wirklich, dass dieser Punkt dazu beitragen wird, die größte Erweckung zu bewirken, die diese Welt je gesehen hat.

Eine Kultur der Großzügigkeit

Großzügigkeit macht einen Teil unseres Einflusses in der Stadt und in vielerlei Hinsicht auch auf der ganzen Welt aus. Sobald einer unserer Mitarbeiter in einem Bereich einen Durchbruch hat, „investieren" wir ihn in die Nationen. Er bekommt die notwendige Zeit, um vierteljährlich und in manchen Fällen auch monatlich die erforderlichen Reisen durchführen zu können. Er hat dadurch keine finanziellen Nachteile. Wir haben gelernt, dass man nur das behalten kann, was man weggibt. Und wir wollen unsere Besten geben, damit andere von ihnen profitieren.

Wenn wir das tun, achten wir natürlich stets darauf, dass die Gemeinde vor Ort in einem gesunden Zustand bleibt. Wir geizen einfach nicht mit unseren Leuten.

Unser Engagement für Kellner und Kellnerinnen in unserer Stadt hat ein sehr hohes Level erreicht. In den USA wird für diese Tätigkeit ein geringer Lohn gezahlt. Es sind die Trinkgelder, die ihnen helfen, über die Runden zu kommen. Wir haben über Großzügigkeit in diesem Bereich gelehrt und diese auch praktiziert, solange ich denken kann.

Unsere Kinder praktizierten das sogar schon in ihren Teenagerjahren. Ich weiß, dass sie manchmal nach einem Abendgottesdienst mit Freunden Essen gingen. Sie überprüften, wie viel Geld sie dabei hatten und bestellten dann so, dass sie genug Geld übrig hatten, um ein äußerst großzügiges Trinkgeld geben zu können. Sie brachten ein Opfer, um die Großzügigkeit in ihrem Herzen zu beschützen.

Einige unserer Gemeindemitglieder, die in Restaurants arbeiten, haben uns erzählt, dass wir das Gesprächsthema sind, sobald wir das Restaurant verlassen haben. Die Art und Weise, wie wir diese Mitarbeiter ehren, hat bei ihnen einen nachhaltigen Eindruck hinterlassen. Sogar Restaurantinhaber haben sich bei uns für den positiven Einfluss auf ihr Geschäft bedankt. Einmal besuchte ich mit mehreren Dutzend Leuten eines unserer besseren Restaurants. Am Ende des Abends dankte ich dem Inhaber für den hervorragenden Service, der uns durch seine Mitarbeiter zuteilgeworden war. Seine Antwort überraschte mich ein wenig. „Sie haben sie ausgebildet. Es sind Ihre Leute." Es handelte sich um Menschen, die hinsichtlich der Werte des Reiches Gottes gelehrt worden waren. Sie nahmen sich das Gelernte so sehr zu Herzen, dass sie es auf der Arbeit praktizierten. Sogar Restaurantbesitzer schätzen die Schönheit des Reiches Gottes.

Dieser Lebensstil sollte sich auf alle Bereiche unseres Lebens auswirken – unsere Handlungen, unsere Gedanken, unsere Pläne und unsere Ambitionen. Alles, was wir sind und haben, muss unter die Herrschaft Jesu kommen, um unseren Vater und sein Königreich möglichst präzise zu repräsentieren.

Kapitel 15

DAS REICH DES ÜBERFLUSSES

Im Himmel herrscht die ultimative Kultur des Überflusses. Es ist nicht nur ein Ort, wo es „mehr als genug" gibt, es ist ein Ort der Extravaganz und Extreme. Dass wir seine Welt besser verstehen und lernen, inwieweit dieses Wissen unsere Haltung und Erwartungen prägen soll, ist ein wichtiger Teil des Mandats *„wie im Himmel, so auch auf Erden"*. Ich weiß, dass jetzt einige hier das Wort Materialismus heraushören. Ich verstehe diese Reaktion, gab es doch in puncto „Geld" viele Fehlentwicklungen. Ungeachtet dieser Irrtümer soll dennoch die Realität des Himmels diese Welt durchdringen. Materielle Güter nicht einzusetzen, ist nicht besser, als sie zu missbrauchen. Meiner Meinung nach ist Materialismus eine schlechte Präsentation des Reiches Gottes, weil Gottes Gesinnung dadurch nicht repräsentiert wird.

Pragmatisch und normal

Viele Christen wissen nicht, wie sie ihr Leben ganz praktisch gestalten sollen. Sie wissen um die Bedeutung, einer Gemeinde anzugehören, sich in einem Dienst einzubringen und dergleichen, aber sie wissen nicht, wie pragmatisch Gott ist. Sie widmen ihre Aufmerksamkeit den in ihren Augen geistlichen Dingen, verstehen aber nicht, dass das Natürliche oftmals die unsichtbare Welt offenbart. Als Gott den Israeliten Lebensregeln gab, zeigte er ihnen häufig, wie seine Schöpfung funktioniert. Doch damit seine Schöpfung für sie arbeitete und sie prosperieren konnten, mussten sie die Regeln des Designers beachten.

Es verblüfft mich noch immer, dass Gottes Vorstellung vom Paradies, dem verheißenen Land, einem Ort entsprach, wo sein Volk arbeiten musste. In seinen Augen ist Arbeit eine Freude und ein Ausdruck der Anbetung. Noch einmal, wir entdecken, was es bedeutet, mit Gott zusammenzuarbeiten. Gott haucht unserer Arbeit Leben ein, sodass das Natürliche auf eine Weise übernatürlich produktiv wird, die uns segnet und ihn verherrlicht.

Natürlich lag Gottes Gunst darauf, aber es handelte sich immer noch um Arbeit. Auf diese Weise kreierten die Israeliten Wohlstand. Gottes Konzept vom Leben auf gesegnetem Land bestand darin, hart zu arbeiten und gesegneten Lohn zu empfangen. Gott hatte seine Leute dazu bestimmt, Kopf und nicht Schwanz, Verleiher und nicht Schuldner zu sein, und er gab ihnen die Kraft, Wohlstand zu schaffen (siehe 5. Mo. 8, 18). Diese Realitäten sind heute noch genauso wahr wie eh und je. Was Jesus über Geld lehrte, wird allerdings häufig missverstanden oder falsch angewandt. Tragischerweise hat diese falsche Anwendung von Wahrheit ganze Generationen um ihre Position der Einflussnahme gebracht.

Der praktische Wille Gottes

Als der Apostel Paulus Timotheus über den Willen Gottes für das alltägliche Leben unterwies, wurde er sehr konkret. Er beginnt damit, dem Gebet eine Richtung zu geben und offenbart dann, die wunderbaren Resultate dieses Gebets. In 1. Timotheus 2, 1-4 heißt es:

> *Ich ermahne nun vor allen Dingen, dass Flehen, Gebete, Fürbitten, Danksagungen getan werden für alle Menschen, für Könige und alle, die in Hoheit sind, damit wir ein ruhiges und stilles Leben führen mögen* **in aller Gottseligkeit und Ehrbarkeit.** *Dies ist gut und angenehm vor unserem Retter-Gott, welcher will, dass* **alle Menschen gerettet werden** *und zur Erkenntnis der Wahrheit kommen.* (Hervorhebungen hinzugefügt).

Die Richtung für unser Leben ist einfach, aber wichtig. Bete für alle, die in Hoheit sind - mit Danksagung. Für gewöhnlich ist es ziemlich leicht, für jene zu beten, die in Autorität sind, aber es ist nicht immer leicht, dankbar für sie zu sein. Wenn wir berücksichtigen, dass Paulus zu einer Zeit lebte, in der gewalttätige Führer herrschten, wird uns klar, dass dies weder ungeprüfte Theorie noch eine blumige Anregung war. Seine Erkenntnis hat aufgrund seiner eigenen Erfahrung Substanz. Eine Haltung der Wertschätzung für Führungskräfte zu kultivieren, ganz gleich, ob sie gottesfürchtig sind oder nicht, ist eine Herausforderung. Aber es lohnt sich. Wenn wir dankbar für sie sind, bevor sie es verdienen, qualifiziert sie das für eine bemerkenswerte Heimsuchung Gottes.

Ich weiß von Fällen, wo das praktiziert wurde und die abscheulichsten und niederträchtigsten Führer zu Dienern des Volkes wurden. Ich weiß auch von Fällen, wo Millionen Dollar an Schmiergeldern nur aus dem Grund an die entsprechenden Städte zurückgezahlt wurden, weil Menschen durch ihre Liebe und Respekterweisung die Verantwortlichen an ihren rechtmäßigen Platz des rechtschaffenen Einflusses zurückbrachten. Es steht mir nicht zu, die Namen dieser politischen Führer oder Länder zu nennen. Aber ich kann Ed Silvoso und seinen wunderbaren Dienst für die Transformation von Städten und Nationen empfehlen. Seine Bücher inspirieren jeden Leser, denn sie sind voll von Erkenntnissen und Zeugnissen darüber, wo seine biblische Lehre außergewöhnliche Frucht hervorgebracht hat - wie auch bei den eben genannten Beispielen. Er hat viele dieser Erfahrungsberichte zur Ehre Gottes zusammengestellt. Die solltest du mal lesen!

Sieh dir noch einmal die eben zitierte Bibelstelle an. Gottes Wille ist, dass wir ein ruhiges und stilles Leben führen können. Ruhig bedeutet: ungestört. Still bedeutet: nicht unterbrochen werden. Das wünscht sich Gott für jede Stadt auf Erden - er beabsichtigt, dass unser Wohlbefinden weder unterbrochen noch gestört wird. Das allein sollte bei jedem Leser dieses Buches Anklang finden. In so einer Atmosphäre gibt es eine Zukunft und Hoffnung. Was für ein wunderbares Resultat für jene, die für ihre politischen Führer beten.

Wenn wir die schlichten Dinge feiern können, kann Gott uns mit dem Komplexen vertrauen, weil wir uns davon weder beeindrucken noch kontrollieren lassen. Wenn wir lediglich das Eingreifen Gottes auf außergewöhnliche

Weise erleben, kann das dazu führen, dass wir eine Abhängigkeit vom Spektakulären und nicht von Gott entwickeln. Aus diesem Grund sprechen wir von einem beziehungsorientierten Prozess, denn der Herr prüft unser Herz kontinuierlich dahingehend, ob wir auf ihn ausgerichtet sind oder auf das, was er tut. Das Gewöhnliche - wenn wir es für den Herrn tun -ist dann die Schule für das Außergewöhnliche. Dankbare Verwalter sind stets bereit für die offensichtlicheren übernatürlichen Manifestationen von Gottes Gnade.

Wir sind nicht dazu bestimmt, darauf zu warten, ein solches Leben erst im Himmel zu genießen. Die Art und Weise, wie wir für Leiter beten, beeinflusst das Resultat im Hier und Jetzt. Darüber hinaus erreichen wir durch ein ruhiges und stilles Leben in aller Gottseligkeit und Ehrbarkeit das ultimative Ziel der Errettung von Seelen. Bedenke Folgendes: Der Wille Gottes, der sich durch einen friedevollen Lebensstil offenbart, soll eine dermaßen ansprechende Wirkung haben, dass dadurch *„alle Menschen gerettet werden* und *zur Erkenntnis der Wahrheit kommen"* (1. Tim. 2, 4). Die Errettung von allen Menschen ist unser Hauptziel. Doch selbst das größte aller Wunder, die Errettung einer Seele, schafft die besten Voraussetzungen, um zur Erkenntnis der Wahrheit zu gelangen. Als eine gesunde Gesellschaft sind wir somit in der Lage, auf diesem Lebensstil des Friedens für kommende Generationen aufzubauen. Salomo hatte die Chance dazu, verpasste sie aber aufgrund seiner Sünde. Dieses Wissen versetzt uns in die Lage, eine gottgefällige Kultur zu entwickeln und zur Freude zukünftiger Generationen ein Momentum zu kreieren.

Für Schönheit und Freude geschaffen

Gottes Herz schlägt besonders für Schönheit und Freude. Er schuf alle Dinge, um sich daran zu erfreuen und damit sich seine Schöpfung an ihm erfreut. Losgelöst von ihm gibt es keine Freude, Schönheit oder Wonne, die das Verlangen unseres Herzens zufriedenstellen kann.

Er entwarf den Sonnenaufgang und den Sonnenuntergang. Die Sterne leuchten aufgrund seines Befehls - sie offenbaren seine Freude an den Söhnen und Töchtern Gottes. Er kreierte das Lächeln eines Babys und das Lachen der Alten. Er ist der Gott der Schönheit und des Designs und hat uns die Aufgabe zugedacht, mitzuwirken und dem, was er gemacht hat, unseren Stempel aufzudrücken. Ebenso wie Adam allen Tieren Namen gab, hat Gott uns die kreative Aufgabe gegeben, die Schönheit seiner Schöpfung zu mehren. Das offenbart sowohl seine Freude an diesem Prozess als auch sein überfließendes Herz.

Wohlergehen der Seele

Dieses Thema wird im 3. Johannesbrief offen angesprochen, aber es finden sich dazu auch in der gesamten Bibel Hinweise, insbesondere in den Psalmen.

> *Mein Lieber, ich wünsche dir in allen Dingen Wohlergehen und Gesundheit, so wie es deiner Seele wohlgeht!* (3. Johannes 2 Schlachter)

Die Implikationen sind so gehaltvoll und erfüllend, dass ich dieses Verses nie müde werde. Ich liebe es zu sehen, wie sich ein Bereich unseres Lebens auch auf andere Lebensbereiche auswirkt. Unser Innerstes, in diesem Fall eine überfließende Seele, hat auf unsere Außenwelt Auswirkungen in den Bereichen Gesundheit und Finanzen. Wir erlangen Weisheit, wenn wir diese Prinzipien beachten. Das ist wirklich bemerkenswert. Gott möchte, dass ich innerlich gesund bin und weiß, dass dann auch im natürlichen Bereich viele Dinge geregelt werden.

Unsere Seele wird zumeist definiert als unser Wille, unser Verstand und unsere Gefühle. In diesen drei Bereichen sollen wir erfahren und entdecken, was Wohlergehen aus Gottes Perspektive bedeutet.

Wille

Wie sieht das ganz praktisch aus, wenn wir hinsichtlich unseres Willens gesund und erfolgreich sind? Viele Menschen wollen das Richtige tun, aber sie stehen unter Druck, weil für sie die Meinung anderer zählt. Natürlich ist ein verhärtetes Herz nicht die Lösung, denn wir schätzen guten Rat. Es gibt jedoch eine Form der Menschenfurcht, die Menschen lähmt, kühn zu sein und Gott zu gehorchen. Wegen dieses Drucks tun sie sich schwer, sich für das Richtige zu entscheiden. Jesus kam im Zusammenhang mit unserem Glauben auf dieses Problem zu sprechen. *„Wie könnt ihr glauben, die ihr Ehre voneinander nehmt und die Ehre, die von dem alleinigen Gott ist, nicht sucht?"* (Joh. 5, 44). Wir gehen hinsichtlich unseres Glaubens immer dann Kompromisse ein, wenn uns die Anerkennung von Menschen wichtiger ist als die Anerkennung Gottes. Ein Mensch mit einer gesunden Seele verfolgt keine Interessen, die ihn daran hindern würden, den Willen Gottes zu tun. Er hat anderen gegenüber keine ungesunden Verpflichtungen. Ein Mensch mit einer gesunden Seele hingegen weiß um den Wert von gutem Rat und wie man vom Mut anderer profitiert. Manchmal erleben wir unsere größten Durchbrüche aufgrund unserer Partnerschaft mit vertrauten Freunden. Es ist eine kluge Entscheidung, mit Menschen Gemeinschaft zu haben, die uns stärker machen. So bekommen wir die nötigen Impulse für großen Glauben und sind, wenn nötig, auch in der Lage, allein im Glauben zu stehen.

Verstand

Wie zeigt sich, dass es unserem Verstand gut geht? Es wurde schon unzählige Male gesagt, dass das Schlachtfeld in unseren Gedanken ist. Das stimmt. Dieses Wissen verschafft uns den Vorteil, dass wir uns der Tatsache bewusst sind, dass der Feind unserer Seele darauf abzielt, dem Wort Gottes zu widersprechen, um uns vom Willen Gottes abzuhalten. Jemand mit einem gesunden Verstand ist nicht nur unempfänglicher für Lügen, er denkt auch kreativ. Um es mit einem Bild aus der Buchhaltung zu beschreiben - wir sind nicht länger in den roten Zahlen (Schulden), sondern wir schreiben schwarze Zahlen (Gewinn). Immer, wenn wir mit Sorgen oder Ängsten beschwert sind, sinkt die Wahrscheinlichkeit, dass wir frische, kreative Lösungen finden und uns auf ein gottgegebenes Abenteuer einlassen, für das uns die Tür offen steht. Der Teufel zielt insbesondere darauf ab, uns durch Alltagsprobleme in Sorge zu versetzen. Wenn ich ängstlich werde, ist es ihm durch von ihm eingegebene Gedanken gelungen, mich meiner Fähigkeit zu berauben, unseren Vater, den Schöpfer aller Dinge, zu repräsentieren. Der Befehl *„Fürchte dich nicht"* ist das häufigste Gebot in der Bibel. Diese Anweisung wird deshalb so oft wiederholt, weil Angst das wichtigste Werkzeug des Feindes ist, uns von unserer Bestimmung abzuhalten. Ängste plagen den Verstand mit unnötigem Marschgepäck und hindern uns an den kreativen Ausdrucksformen, für die wir geschaffen wurden.„*... die vollkommene Liebe treibt die Furcht aus*" (1. Joh. 4, 18). So wichtig diese Aussage ist, muss sie für uns mehr sein als eine biblische Wahrheit. Sie muss zu unserer Erfahrung werden, damit die Furcht tatsächlich ausgetrieben wird. Du weißt, dass das geschehen ist, wenn dein Vertrauen in Gott dein Gedankenleben bestimmt.

Gefühle

Wie sieht ein gesundes Gefühlsleben aus? Zunächst einmal beginnt es damit, wie wir mit unserer Vergangenheit umgehen. Alles, was war, ist unter dem Blut Jesu. Das heißt, mir wurde vergeben und ich stehe vollkommen rein vor dem Vater. Wir müssen unsere Vergangenheit so sehen, wie unser Vater sie sieht – durch das Erlösungswerk Jesu. Betrachten wir unsere Vergangenheit losgelöst vom Blut Jesu, unterwerfen wir uns einer emotionalen Erfahrung, die mit der Realität nichts mehr zu tun hat. Es handelt sich um eine Täuschung. Denk einmal darüber nach. Wenn ich Buße getan und Jesus angenommen habe, wurde mir vergeben. Jede Betrachtungsweise meiner Vergangenheit, die meine Vergebung nicht mit einschließt, ist unzutreffend. Jedes Mal, wenn ich zurückschaue, muss ich auch die Gnade Gottes im Blick haben. Andernfalls unterwerfe ich mich einer Täuschung, denn ich beschäftige mich mit etwas in meiner Erinnerung, das nicht mehr existiert. Zu wissen, dass uns vergeben wurde und uns selbst zu vergeben, sind Schlüssel für gesunde Emotionen. Der Teufel arbeitet daran, uns in Schuld, Scham und Bedauern zu halten. Darauf liegt der Fokus des Feindes, handelt es sich doch um Bereiche, zu denen ich keinen legalen Zugang habe, weil Jesus sie mit seinem Leben erkauft hat. Richte ich meine Aufmerksamkeit losgelöst vom Blut Jesu auf meine Vergangenheit, kann ich sichergehen, in ständiger Frustration zu leben. Es ist wie ein Juckreiz, den man nicht kratzen kann. Du hast keine Möglichkeit, die Vergangenheit zu reparieren, die bereits repariert worden ist. Gesunde Emotionen basieren auf einem Zustand vollkommener Wiederherstellung.

Wenn wir in unserem Herzen wirklich gesund sind, kann jede Person aus unserer Vergangenheit den Raum betreten, ohne dass wir in unserem Glauben schwanken.

Es ist auch richtig, dass emotional gesunde Menschen dazu neigen, sich darauf auszurichten, was Gott über sie gesagt hat. Es tut nicht nur unserem Verstand gut, über das Wort Gottes nachzusinnen. Es ist auch gut für unser Herz. Es stärkt uns emotional so, dass wir vor emotionaler Gesundheit förmlich überfließen.

Menschenfurcht

Erlaube mir, noch ein paar Bemerkungen über Menschenfurcht zu machen, ist sie doch ein Hauptgrund für seelische Armut. Zunächst einmal ist es äußerst wichtig, sich darüber im Klaren zu sein, dass der Teufel nichts erschaffen kann. Er kann nur verfälschen. Wenn er mich nicht durch eine Schwäche zu Fall bringen kann, versucht er mich dazu zu bringen, meine Stärken missbräuchlich einzusetzen. Petrus war für seine Kühnheit bekannt. Diese Gabe wurde missbraucht, als er eine unpassende Bemerkung machte – er wies Jesus wegen der bevorstehenden Kreuzigung zurecht und bekannte später kühn, Jesus nicht zu kennen. Seine Gabe war unausweichlich mit seinem persönlichen Versagen verknüpft. Als diese Gabe jedoch unter der Herrschaft Jesu eingesetzt wurde, sehen wir, wie er vor Tausenden von Menschen – viele von ihnen waren Spötter – kühn das Evangelium verkündigte. Das Resultat war, dass sich mehrere Tausend Menschen bekehrten. Die Menschen, die sich am meisten mit Menschenfurcht herumschlagen, haben für gewöhnlich eine ausgeprägte Unterscheidungsgabe. Sie können ungewöhnlich gut die Ideen, Meinungen und Überzeugungen anderer erkennen. Gebraucht jemand diese Gabe richtig, ist er in der Lage, anderen gut zu dienen, denn er weiß um die fragilen Bereiche des Herzens. Agiert er mit dieser Gabe jedoch nicht unter der Herrschaft Jesu, gerät er mit dem, was er erkennt, unter den Einfluss eines unerlösten Verstandes. Wird diese Unterscheidungsfähigkeit richtig eingesetzt, macht man sich nicht mehr von der Meinung anderer abhängig. Stattdessen kann man denen dienen, die dazu neigen, andere durch ihre Einstellung zu bestimmten Themen zu kontrollieren. Der entscheidende Faktor ist, dass die Gabe unter der Herrschaft Jesu eingesetzt wird. Das ist der Schlüssel für eine gesunde Seele.

Überragendes Wohlergehen der Seele

Wenn Gott vom Wohlergehen der Seele spricht, gibt es keine Grenze hinsichtlich dessen, was er uns allen zugänglich gemacht hat. Sein Reich ist ewig und ohne Grenzen.

Sein Wunsch für unser Innenleben übersteigt unsere Vorstellungen über den reichsten Menschen der Welt. Bill Gates beispielsweise hat sich aus dem aktiven Berufsleben bei Microsoft zurückgezogen, nur um herauszufinden, wie er sein Vermögen verschenken kann. Er hat einige der reichsten Menschen der Welt zu diesem ehrenhaften Lebensstil als Philanthrop aufgefordert. Ist es möglich, eine so reiche Seele zu haben, die dem entspricht, was diese Menschen an Geld besitzen? Ich denke schon. Ich kann mir nicht vorstellen, dass jemandes Reichtum, einschließlich Salomos Reichtum, das übersteigt, was Gott für das Innenleben eines jeden Christen vorgesehen hat.

Wir wollen uns jetzt das Dilemma der Philanthropen etwas genauer ansehen. Sie stehen vor der Herausforderung, Geld verantwortungsvoll zu verschenken. Sie wissen aus erster Hand von Tragödien, zu denen es kommt, wenn zu viel Geld in die falschen Hände gelangt. Geld wird zum Treibstoff für Selbstzerstörung. Kommt es aber in die richtigen Hände, wird die gleiche Summe Geldes zum Baustein für eine bessere Zukunft - oftmals für ganze Städte oder sogar Länder. Jetzt stell dir einmal vor, wie sich ein extremer Reichtum unseres Innenlebens äußert. Kann es sein, dass Paulus dabei folgende Aussagen im Sinn hatte?

> *Wenn ihr zusammenkommt, so hat ein jeder einen Psalm, er hat eine Lehre, er hat eine Offenbarung, er hat eine Zungenrede, er hat eine Auslegung. Lasst es alles geschehen zur Erbauung!*
> (1. Korinther 14, 26 Luther)

Das Reich des Überflusses

Das Wort des Christus wohne reichlich in euch; in aller Weisheit lehrt und ermahnt euch gegenseitig! Mit Psalmen, Lobliedern und geistlichen Liedern singt Gott in euren Herzen in Gnade! (Kolosser 3, 16)

Siehst du es? Wenn wir uns versammeln, sollen wir vorbereitet kommen, um etwas zur Ermutigung und Stärkung anderer weiterzugeben. Das ist ein Bild für Menschen mit einem gesunden Innenleben. Ihr Herz ist so überfließend, dass sie sich bereits vorab darauf vorbereiten müssen, wie sie das weitergeben können, was ihnen gegeben wurde. Dabei kann es sich um ein ermutigendes Wort oder um eine biblische Verheißung handeln. Vielleicht bedeutet es aber auch, jemandem die Hände für Heilung aufzulegen oder den Frieden Gottes freizusetzen. Die Anwendungsmöglichkeiten dieser Wahrheit sind grenzenlos. Es bedeutet aber nicht, dass die wohlhabende Seele nicht länger empfängt, denn das würde unsere Kraft und unseren Mut wiederum einschränken. Wenn wir lernen, beständig zu empfangen, intensivieren wir unsere Kraft und leben in dem Bewusstsein, Teil eines Leibes zu sein. Es bedeutet jedoch, dass wir aufhören, allein aus dem Grund zu kommen, um etwas zu empfangen.

Gott möchte, dass wir eine gewisse Reife haben. Ein Baby bekommt sämtliche Aufmerksamkeit. Wenn es schreit, kommt sofort jemand und kümmert sich. Es steht im Fokus der Familie und das zu Recht. Verhält sich jedoch ein 20-jähriger wie ein Baby, ist das nicht mehr niedlich. Reife lässt sich zum Teil daran messen, inwieweit wir in der Lage sind, etwas für unser Umfeld beizutragen. Unsere Reife steht so unmittelbar im Zusammenhang mit einem reichen Innenleben, dass sie sich daran messen lässt, was wir geben und inwieweit wir andere stärken.

Sieh genauer hin

Wir wollen uns diesen Vers noch einmal ansehen:

Mein Lieber, ich wünsche dir in allen Dingen Wohlergehen und Gesundheit, so wie es deiner Seele wohlgeht! (3. Johannes 2 Schlachter)

Anhand dieser Schriftstelle wird deutlich, dass das Maß unseres äußerlich sichtbaren Segens zutiefst mit dem zusammenhängt, was in unserem Inneren passiert. Ich möchte es noch genauer spezifizieren. Was in uns geschieht, hat unmittelbare Auswirkungen sowohl auf unsere Finanzen als auch auf unsere Gesundheit. Das ist der biblische Befund.

Selbst Nichtchristen haben sich diese Realität zunutze gemacht. Ich weiß, dass Menschen, die eine tödliche Krankheit hatten, die Entscheidung trafen, sich kontinuierlich lustige Filme anzusehen. Sie haben buchstäblich wochenlang gelacht und schließlich festgestellt, dass ihre Krankheit verschwunden war.

Ich habe Randy Clark einmal sagen hören: „Ebenso, wie Weinen zur Buße gehört, gehört das Lachen zur Errettung." Das ist deshalb eine so machtvolle Aussage, weil es beide Ausdrucksformen in eine logische Zuordnung bringt. Dennoch lehnt die Gemeinde es häufig ab, wenn Freude in den Versammlungen zum Ausdruck gebracht wird - es heißt dann, dies sei unbiblisch oder ungeordnet. In der Bibel heißt es: *„Fülle von Freuden ist vor deinem*

Angesicht ..." (Ps. 16, 11). Kann es sein, dass die biblische Beschreibung von *„Fülle von Freuden"* Lachen mit einschließt? Ist Lachen nicht zumindest Teil dieses umfassenden Themas? Ich glaube schon. Wir leiden in unserem Innenleben, weil wir letztendlich Gottes Rezept für Freude keinen Raum in unserem Leben geben. Lachen ist die beste Medizin (siehe Spr. 17, 22) und *„Das Reich Gottes ist ... Gerechtigkeit und Friede und Freude ..."* (Röm. 14, 17).

Zwei Drittel der hier genannten Attribute des Reiches Gottes sind spürbar - Friede und Freude. Sich an Gott und seinem Reich zu erfreuen, ist der Schlüssel zu einem gesunden Innenleben. Aufgrund der Beschaffenheit seines Reiches haben wir das Mandat, eine entsprechende Kultur aufzurichten und zum Ausdruck zu bringen.

Wohlstand hat einen Zweck

Ich finde es interessant, dass ein biblisches Thema wie Wohlstand so starke Reaktionen auslösen kann. Für gewöhnlich folgt der Reaktion auf einen Irrtum ein weiterer Irrtum. Doch in diesem Fall ist der Fehler für unsere Mitstreiter und Freunde gesellschaftlich akzeptabler. Doch es bleibt dennoch ein Irrtum. Es ist unerlässlich, auf ein biblisches Thema mit Lernbereitschaft zu reagieren, um sich jenen Themen richtig zu nähern, die uns falsch oder missbräuchlich gelehrt wurden. Eine überhastete Reaktion bewirkt fast nie, was wir uns erhoffen, wenngleich wir uns dadurch engagiert und würdig fühlen.

Jeder Christ sollte das Ziel haben, ein guter Verwalter von Segen und Wachstum zu sein. Wenn Überfluss ein normaler Ausdruck des Reiches Gottes ist, sollten wir uns darauf vorbereiten, indem wir dafür beten und Themen zu den Bereichen studieren, in denen wir Gottes Segen erwarten.

Die zwei offensichtlichsten Themen in 3. Johannes 2 sind Geld und Gesundheit. Ich glaube allerdings, dass es richtig ist, dieses Prinzip beispielsweise auch auf Beziehungen, unser Vermächtnis, das Gemeindeleben und auf das Gesundheitswesen anzuwenden. An dieser Stelle belasse ich es aber bei den beiden offensichtlichsten Themen. Für den richtigen Umgang mit Geld im Reich Gottes ist es erforderlich, dass ich darüber nachdenke, wie ich durch mein Geben, mein kluges Haushalten und Investieren einen ewigen Einfluss haben kann. Jede Handlung kann dem von Gott empfangenen Überfluss Definition und Zweck verleihen. Wenn es um Gesundheit geht, muss ich mich gut um den Körper kümmern, der mir gegeben wurde. Für Beni und mich bedeutet das, dass wir gesunde Naturkost zu uns nehmen, Sport machen, geeignete Nahrungsergänzungsmittel nehmen und wir achten auf unsere Ruhezeiten. Diese Maßnahmen sind wichtig für den Erhalt einer gesunden Lebensweise. Es ist interessant, dass viele Leute, die niemals stehlen oder Ehebruch begehen würden, kein Problem damit haben, unser Bedürfnis nach der Sabbatruhe zu ignorieren. Diese Anweisung steht auch auf der Liste der Gebote. Gesundheit an Geist, Seele und Leib steht zutiefst im Zusammenhang mit unserem Gehorsam gegenüber seinen Geboten.

Eine persönliche Anmerkung

Ich habe meine Freude daran, im Verborgenen zu sein. Strebe nicht danach, bekannt zu werden. Einen hohen Bekanntheitsgrad zu haben oder gar von vielen gefeiert zu werden, ist nicht unbedingt eine gute Sache. Wenn wir einmal vor Gott stehen, werden wir die Momente am meisten schätzen, in denen wir Gott geehrt haben und niemand es gesehen hat. Schätze die Verborgenheit, solange er dir erlaubt, darin zu verharren. Freue dich aber auch, wenn der Herr dich bekanntmacht, denn das ist ein Werk Gottes. Seine Beförderungen sind wunderbar und haben keine negativen Auswirkungen. Es steht jedoch den Absichten Gottes für unser Leben im Weg, wenn wir unbekannt bleiben und keine Verantwortung übernehmen wollen. Nimm die Phase an, in der du dich gerade befindest.

Wenn ich in einer Zeitschrift einen Artikel über eine Veranstaltung finde, bei der ich eine bedeutende Rolle spielte und mein Name erwähnt wird, sage ich Dank für diese Ehre. Ich habe gelernt, dass mit der Zunahme von Gunst auch eine Zunahme von Widerstand einhergeht. Um es mit den Worten von Bob Weiner zu sagen: „Je mehr Einkommen, desto mehr Steuern." Das ist auch meine Erfahrung. Wird mein Name jedoch nicht erwähnt, freue ich mich darüber mehr, als wenn ich namentlich erwähnt werde. Wähle sorgfältig, was dein Herz bewegen darf.

Segen hat eine anziehende Wirkung

An dieser Stelle ist es vielleicht hilfreich, an etwas zu erinnern. Das Gebet in Psalm 67 ist eindeutig: *„... segne (mich) ... dass man auf der Erde erkenne deinen Weg, unter allen Nationen deine Hilfe!"* (Ps. 67, 2-3; Klammer hinzugefügt). Wenn Menschen sehen, dass wir ein sehr begünstigtes Leben führen, fühlen sie sich zu dem Gott hingezogen, dem wir dienen. Wir sollen unser Leben unter der Herrschaft eines perfekten Vaters führen. So wird all jenen, die unser Leben betrachten, die Kultur des Himmels ganz praktisch vor Augen geführt. Die einzige Bibel, die einige Menschen jemals lesen werden, ist das vorbildliche Leben eines Kindes Gottes. Lasst uns sicherstellen, dass das, was sie lesen, den Herrn gut repräsentiert.

Kapitel 16

PERSÖNLICHE ERFÜLLUNG UND DAS KREUZ

Das Herz des Vaters zu offenbaren, ist der Schlüssel zum Aufbau einer Kultur mit einem Wertesystem, das die Kultur des Himmels widerspiegelt. Wir können das unmöglich erfolgreich umsetzen, wenn wir die Dinge ignorieren, die Gott nicht ignoriert. In diesem Fall müssen wir auf die Erfüllung unserer persönlichen Bestimmung achten. Diese wird durch die Herzenshaltung hingegebener Christen offenbar.

Ein Bereich, der für uns einen hohen Stellenwert hat, ist Freude, Spaß und Vergnügen. Ich weiß, das klingt für viele nicht besonders christlich. Doch ich glaube, das ist es, wenn es in der richtigen Art und Weise geschieht. Für diese Dinge hat er uns geschaffen und wenn wir entsprechend leben, wird er durch uns verherrlicht.

Ich habe vor langer Zeit herausgefunden, dass ich meine Aktivitäten neu bewerten muss, wenn ich keinen Spaß mehr daran habe. Das heißt aber nicht, dass alles im Leben ein Vergnügen ist. Dem ist nicht so. Auf unserem Weg findet sich jedoch immer Freude, weil Freude immer eine Ausdrucksform des Reiches Gottes ist (siehe Röm. 14, 17). Und das Reich Gottes ist immer gegenwärtig - Freude ist immer in Reichweite.

Unsere Beziehung zu Gott muss die Frucht seines Wesens tragen und das ist die vollkommene Freude an uns und an seiner Schöpfung. Es steht geschrieben, dass Jesus mehr Freude hatte, als alle seine Gefährten zusammen (siehe Hebr. 1, 9; Joh. 15, 11). Und diese Freude brachte er auf dem Weg zum Kreuz zum Ausdruck. Wenn jemals jemand eine Entschuldigung dafür hatte, keine Freude zu haben, dann Jesus, als ihm die Kreuzigung bevorstand. Er setzte den Maßstab und er allein ist es wert, dass man ihm nachfolgt.

Der Wert von Humor

Je länger man auf dieser Erde lebt, desto offensichtlicher wird es, dass wir dem Humor großen Wert beimessen. Wir lachen oft - über unsere Scherze, über unsere Fehler, ja über fast alles. Lachen verschafft uns eine große Atempause von den alltäglichen Dingen des Lebens.

In meinen jungen Jahren war ich sehr intensiv und ernsthaft in meinem Bestreben, Jesus nachzufolgen. Ich glaube, mein Bild von Jesus ähnelte mehr *Commander Spock* aus Raumschiff Enterprise, als dem, was die Bibel über ihn aussagt. Was könnte schließlich noch ernster sein, als Heiligkeit, als die Hölle und es in den Himmel zu schaffen? Als wir frisch verheiratet waren, sagte Beni mir regelmäßig, dass ich einen Spaziergang machen sollte, um zu beten. Sie wusste, dass ich weniger angespannt war, wenn ich Zeit mit Jesus verbracht hatte. Ich dachte, dass wahre Jünger Jesu sich so verhielten - sie strengten sich an, waren fokussiert und nahmen alles im Leben sehr ernst. Doch das hat nicht funktioniert. Ich war unglücklich und entschlossen, auch alle Menschen in meinem Umfeld unglücklich zu machen. Ich war der Auffassung, dass Heiligkeit so aussah und dass wir auf diese Weise beweisen konnten, Jünger Jesu zu sein. Das hört sich heute lustig an, aber es war noch extremer, als ich tatsächlich zugeben möchte. Schließlich begriff ich, dass Zeiten in der Gegenwart Gottes mich nicht verbissener und selbstkritischer werden ließen. Ich kam gestärkt und froh aus diesen Gebetszeiten. Und weil die Freude am Herrn unsere Stärke ist (siehe Neh. 8, 10), kann man sagen, dass wir nur so stark sind wie unsere Freude.

Das Herz Gottes für unsere persönliche Erfüllung im Leben ist größer, als wir uns vorstellen können. Deshalb hat er einen Bund mit uns geschlossen, weitaus mehr zu tun, was wir erbitten oder verstehen können (siehe Eph. 3, 20). So ein Vater ist er. Doch das Reich Gottes funktioniert anders, als alles, was wir gewohnt sind. Deshalb geschieht es leicht, dass unser Verstand zu einem gegenteiligen Schluss über Gott kommt.

In seinem Reich verhalten wir uns so: Wir verleugnen unser Fleisch; geben aufopferungsvoll; zeigen Kühnheit, wenn es dadurch zu Widerstand kommt; leiden, weil wir das Richtige tun; akzeptieren, missverstanden zu werden und vieles mehr. Die Liste von spezifischen Handlungen und Haltungen, die scheinbar keineswegs zu unserer persönlichen Erfüllung beitragen, ist lang. Sehr lang. Doch das Herz des Vaters bleibt darauf ausgerichtet, dass wir Erfüllung finden. Doch dazu kommt es nur auf seine Weise. Würde er unsere Wünsche ehren, ohne dass wir ihm ergeben sind, würde er eine Neigung zur Fleischlichkeit in uns fördern. Das jedoch wäre die schlechteste Grundlage, um seine ewigen Absichten zu verwirklichen. Er ist ein wesentlich besserer Baumeister.

Baum des Lebens

Ich habe in diesem Buch bereits die faszinierenden Angebote angesprochen, die Jesus seinen Jüngern machte – Angebote, die zuvor nur Salomo gemacht wurden. In drei Kapiteln forderte Jesus sie viermal auf, zu bitten, was sie wollten und es würde ihnen gegeben werden. Salomo wurde dieses Angebot einmal gemacht. Die Nachfolger Jesu erhalten diesen Blankoscheck als tägliches Geschenk, um die Herrlichkeit zu offenbaren, die darin besteht, dass er mit seiner Schöpfung zusammenarbeitet.

Wir wissen, dass es bei diesem Blankoscheck nicht darum geht, dass Gott uns unter dem Deckmantel des Namens Jesu zu neuen Ebenen der Selbstsucht einlädt. Er macht uns aber auch nicht zu Maschinen, die nur das beten, was er uns befiehlt. Würde das zutreffen, wäre diese Aufforderung ein Befehl gewesen und hätte sich eher so angehört: „Bittet nur um das, was ich euch auftrage!" Was mir am meisten auffällt, ist die Verwundbarkeit von Gott selbst, der ein vollkommener Vater ist. Er lädt uns ein, in die Gerichtssäle des Himmels zu kommen, um mit ihm darüber zu sprechen, was auf dem Planeten Erde geschehen soll – den Ort, den er unserer Verwaltung anvertraut hat (siehe Ps. 115, 16). Das ist keine Kleinigkeit. Irgendwo in dieser Gleichung verschmilzt der freie Wille des Menschen mit den Träumen und Wünschen Gottes. In gewisser Weise ist das die Essenz von Schönheit - die Brillanz des Schöpfers wird anhand der Zusammenarbeit mit denen sichtbar, die nach seinem Bild geschaffen sind. Wenn wir diese Bestimmung erfüllen, wird Gott verherrlicht.

> *Wenn ihr in mir bleibt und meine Worte in euch bleiben, könnt ihr **bitten, um was ihr wollt: Eure Bitte wird erfüllt werden**. Dadurch, dass ihr reiche Frucht tragt und euch als meine Jünger erweist, **wird die Herrlichkeit meines Vaters offenbart**.* (Johannes 15, 7-8 NGÜ; Hervorhebungen hinzugefügt)

Die hier erwähnte Frucht ist die Antwort auf Gebet. Die Erfüllung dieser Wünsche bringt Gott die größte Ehre, und diese Gebetsantworten sind der Beweis unserer Beziehung zu Gott - „und euch als meine Jünger erweist".

Im Buch der göttlichen Weisheit wird die Schönheit von Gottes Plan verdeutlicht. „*Hingezogene Hoffnung macht das Herz krank, aber ein eingetroffener Wunsch ist ein Baum des Lebens*" (Spr. 13, 12). Enttäuschung macht uns anfällig für geistliche Krankheiten wie Entmutigung, Depression, Introspektion und Verbitterung. Zum Glück geschieht das nicht automatisch. Wie wir mit Enttäuschung umgehen, entscheidet sich daran, wie gut wir unser Herz bewahren (siehe Spr. 4, 23). Meistens wird der erste Teil der obengenannten Bibelstelle (Spr. 13, 12) zitiert, aber es ist der zweite Teil, der Gottes Absicht und Design für uns offenbart. Man kann wohl ohne Übertreibung sagen, dass dieser Satz Gottes Wille für unser Leben beschreibt. Hier bekommen wir Erkenntnis über einen mysteriösen Bestandteil des Gartens Edens - den Baum des Lebens.

Es ist wichtig, uns daran zu erinnern, dass ein Engel Adam und Eva davor schützte, vom Baum des Lebens zu essen, nachdem sie gesündigt hatten. Es ist durchaus möglich, dass ihre sündige Natur durch das Essen von diesem Baum zu einem ewigen Zustand geworden wäre. Wenn das stimmt, könnte man sagen, dass der Baum des Lebens Menschen für die Ewigkeit kennzeichnet – auch hinsichtlich ihrer ewigen Bestimmung. Wenn man die Themen in 1. Mose und im Buch der Sprüche miteinander verbindet, wird deutlich, dass Gottes Plan für uns darin besteht, dass wir uns über erfüllte Träume und Wünsche freuen. Anhand der erwähnten Bibelstelle wird deutlich, dass das Teil unserer ewigen Bestimmung ist. Ich weiß, das scheint auf den ersten Blick im Widerspruch zu der Notwendigkeit zu stehen, täglich unser Kreuz auf uns zu nehmen – eine der wichtigsten Lehren für unser Leben in Christus. Doch auch wenn es dem Weg der Selbstverleugnung zu widersprechen scheint, so widerspricht es nicht dem Auferstehungsleben, zu dem das Kreuz uns führt. Es offenbart unser ursprüngliches Design.

Erfüllung im Leben finden wir immer in der Gemeinschaft mit ihm und wenn wir uns seinen Zielen hingeben. Wir wurden geschaffen, um uns an persönlicher Erfüllung zu erfreuen, ist es doch Teil unserer ursprünglichen Beschaffenheit. Durch Salomo offenbart der Heilige Geist einige der wesentlichen Besonderheiten des Baumes des Lebens. Er sollte dazu dienen, Leben, Kraft und ewige Bestimmung zu geben.

Für die Freude geschaffen

Die Suche nach persönlicher Erfüllung führt Menschen häufig in alle möglichen Richtungen, nur nicht in die richtige. Täglich hören wir Geschichten von tragischen Suchen. Und doch hat der Vater, der in jeder Hinsicht vollkommen ist, uns für ein erfülltes Leben bestimmt. Doch das funktioniert nur auf seine Weise. Seine Regeln sind nicht einengend im Sinne von Bestrafung oder ungesunder Einschränkungen. Sie sind bevollmächtigend, bringen sie uns doch in Übereinstimmung mit unserer ursprünglichen Beschaffenheit. Wahrscheinlich könntest du einen Tisch bauen und dabei einen Schraubenschlüssel als Hammer benutzen, aber das wäre eine Zweckentfremdung für den Gebrauch dieses Werkzeugs und würde nicht nur länger dauern, sondern auch einige Mängel aufweisen. Der Punkt ist, unser Vertrauen muss auf Gott liegen, der uns für Freude designt hat – zu seiner als auch zu unserer.

Das Bild, das mir in den Sinn kommt, um diese Realität zu veranschaulichen, ist das eines Menschen, der verzweifelt versucht, einen Schmetterling zu fangen. Schmetterlinge bewegen sich im Flug so unberechenbar, dass sie schwer zu fangen sind. Wenn du dich jedoch möglichst gar nicht bewegst, landet ein solcher Schmetterling vielleicht sogar auf dir. Wir erfahren persönliche Erfüllung, wenn wir uns in Gottes Wertesystem nach den richtigen Dingen ausstrecken. Oder besser ausgedrückt, persönliche Erfüllung findet man nicht im Streben nach persönlicher Erfüllung. Persönliche Erfüllung erleben wir, wenn wir uns nach Gottes Absichten für unser Leben ausstrecken. Persönliche Erfüllung ist wie der Schmetterling, der sich auf eine ruhende Person setzt - jemanden, der nicht fieberhaft von seinen eigenen Bedürfnissen oder Agenden getrieben ist, sondern stattdessen einen zunehmenden Hunger nach Gott und seinem Reich - seiner göttlichen Ordnung - entwickelt. Das ist tatsächlich eine andere Möglichkeit, um *„Trachtet vielmehr zuerst nach dem Reich Gottes ... so wird euch dies alles hinzugefügt werden"* (Mt. 6, 33; Schlachter) zu praktizieren.

Der Bereich der Träume, das Buch der Träume

Ich wünschte, ich hätte schon in meiner Jugend damit angefangen, meine Träume aufzuschreiben. Mir war nicht klar, dass Gott ein Vater ist, der wissen will, was ich auf dem Herzen habe. Vielleicht möchtest du mich darauf hinweisen, dass er bereits um meine Träume weiß und meine Liste nicht braucht. Das stimmt, aber er weiß auch, wofür ich beten werde, bevor ich es tue, und doch ist es erforderlich, darum zu bitten. Indem ich bitte, drücke ich mein Vertrauen in seinen Bund und in Gebet als Form der Gemeinschaft mit ihm aus. Eine von mir erstellte Liste hätte nur geistliche Dinge enthalten. Wahrscheinlich hätte ich damit begonnen, für ein größeres Maß an Heiligkeit zu beten. Das scheint ein sicherer Startpunkt zu sein. Danach hätte ich wahrscheinlich dafür gebetet, dass mehr Seelen errettet werden. Auch das Gebet für das Wachstum sämtlicher Gemeinden, um der Welt zu demonstrieren, dass Gottes Gunst auf uns liegt, würde es auf diese Liste schaffen. Diese Gebete sind durchaus berechtigt und ich bete sie tatsächlich bis zum heutigen Tag. Mein Fehler bestand darin, zu glauben, dies sei alles, worum er sich kümmert. Ich hätte es niemals zugegeben, aber diese Überzeugung war tief in meinem Herzen verborgen. Doch die Entdeckung, wie gut er es mit mir meint, hat mein Denken vollständig verändert. Eine meiner kostbarsten Entdeckungen ist diese: Wenn es mir wichtig ist, ist es auch ihm wichtig.

Inzwischen habe ich eine wachsende Liste mit 150 Anliegen, die ich gerne erfüllt sehen möchte. Ich habe diese Liste auf meinem iPad gespeichert, damit ich ihr jederzeit etwas hinzufügen kann. Das vielleicht Wichtigste an meiner Liste ist, dass ich natürliche Dinge mit meinen geistlichen Träumen verwoben habe. Zum Beispiel enthält meine Liste Orte auf der Welt, wo ich gerne einmal jagen oder fischen würde. Gleich danach erwähne ich möglicherweise, wie sehr ich mich danach sehne, dass Krebs in unserer Gemeindefamilie und schließlich in unserer Stadt vollkommen ausgelöscht ist. Als Nächstes könnte da mein Wunsch stehen, meinen Kindern zu einem besseren Haus verhelfen zu können, als sie es sich normalerweise leisten können. Der Punkt ist, ich habe festgestellt, dass ich Dinge nicht so sehe wie er. Manchmal entscheidet er sich, einen natürlichen Traum vor einem geistlichen zu erfüllen, weil mir das sein Wesen auf eine Weise offenbart, wie ich es andernfalls nicht verstehen würde.

Ein eher lustiges Beispiel dafür geht darauf zurück, dass ich eines Tages in einer Zeitschrift über das Fliegenfischen blätterte. Fliegenfischen ist ein Lieblingssport von mir, insbesondere in unseren heimischen Gewässern. Ich hielt einen Moment inne, um mir auf den letzten Seiten einige ungewöhnliche Objekte anzusehen. Auf einer

Seite waren ein paar Taschenflaschen direkt neben Kristallgläsern und dem dazugehörigen Dekanter abgebildet. Sie waren silberfarben und sahen sehr cool aus. Solche „Flachmänner" werden von einigen Fliegenfischern mit Brandy oder Whisky gefüllt. Die stecken sie dann in ihre Gesäßtasche, um im Lauf des Tages am Fluss davon Gebrauch zu machen. Ich betrachtete das Foto und sah, dass ich es mir vom Preis her durchaus leisten konnte. Doch ich dachte mir: „So cool es auch aussieht, ich habe keine Verwendung dafür. Es wäre also Geldverschwendung, wenn ich mir etwas kaufen würde, was ich nicht benutze."

Kurz darauf war ich in Großbritannien. Eine Frau übergab sowohl Beni als auch mir ein Geschenk. Meine Frau öffnete ihres zuerst. Ich weiß nicht mehr genau, was es war, aber es war die Art von Geschenk, das du einer gottesfürchtigen Frau machen würdest. Als ich mein Geschenk öffnete, war ich sehr überrascht. Es war eine Taschenflasche. Ich lächelte und dankte der Frau für dieses wunderbare Geschenk. Doch in meinem Herzen sagte ich zu Gott: „Das ist doch wohl ein Scherz! Ist dir eigentlich klar, wie viele wichtige Anliegen du auf meiner Liste übergangen hast, nur um eine Flasche zu finden, die es nicht einmal wert war, dafür zu beten?" Sie gehörte noch nicht mal zu den „Es-wäre-schön-" oder den Bonus-Anliegen auf meiner Gebetsliste.

Diese Flasche steht bis zum heutigen Tag unbenutzt auf meinem Regal. Sie erinnert mich täglich an einen Vater, der jede unserer Pausen, jede Neigung des Herzens, jedes schlichte Verlangen sieht und diese Dinge mit Vergnügen beobachtet.

Ich erwarte, dass Menschen von Krebs geheilt werden, wenn ich für sie bete. Doch warum um alles in der Welt lässt Gott eine seiner Lieben Geld für etwas ausgeben, für das ich keine Verwendung habe? Dieses Fläschchen ist jetzt von unschätzbarem Wert. Es offenbart das Herz des Vaters für mich, und das ist eine durch nichts zu ersetzende Offenbarung, die ich durch die Erfüllung eines flüchtigen Wunsches entdeckte. Es ist eine Erkenntnis über seine Natur, die ich durch die Beantwortung eines meiner „großen" Gebete einfach niemals bekommen hätte.

Wenn ich im Gebet für etwas kämpfe, dann für eine Heilung, Befreiung, die Errettung einer Seele oder vielleicht für die Transformation einer Stadt oder einer Nation. Doch ich kann nicht die Tatsache ignorieren, dass der souveräne Gott auf einen flüchtigen Wunsch einging, auf etwas, das weit entfernt ist von allem, das von ewiger Bedeutung ist. Doch irgendwie wurde das zu einem der besonderen, geistlichen Momente in meinem Leben, erlebte ich doch einen Vater, der jenseits all dessen ist, was ich mir hätte wünschen oder erträumen können.

Mein Buch der Träume hat weder Struktur noch eine bestimmte Ordnung. Ich muss es so ungeordnet führen, damit es für den Einen geeignet ist, der vollständig anders denkt und arbeitet als ich. Ich lerne, dass er sich außerhalb dessen bewegt, was meiner Vorstellung nach wichtig ist.

Ich lese meine Liste, um mich inspirieren zu lassen. Ich bete schlichtweg deshalb über meinen Träumen, weil ich weiß, dass es ihm gefällt, wenn ich wegen meiner Wünsche mit ihm Gemeinschaft habe. Sie bereiten ihm Freude. Unsere Träume werden zu einer Behausung, die Gott bewohnt, damit unsere Freude und unser Vertrauen zu ihm wächst.

Ein Leben, das wir genießen können

Ich fühle mich leicht zu Dingen hingezogen, die offensichtlich von ewiger Bedeutung sind - Seelen, Mission, Heilung, Befreiung - all das bewegt mein Herz mehr als alles andere. Doch wie bereits gesagt, besteht zwischen dem Natürlichen und dem Übernatürlichem eine nahtlose Verbindung. Für mich ist es sehr wichtig geworden, die Bedeutung des natürlichen Bereichs, den Gott so gerne segnen möchte, zu erkennen und zu schätzen. Nachdem das gesagt ist, möchte ich auf ein Konzept hinweisen, über das ich den großartigen Lehrer Bob Mumford einmal sprechen hörte. Er nannte es „deinen Bogen abspannen". Wenn du im Besitz eines älteren Holzbogens wärest, würdest du die Sehne nicht ständig gespannt lassen, um den Bogen immer einsatzbereit zu halten. Der Bogen würde an Leistung verlieren, die durch die Spannung des Bogens entsteht, der am besten bei Nichtverwendung entspannt sein sollte. Bögen, die unentwegt gespannt und einsatzbereit sind, verlieren mit der Zeit an Spannkraft. Das gilt auch für uns. Viele Menschen fühlen sich ausgebrannt, weil sie nicht wissen, wie oder mit wem sie sich entspannen können. Das heißt natürlich nicht, dass wir geistliche Maßstäbe oder Werte herunterschrauben sollten. Ich meine, dass wir in körperlicher, seelischer und mentaler Hinsicht ausspannen müssen, um stark und erfrischt zu bleiben.

Betrachte einmal das Wort „Wieder-herstellung". Wieder bedeutet „zurück gehen" oder „erneut tun". Herstellung hingegen bedeutet die Auswirkung dessen, dass seine Natur durch uns fließt und wir dadurch kreative Beiträge für unser Umfeld leisten können. Das ist der Zweck von Wiederherstellung. Es handelt sich hierbei also nicht um eine sinnlose Aktivität. Wiederherstellung dient dazu, uns entsprechend unserer ursprünglichen Beschaffenheit und Kraft wiederherzustellen. Offensichtlich gibt es Menschen, die das persönliche Vergnügen zu ihrem Gott gemacht haben. Wie mit allen Dingen gibt es eine richtige und eine falsche Handlungsweise. Es gibt Menschen, die festgestellt haben, dass Entspannung ein Schlüssel ist, um ihre Kraft zur Ehre Gottes wiederzuerlangen. Lasst und zu denen gehören.

Es ist Zeit zum Spielen

Meine Lieblingszeit während der Schulzeit waren die Pausen. Ich weiß, dass manchen die Bücher und das ganze Lernen besonders gefielen. Zu denen gehörte ich aber nicht. Nicht mal für einen Tag. Die Unterrichtsstunden waren für mich etwas, das ich durchhalten musste, bis es Zeit für die Pause war. Später war das dann der Sportunterricht. Im letzten Schuljahr auf der Highschool hatte ich genug Semesterwochenstunden absolviert, um die Studiengänge für die meiste Zeit des Tages auslassen zu können. So kam es, dass ich schließlich vier unterschiedliche Sportfächer belegte – das war für mich der Himmel. Hätte man kontinuierlich Pausen oder Sport angeboten, hätte ich hauptberuflich Student werden können.

Jedes Kind liebt es, zu spielen. Manchmal geben wir für unsere Kinder oder Enkel richtig Geld für ein Spielzeug aus, damit sie sich daran erfreuen, und dann spielen sie den ganzen Tag mit dem Karton, in dem es verpackt war. Für den Karton braucht man mehr Vorstellungskraft und Kreativität, um Freude daran zu haben. Manchmal denke ich, es wäre billiger und lustiger, wenn ich ihnen ein paar Decken kaufen würde, damit sie die über Sofas und Tische drapieren, um ihre Forts und gelegentlich eine kleine Stadt kreieren zu können. Das nennt man Spielen. Und das können Kinder so gut.

Mein persönlicher Assistent, Michael Van Tinteren, ist ein Arzt aus Australien. Kürzlich erzählte er mir von einem Buch, das er gerade las. Darin geht es um Spielen, Kreativität und Leistung. Der Titel des Buches ist „Befreit lernen: Wie Lernen in Freiheit spielend gelingt" von Peter Gray. Die vom Autor zitierten Ergebnisse sind ziemlich interessant und lustig. Zum Beispiel:

> Lernen, Problembewältigung und Kreativität werden durch Interventionen verschlechtert. Doch diese Dinge werden verbessert durch Interventionen, die das Spielen fördern. In einem Experiment präsentierten die Forscher Ärzten die Krankheitsgeschichte einer schwer diagnostizierbaren Lebererkrankung. Der Fall enthielt einige irreführende Informationen, die das Identifizieren von relevanten Informationen und das Finden der richtigen Lösung erschwerten. Die Stimmung einiger Ärzte wurde in der Weise beeinflusst, dass man ihnen eine kleine Tüte mit Süßigkeiten gab, bevor man sie mit dem Problem konfrontierte. Die Ärzte, welche die Tüte mit den Süßigkeiten bekommen hatten, gelangten schneller zur korrekten Diagnose als die, die keine bekommen hatten. Sie schlussfolgerten flexibler, berücksich-

tigten alle Informationen schneller und gerieten weniger auf eine falsche Spur, als jene, die keine Süßigkeiten bekommen hatten.

Eine „positive Stimmung" verbessert kreatives, aufschlussreiches Denken ... Die effektivste Art von positiver Stimmung ist eine spielerische Stimmung.

Bei Experimenten, die in England durchgeführt wurden, stellten M.G. Dias und P.L. Harris fest, dass kleine Kinder im Kontext des Spielens logische Aufgaben lösen konnten, die sie in einer ernsten Atmosphäre nicht lösen konnten.

... Vierjährige lösten beim Spielen mit Leichtigkeit logische Aufgaben, zu deren Lösung sie eigentlich erst mit elf oder zwölf Jahren in der Lage sein sollten. Tatsächlich zeigte sich auch bei anschließenden Experimenten, dass sogar Zweijährige solche Probleme lösten, wenn man sie ihnen auf spielerische Weise präsentierte.[5]

Die Kunst des Spiels, des Spaßes und der Freude wird für mich immer wichtiger und sie ist auch unerlässlich in unserer Kultur. Diese Dinge hatte ich auf meinem Weg der Nachfolge schon früh aus meinem Leben verbannt, weil ich sie für ungeistlich hielt. Doch das änderte sich bereits vor vielen Jahren, hauptsächlich deshalb, weil ich sah, dass es nicht funktionierte. Nicht wirklich. In einer solch ernsten Atmosphäre gab es wenig Erbauung und Lebensfreude.

---

5 Peter Gray „Befreit lernen: Wie Lernen in Freiheit spielend gelingt" (Drachen Verlag).

Heute umgebe ich mich mit Menschen, die das Leben wirklich lieben. Sie blühen förmlich auf, weil sie ihre Familien und Menschen im Allgemeinen lieben. Es bereitet ihnen große Freude, zu lernen und Dinge zu entdecken. Sie inspirieren mich. Ich habe mein Bestes gegeben, um meine Teammitglieder zu befähigen, all das zu werden, was in ihrem Herzen ist. Und aufgrund dessen, was aus ihnen geworden ist, bin ich heute besser dran. Kürzlich hörte ich eines unserer Teammitglieder sagen: „Ich liebe uns." Ich auch.

Aus meiner Erfahrung

Ich weiß, ich kann hier nur für mich sprechen, aber nach meiner Erfahrung arbeitete meine Intensität und meine Fokussierung im Dienst für Jesus in mancherlei Hinsicht gegen das, was ich eigentlich sein und erreichen wollte. Ich erhöhte meine Bereitschaft, Gott zu dienen durch offensichtliche Aktivitäten wie Gebet, Gemeinschaft und Geben. Doch das steigerte auch meine Selbstwahrnehmung. Aufgrund dieser Intensität war es mir kaum möglich, losgelöst von diesen Ereignissen Freude zu erfahren.

Wenn ich die Gelegenheit hatte, Einblick in das Leben meiner persönlichen Helden zu bekommen, die hinsichtlich sämtlicher Facetten des Lebens gesund waren, bemerkte ich, dass ihr Leben anders aussah als meins. Die Menschen, die ich bewunderte, waren Jesus vollkommen ergeben, schienen sich aber über die einfachsten Dinge des Lebens freuen zu können. Sie waren keinesfalls materialistisch, aber es ging ihnen gut dabei, Schönes zu besitzen, ohne sich dafür zu entschuldigen. Sie hatten offenbar Frieden, ohne sich dafür anstrengen zu müssen. Diese Menschen blühten in einer Atmosphäre des gemeinsamen Lobpreises auf, doch wenn sie zuhause mit ihren Kindern Baseball spielten, waren sie nicht anders. Der Punkt ist, wahre Spiritualität ist kraftvoll, praxisorientiert, natürlich, real, flexibel und man fühlt sich pudelwohl in seiner Haut.

Das Herz des Vaters

Unsere Leidenschaft ist es, den Vater in jedem Lebensbereich gut zu repräsentieren. Auf diese Weise haben wir daran gearbeitet, eine Kultur aufzubauen, in der die Vielfalt des Lebens, die Vielfalt der Gaben von Menschen, die Gott zu uns geführt hat und die große Vielfalt in seiner Gemeinde gefeiert wird. Die Dinge zu schätzen, die er schätzt, ist der Schlüssel für alles, was das Reich Gottes betrifft.

Wir haben beschlossen, unser Leben an seinen Werten auszurichten. Indem wir das tun, haben wir das Privileg, eine Kultur zu bauen, in der er unter uns ebenso zuhause ist wie im Himmel. Das ist jetzt unser Traum. Wir entdeckten ihn im Herzen Gottes.

Kapitel 17

Ein spontanes Interview

Ich bitte Pam Spinosi häufig, mir mit meinen Texten zu helfen. Sie ist eine große Hilfe, wenn es darum geht, für einen beständigen Informationsfluss zu sorgen. Als ich sie bat, mir mit diesem Buch „Der Weg des Lebens" zu helfen, gab sie mir eine Kopie dieses spontanen Interviews vom 2. Dezember 2015 und meinte, ich könnte es vielleicht gebrauchen. Ich hatte das vollkommen vergessen. Zu diesem Interview war es bei einer Zusammenkunft mit einigen Mitarbeitern der Bethel Gemeinde gekommen. Es war ganz spontan, aber irgendjemand war so geistesgegenwärtig, es aufzunehmen. Pam hat die Aufnahme zu Papier gebracht und stellte den Text unserem Team zur Verfügung. Nachdem ich dieses Interview gelesen hatte, kam mir der Gedanke, dass es für dich, den Leser, hilfreich sein könnte. Der Text wurde ein wenig bearbeitet, damit er sich besser lesen lässt.

Kris: Gibt es etwas über dich, das den Leuten vielleicht unbekannt ist, aber deiner Meinung nach ein Schlüssel dafür ist, weshalb der Herr dir so viel Gunst gegeben hat? Was würdest du jungen Leuten über deine Lebensweise sagen? Etwas, worüber du nicht jede Woche predigst?

Bill: Ich weiß es nicht. Was ich aber weiß, ist Folgendes: Ich habe keine verborgenen Motive, wenn ich zu jemandem eine Beziehung habe.

Kris: Das ist gut. Was ist mit deiner Beziehung zu Gott?

Bill: In meiner Beziehung zu Gott ist Treue der größte Wert. Für mich gibt es nichts Wichtigeres.

Kris: Was bedeutet Treue für dich? Ich weiß, dass es dir mehr bedeutet, als das, was die meisten Leute denken, wenn sie dein Leben betrachten. Was bedeutet es für dich?

Bill: Seit 1972 ist Sprüche 4, 23 mein Schlüsselvers: *„Mehr als alles, was man sonst bewahrt, behüte dein Herz! Denn in ihm entspringt die Quelle des Lebens."* Ich überprüfe meine Haltung und meine Werte. Ich praktiziere keine Selbstbeobachtung. (Nun, tatsächlich kann ich das sehr gut. Ich versuche aber, es nicht zu tun, weil das in einer Katastrophe enden würde. Also mache ich es nicht.) Ich versuche jedoch, meine Haltung und meine Werte zu überwachen - das ist mir wichtig.

Kris: Die Art und Weise, wie du bei einem Konflikt oder Problem mit jemandem umgehst, der sich nicht gut verhält - inwiefern spielt hier deine Wertschätzung für Treue eine Rolle. Ich habe erlebt, wie Menschen etwas vermasselt haben, aber die Art und Weise, wie du darauf reagierst, ist eines der einzigartigen Merkmale deiner Persönlichkeit und deiner Kultur. Wie kommt es, dass du anders reagierst, als viele andere vielleicht reagieren würden?

Bill: Es ist schwer, jemanden zurückzuweisen, den man kennt. Es ist leicht, jemanden zurückzuweisen, von dem man in der Zeitung gelesen hat. Die persönliche Beziehung macht den Unterschied. Wenn ich mich also in einem Raum mit jemandem befinde, reagiere ich generell anders, als wenn mir über jemanden berichtet wird. Es hört sich vielleicht etwas merkwürdig an, aber ich denke, ich habe die Verantwortung, mich in die Person hineinzuversetzen, die nicht mit mir in einem Raum ist. Mit anderen Worten, in gewisser Weise ein persönliches Engagement mit diesem Menschen zu haben, obwohl ich ihn nicht kenne oder ihm vielleicht noch nie begegnet bin.

Kris: Es ist wie dieser Vertrauensbonus, der ständig von dir ausgeht, wenn du die andere Seite der Geschichte nicht kennst. In deinen Gedanken geht stets etwas vor, wie: „Es ist vielleicht nicht so, wie es aussieht", stimmt's?

Bill: Es ist fast nie so, wie es aussieht. Ich habe den gleichen Fehler gemacht wie alle anderen auch, die zu einem Fazit gelangen, ohne alle Informationen zu haben. Es geschieht so leicht, dass man voreilige Schlüsse zieht. Und es ist wirklich schwierig, ein so getroffenes Fazit zurückzunehmen. Das ist wirklich hart. Es ist nicht leicht, sich von einem schlechten Fazit zu erholen. Man kann Vergebung empfangen, aber es ist schwierig, Worte ungeschehen zu machen.

Kris: Du bist bekannt dafür, an Menschen zu glauben, an die sonst niemand glaubt. Und das hat etwas mit deiner Lebenseinstellung zu tun, nicht wahr? Kommt das von dem Wunsch, dein Herz zu bewahren?

Bill: Ja, ich denke schon. Ich glaube, unterm Strich geht es um die Frage, wie möchte ich selbst behandelt werden. Du säst etwas aus, wenn du voreilig Schlüsse ziehst oder Urteile fällst. Und die Frucht davon wirst du später ernten müssen. Und das macht absolut keinen Spaß, deshalb versuche ich, darauf zu achten. Es gelingt mir nicht perfekt, aber ich arbeite hart daran.

Tom: Wenn du sagst, du wachst über dein Herz, was bedeutet das konkret für dich? Gibt es Anzeichen, auf die du besonders achtest – wie: „Hier muss ich mich zurückhalten?" Wie ist das bei dir?

Bill: Vorbehalte. Ungeduld. Härte. Unangebrachte Konfrontation. All diese Dinge können Gleichgültigkeit gegenüber jemandem schüren. Sie kreieren Distanz, die mir leichter fällt, wenn ich jemanden meide. All das sind Anzeichen. Wenn ich diese Dinge bei mir entdecke, bin ich gewarnt.

Tom: Wenn du also jemandem gegenüber ungeduldig oder frustriert bist, ist das ein Hinweis, dass du dich zurückzunehmen sollst?

Bill: Es ist ein Zeichen für mich, vorsichtig zu sein. Ich muss die Ursache in den Griff bekommen. Was ist es? Ungeduld? Die kommt oft aus dem Bedürfnis, die Kontrolle haben zu wollen. Im Endeffekt ist das Bedürfnis, in Kontrolle sein zu wollen, ein Mangel an Vertrauen auf Gott. Also muss ich mich zurücknehmen und dieses Vertrauen kultivieren.

Kris: Eine weitere Sache, die du wahrscheinlich besser machst, als irgendjemand sonst, den ich kenne, ist, dass du es Menschen in deinem Umfeld erlaubst, groß zu werden. Und ich kann mir vorstellen, dass du manchmal die gleichen menschlichen Gemütsregungen wie Eifersucht und dergleichen hast, wie andere auch. Wie gehst du mit diesen Dingen um, wenn sie aufkommen, damit sich daraus kein Verhaltensmuster entwickelt, jemanden kleinzuhalten oder einzuschränken? Oder ihn zu begrenzen? Aber das tust du nicht. Ich weiß, dass du das nicht tust. Jeder in diesem Raum weiß, dass du es nicht tust. Das ist wahrscheinlich das genaue Gegenteil von jeder anderen Kultur, die wir sehen. Was tust du innerlich, um sicherzustellen, dass das Richtige geschieht?

Bill: Ich möchte wirklich, dass Menschen Erfolg haben! Das will ich wirklich! Ich möchte, dass Menschen all das werden, wozu Gott sie bestimmt hat. Ich denke, das ist ein legitimer Wunsch. Und ich bin mir darüber im Klaren, dass das nicht notwendigerweise von mir abhängig ist. Ich habe eine Funktion. Ich werde beeinflussen, ich werde die Flamme entfachen oder was auch immer. Wenn ich jedoch glaube, es sei von mir abhängig, werde ich irgendwie versuchen, die Entwicklung zu kontrollieren. Ich bin mir zwar bewusst, dass ich dazu beitrage, aber inwieweit ich zur Entwicklung einer Person beitrage, ist immer unterschiedlich. Es geschieht gemäß der Beziehung, gemäß der Zeit, die ich mit jemandem habe. Aber ich will, dass diese Menschen erfolgreich sind und ich weiß, dass Gott etwas in sie hineingelegt hat. Und ich kann euch sagen, dass ich zuweilen großen Respekt vor bestimmten Personen hatte. Vielleicht hatten sie keinen besonderen Titel und sind auch sonst nicht besonders aufgefallen, aber ich hatte eine gesunde Ehrfurcht vor Gott, der in ihnen wohnt. In der Schrift heißt es: *„Ordnet euch einander unter in der Furcht Christi ..."* (Eph. 5, 21).

Ich habe tatsächlich eine Person angesehen und realisiert: Gott tut hier etwas. Sie war bei Weitem nicht perfekt, aber ich vermassele es besser nicht und gebe ihr Raum, um wachsen zu können.

Jordan: Wenn ich mich mit dir unterhalte, habe ich immer das Gefühl, dass du ein Mann bist, der mit dem Herrn sehr vertraut ist; du bist ein Freund des Herrn. Wenn wir Freunde des Herrn sein wollen - was würdest du uns raten, um uns entsprechend zu positionieren?

Bill: Wachse in deiner Zuneigung zu ihm und höre auf, dich selbst zu beurteilen. Nimm dich selbst nicht so wichtig. Es geht um die Zuneigung, die Anbetung - um die Bereitschaft, Zeit mit ihm zu verbringen, ohne etwas zu erbitten. Auf diese Weise habe ich ausgiebige Gebetszeiten, ohne für irgendetwas zu bitten.

Tom: Inwiefern besteht ein Zusammenhang zwischen der Freundschaft mit dem Herrn und sich selbst nicht so wichtig zu nehmen?

Bill: Wenn du dich dauernd beurteilst, wirst du nie das Gefühl haben, du wärst für diese Freundschaft qualifiziert, weil du dir ständig bewusst bist, was nicht funktioniert oder was nicht richtig ist. Du disqualifizierst dich einfach ständig selbst. Wenn ich immerzu abwäge, wie ich mich so mache, werde ich mich letztendlich selbst disqualifizieren. Nicht was mein Christsein, meine Nachfolge oder mein Wissen, von Gott geliebt zu sein, betrifft. Das nicht. Soweit geht das nicht. Doch du disqualifizierst dich letztendlich hinsichtlich der Bedeutsamkeit, die er für dich vorgesehen hat. Schließlich läuft es darauf hinaus, mehr von seiner Bedeutsamkeit beeindruckt zu sein als von deiner eigenen. Eines von beiden muss überwiegen. Und das macht das wett, was du in deinem Leben als Mangel empfindest. Ich weiß sehr wohl, was mir mangelt. Wahrscheinlich kann man sich dem nie entziehen. Aber Gnade bedeutet, dass er den Mangel mehr als wettmacht.

Kris: Ist es gut, dass man sich in gewisser Weise seines Mangels bewusst ist? Ist das positiv zu bewerten?

Bill: Wahrscheinlich. Ich mag es nicht, aber ich glaube, es ist hilfreich, „arm im Geist" zu bleiben. Das Problem ist, dass du es übertreibst, sodass du schließlich anfängst, dich selbst zu diskreditieren und deinen Wert zu mindern. Manchmal muss man spontan Mut aufbringen, und wenn man sich selbst abwertet, ist der Mut in einer solchen Situation nicht vorhanden. Vielleicht schaffst du es irgendwann. Aber manche Situationen erfordern augenblicklich Mut. Dafür musst du die bleibende Gewissheit haben, dass du nicht nur akzeptiert bist, sondern vom Vater gefeiert wirst. Dann hast du auch diese spontane Kühnheit. Wenn du das, was du tust oder was dir mangelt mit dem vergleichst, was du über irgendwelche großartigen Leute liest, dann weißt du, dass du dich in diesem Augenblick diskreditierst. Das ist einfach ungesund. Wenn du dich selbst beurteilst, stehst du ständig unter Druck, im Gebet etwas zu bewerkstelligen, anstatt einfach nur Zeit mit ihm zu verbringen.

Tom: Was dazu führt, dass du mit einer Agenda in deine Gebetszeit gehst.

Bill: Genau, aber das macht ihm nichts aus. Er wird sich für jedes Anliegen mit dir treffen. Er trifft sich auch mit dir, wenn du dich über etwas beschweren willst. Doch der Punkt ist, ein Gespür für seine Gegenwart zu entwickeln. Ich glaube nicht, dass das in Verbindung mit einer Agenda oder einem Auftrag geschehen sollte. Aufträge sind richtig und er manifestiert sich in unserem Leben aufgrund von spezifischen Aufträgen, das ist mir schon klar. Immer, wenn er sagte: „Ich werde mit dir sein" geschah das, weil er den Aposteln gerade einen Auftrag gegeben hatte – also besteht hier ein Zusammenhang. Ich glaube allerdings, das gesamte Fundament dieses Lebensstils ist Anbetung – es geht um Zuneigung, die nicht im Zusammenhang mit irgendeiner Leistung, irgendeinem Auftrag, Titel, Erfolg oder Versagen steht.

Kris: Ich habe dich fünfzehn Jahre lang beobachtet. Dein Leben hat mich so sehr inspiriert. Ich habe gesehen, dass du nach der Rückkehr von deinen Reisen bereits vor 6.00 Uhr sonntagmorgens im Büro bist und betest. Du bist da. Du hättest einfach am Sonntagabend kommen können - und du bist jeden Sonntag da. Wie bereitest du dich vor? Wie ergeht es dir vor einer Predigt? Was tust du, um dich vorzubereiten, denn jede deiner Predigten ist ein Volltreffer! Ich sehe keine Aufzeichnungen. Es ist einfach anders. Wie bereitest du eine Botschaft vor? Wir bringst du die Überlegungen zusammen? Sind es Dinge, über die du die ganze Woche nachgedacht hast? Ist es eine Botschaft, über die der Herr mit dir gesprochen hat?

Bill: Es ist wahrscheinlich von allem etwas. Manchmal lässt er einen Samen in mein Herz fallen, der sich dann über mehrere Jahre hinweg entwickelt. Ich habe vor einem Jahr tatsächlich eine Predigtreihe über Weisheit gehalten, die über einen Zeitraum von zehn Jahren gewachsen ist. Manchmal legt er mir erst am jeweiligen Sonntagmorgen etwas aufs Herz. Es gibt kein festes Muster, außer dass ich mein Herz in der Weise vorbereite, dass ich zuerst in Anbetung vor ihn trete. Ich tue das nicht, weil ich eine Predigtbotschaft brauche. Ich komme in Anbetung, weil ich mich danach sehne, Zeit mit ihm zu verbringen. Lieber würde ich im Gottesdienst überhaupt nichts zu sagen haben und mit ihm Gemeinschaft haben, als eine ausgiebige Predigt halten zu können, aber mich schwertäte, ihn zu finden. Dass Wichtigste für mich ist, dass ich am Ball bin - dass meine Beziehung zu ihm frisch ist. Es geht darum, seine Freude zu spüren und das hat etwas damit zu tun, sein Herz zu kennen. Manchmal sehe ich ein großes Bild und ich kann es deutlich spüren. Manchmal versuche ich zu erkennen, was er auf dem Herzen hat - ich wünsche mir dann, ich könnte spüren, wofür genau sein Herz gerade schlägt. Hebräer 11, 1 bedeutet mir sehr viel, weil mir diese Bibelstelle wirklich weitergeholfen hat. Dort heißt es: *„Der Glaube aber ist eine Wirklichkeit dessen, was man hofft ... ".* Alles, was losgelöst von Glauben ist, ist Sünde. Das bedeutet, ich muss danach Ausschau halten. Ich betrachte ein ganzes Spektrum von Themen und muss dann feststellen: „Okay. Dafür brennt mein Herz. Hier habe ich die nötige Überzeugung." Wenn ich also weiß, dass ich von etwas überzeugt bin, weiß ich auch, dass ich Glauben dafür habe. Wenn du aus Glauben dienst, dann ist dieser Glaube auch übertragbar. So wertvoll es ist, aber es wird dann nicht nur Erkenntnis, ein inspirierendes Wort oder eine Ermutigung weitergegeben. Im Glauben gesprochene Worte haben tatsächlich Substanz und können das Leben von Menschen verändern. Ich suche also nach Themen, von denen ich überzeugt bin. Ich versuche sogar, mich an diese Vorgehensweise zu halten, wenn hundert Menschen in einer Reihe anstehen, um für sich beten zu lassen. Ich betrachte diese Menschenreihe und achte darauf, wo ich diese Überzeugung spüren kann. Ich weiß nicht, was das Problem ist oder was vor sich geht, aber ich kann eine Überzeugung spüren. Darauf reagiere ich. Paulus sagte, dass die Korinther ihm ihre Zuneigung vorenthalten haben (siehe 2. Kor. 6, 12). Also achte ich darauf, wofür ich eine Zuneigung empfinde. Zuneigung hat für mich etwas mit Überzeugung zu tun. Von Barmherzigkeit ergriffen zu sein, ist dasselbe Thema. Ich schaue, wo etwas entfacht ist und dem folge ich. Solange ich mich daran halte, mache ich mich eigentlich ganz gut. Bewege ich mich jedoch außerhalb meiner Überzeugung, ermüde ich wesentlich schneller. Ich kann immer noch arbeiten, aber ich werde viel schneller müde.

Kris: Bill, wann hast du angefangen, diese enge Verbindung zum Herrn zu entwickeln? Gab es einen entscheidenden Moment? Ich weiß, du sprichst darüber, dass bei der Taufe im Heiligen Geist etwas wie ein Blitz aus dem Nichts kommt. Du hast Gott um ein größeres Maß gebeten und dann hat Gott dir eines Nachts eine Begegnung geschenkt. Aber hat es zuvor noch andere Ereignisse gegeben, die dich so sehr überwältigt haben, dass du dir gedacht hast: „Gott, so möchte ich für den Rest meines Lebens leben?"

Bill: Nun, mein großes Ja zum Herrn erfolgte zu der gleichen Zeit. Unmittelbar darauf folgte die Phase, als mein Vater anfing, über Anbetung zu lehren. Ich glaube, es war nach der zweiten oder dritten Predigt. Und wenn das Gebäude noch stehen würde, könnte ich euch noch ziemlich genau den Platz zeigen, wo ich während dieser Botschaft gesessen habe. Ich weiß noch, dass ich meinen Kopf gegen Ende der Predigt senkte und sagte: „Gott, ich gebe dir den Rest meines Lebens, damit du mich diese eine Sache lehrst." Es gab keinen Altarruf. Die Predigt ging in eine andere Richtung. Ich wusste nur, dass ich gehört hatte, warum ich lebe. Also betete ich an diesem Sonntagvormittag ein Gebet: „Ich gebe dir den Rest meines Lebens, damit du mich diese eine Sache lehrst – zu wissen, was es heißt, dir zu dienen." Und das bedeutet, bewusst in der Gegenwart Gottes zu leben. Es geht also nicht um Leistung. Es ist auch nicht zwangsläufig mit Musik verbunden, wenngleich das einen wesentlichen Teil ausmacht. Es ist eher eine Ergebenheit des Herzens, wobei deine Liebe zu ihm dich zu ihm hinzieht. Du fühlst dich zu ihm hingezogen, weil du ihn bewunderst. Ich würde sagen, dass es so anfing. Ja, so war das tatsächlich. Es gibt für alles mehrere Ebenen – also intensiviert er es. Du legst alle deine Chips auf den Tisch und bekommst ein Gewinnerblatt. Nun hast du noch mehr, was du auf den Tisch legen kannst.

So ungefähr läuft das. Du gibst ihm alles. Dann erlebst du Wachstum und gibst ihm erneut alles. Dieser Zyklus macht unser eigentliches Leben aus. Ich sagte zu allem ja. Ich werde alles tun. Ich werde überall hingehen. Ich muss nichts besitzen. Das spielt für mich keine Rolle. Dann gibt er dir Wachstum und das Ganze beginnt von Neuem. Das ist der kontinuierliche Kreislauf.

Shara: Gibt es einige ganz praktische Dinge, die du tust, um diese Vertrautheit, diese Freundschaft und diese Anbetung zu beschützen? Auch was den Zeitfaktor betrifft?

Bill: Nun, das mit der Zeit ist eine Herausforderung. Ich denke, es ist hilfreich, nicht die Größe deines persönlichen Auftrags (persönlichen Titels) zu bewerten. Andernfalls könntest du davon beeindruckt sein. Das ist ungesund. Ich möchte mich niemals gemäß meiner Verantwortungsbereiche bewerten. Ich bin nicht größer als das, wofür mein Herz schlägt.

Joaquin: Kannst du erklären, was es bedeutet, der Neigung deines Herzens nachzukommen? Nicht nur, wenn es darum geht, eine Predigt vorzubereiten? Anscheinend ist das für dich auch ein wesentlicher Faktor in puncto Leiterschaft. In allem, was du tust – oder wenn Probleme auftauchen –, wie folgst du der Zuneigung, die du in deinem Herzen empfindest?

Bill: Sprichst du von der Liebe zu Gott oder zu Menschen?

Joaquin: Ich denke, der zu Gott.

Bill: Wenn ich Menschen leite, bewirkt meine Liebe zu Gott, dass ich Gott in Menschen fürchte und realisiere, dass ich eine Verantwortung habe, das wertzuschätzen, was er wertschätzt - und das sind Menschen. Es ist wirklich Vorsicht geboten, Autorität, Position, Verantwortung - all diese Dinge - nicht zu missbrauchen, um persönlichen Gewinn auf Kosten einer anderen Person zu haben. Das ist einfach beängstigend. Das ist furchtbar. Ich glaube, diese Haltung der Anbetung ist hilfreich, um sicherzustellen, dass du Menschen um ihretwillen und nicht um deiner selbst willen leitest.

Joaquin: Offenbar triffst du als Leiter Entscheidungen die Gemeinde betreffend anders, als viele andere es tun würden, und du wirst nicht so sehr vom Natürlichen beeinflusst. Doch es scheint immer wieder auf diesen Punkt hinauszulaufen: „Wofür schlägt mein Herz?" Als Chris fragte, wie du eine Predigt vorbereitest, sprachst du auch davon, dass du der Neigung deines Herzens folgst, wenn du für jemanden betest. Aber wenn es um das größere Ganze geht, wie eine Bewegung zu leiten, wie gehst du da vor?

Bill: Ich weiß nicht. Ich denke nicht, dass es in diesem Fall anders wäre. Ich weiß, dass es eine Bewegung gibt und ich weiß, dass ich - und wir gemeinsam - diese Verantwortung haben, aber ehrlich gesagt, ich denke nie darüber nach. Ich glaube, da sind Menschen, die begabt sind, mit dem Bewusstsein dessen zu leben, was und wer ihnen folgt. Ich lebe nicht mit diesem Bewusstsein, und ich glaube nicht, dass es dafür einen besonderen geistlichen Grund gibt. Ich glaube, das liegt eher an meiner Neigung, bestimmte Dinge zu sehen. Ich denke, ich bin darauf angelegt, die Bewegungen des Windes zu sehen. Es entspricht meiner geistlichen DNA, diese Dinge zu sehen. Andere Gaben sind mehr darauf ausgelegt, etwas wahrzunehmen. „Okay, wir haben hier Verantwortung. Wir haben dort Verantwortung. Diese Gruppe hat sich uns angeschlossen. Wir müssen hier einen Beitrag leisten." Ich glaube, darin liegt große Weisheit. Ich würde niemals behaupten, dass meine Sichtweise besser oder geistlicher ist, weil ich das wirklich nicht glaube. Doch die Art und Weise, wie ich beschaffen bin, ist nicht wichtig für mich. Wirklich nicht. Für mich ist nur wichtig, wohin Er geht.

Kris: Also könnte man sagen, du schätzt die Menschen, für die das ebenfalls wichtig ist.

Bill: Oh, das tue ich. Ganz ehrlich, ich habe wegen ihrer Gabe Erfolg. Ich bin so dankbar für die Menschen, die anders beschaffen sind, weil ich das, was sie können, nicht wirklich tun könnte – ich müsste es vortäuschen – und das würde mich an den Dingen hindern, die ich gut mache. Es gibt nur ein paar Dinge, die ich wirklich gut mache. Also widme ich mich diesen Dingen. Dann komme ich an den Punkt, dass es für mich in Ordnung ist, mein Leben damit zu verbringen, die Dinge zu tun, für die mein Herz brennt und die Menschen aufzubauen und zu bevollmächtigen, die den Rest tragen. Das ist außerordentlich hilfreich für mich, denn wir hätten nur zehn Prozent von dem, was wir jetzt haben, wenn es allein von meiner Gabe abhängen würde.

Kapitel 18

DIE WERTE, DIE UNS DEFINIEREN

Im 4. Kapitel dieses Buches sprach ich über die vier Eckpfeiler des Denkens, die unsere Herzenshaltung und unsere Absichten offenbaren. Sie sind die Eckpfeiler für das Fundament, die Grenzen und Werte dafür, wie wir unser Leben führen, um den Lauf der Weltgeschichte zu prägen. Doch die Liste der Werte, die wir gemäß unserer Berufung besonders betonen sollen, ist weitaus länger. Dann Farrelly, einer meiner Mitarbeiter und der Dekan für die Schüler der Bethel School of Supernatural Ministry, geht in seinem wunderbaren Buch, Kingdom Culture, ausführlich darauf ein. Es enthält eine faszinierende und vollständigere Liste von Werten, die uns motivieren. Diese Wahrheiten sind hilfreich, uns unsere Bestimmung vor Augen zu führen. Für jeden, der sich intensiver damit beschäftigen will, sind am Ende von jedem Abschnitt Bibelstellen zum Nachlesen angeführt, welche die getroffenen Aussagen untermauern.

Gott ist gut

Gott beschreibt sich selbst als gnädig und barmherzig, langsam zum Zorn und überfließend von Liebe. Er ist gut und von Natur aus gut gelaunt. Die Botschaft, der Dienst und das Opfer Jesu offenbaren auf perfekte Weise Gottes Natur als einen guten Vater. Er ist für uns und will uns von Sünde erlösen. Wir können nicht tun, was wir wollen und dabei erwarten, dass Gott uns immer segnet. Schon deshalb nicht, weil er ein guter Vater ist. Er bleibt der ultimative Richter jedes Menschen und wir können ihm ungeachtet unserer Umstände vertrauen. Das Leben eines Christen ist nicht frei von Anfechtungen oder Verfolgung. Wenngleich Feinde kommen, um zu stehlen und zu zerstören, wissen wir, dass Jesus kam, um die dämonischen Werke zu vernichten und uns sowohl Autorität als auch überfließendes Leben zu geben. Gottes Güte ist extravagant und wir sind sein Meisterwerk. Wenn wir uns daran erinnern, was er uns Gutes getan hat, und das weitererzählen, entsteht Glaube, denn er will und kann es jederzeit liebend gerne wieder tun.

Zur Vertiefung: Psalm 103, 8-13; Apg. 14, 16-17; Jakobus 1, 17-18; 2. Petrus 3, 9; Matthäus 7, 11; Galater 5, 22-23; Psalm 119, 68; Zefanja 3, 17; Psalm 104; 2. Mose 34, 5-7; Apg. 17, 22-31; Johannes 3, 16-17; Hebräer 1, 2-3; Johannes 14, 6-7; Jesaja 9, 6; Kolosser 1, 19+2, 9; Johannes 1, 1+18; 8, 1-11+19; Römer 8, 28-32; Hebräer 11, 6; Nahum 1, 7; Jakobus 1, 12-18; Matthäus 10, 29-31; Apg. 16, 23-26; Johannes 10, 10-11; 1. Johannes 3, 8; Apg. 10, 38; 1. Petrus 5, 8-10; Epheser 6, 12; Markus 5, 1-19; Römer 10, 15-17; Hebräer 13, 7-8; Apg. 10, 34-48; Offenbarung 19, 10; Psalm 44, 1-5 + Psalm 119,11; Markus 5, 18-21; 5. Mose 6, 17-24; 1. Chronik 16, 23-36; Josua 4, 1-9

Erlösung schafft eine freudige Identität

Jesus hat den vollkommenen Sieg errungen! Uns wurde vergeben und wir wurden befreit von der Kraft des Feindes in puncto Sünde, Krankheit, Lügen und Qual. Wenngleich wir gottgewirkte Überführungen erleben, wenn wir sündigen, so leben wir doch nicht unter dem Gefühl von Scham oder Verdammnis. Wir leben in der Kraft der Gerechtigkeit, Heilung, Wahrheit und Freude. Wir wurden als königliche Personen in Gottes Familie aufgenommen und haben den Auftrag, anderen zu helfen, mit unserem Gott und Vater versöhnt zu werden. Uns wurde Autorität und Zugang zu Gottes Ressourcen gegeben, damit wir siegreich sein und die Welt mit dem Evangelium erreichen können. Wir sind treue Diener, vertraute Freunde und geliebte Kinder unseres Herrn. Wir sind eine neue Schöpfung - nicht nur Sünder, die durch Gnade gerettet wurden, sondern Heilige, denen Gottes Gerechtigkeit gegeben wurde, damit wir uns mit Gott, unserem Vater, zusammentun können.

Zur Vertiefung: Römer 8, 1-4; 2. Korinther 5, 17; Römer 6, 4; Galater 2, 20; Hebräer 2, 14-15; Galater 5, 22-24; 1. Korinther 15, 56-57; Offenbarung 1, 12-18; Römer 8, 14-17; Johannes 1, 12; 2. Korinther 5, 18-21; 1. Petrus 2, 9; 1. Johannes 3, 1; Lukas 15, 11-32; Johannes 15, 12-15; Psalm 16, 11; Hebräer 1, 9; 12, 2; Matthäus 25, 23; Psalm 100, 2; Galater 1, 10; Matthäus 23, 11-12; Johannes 1, 12; 1. Johannes 3, 1; Matthäus 25, 14-30; 2. Korinther 5, 17-21; 1. Korinther 1, 30; Römer 3, 21-26; 8, 1+30; Galater 2, 19-20; Apg. 26

Auf Gnade reagieren

Wir erleben freudig die erstaunliche, unverdiente Liebe Gottes und seine unerschöpfliche Kraft, uns zu verändern. Unser altes Ich ist tot - es wurde mit Christus gekreuzigt. Wir sind jetzt frei und befähigt, in seiner Gerechtigkeit zu leben und an seinen Leiden teilzuhaben. Keiner von uns hat Perfektion erreicht, aber seine verändernde Liebe und Kraft sind untrennbar miteinander verbunden. Gott liebt seine verlorene Schöpfung auf unfassbare Weise und lässt uns seine Gnade zuteilwerden. So befähigt er die Gläubigen, ihn und andere Menschen auf einer höheren Ebene zu lieben, als es durch das Gesetz möglich wäre. Zutiefst erlebte Gnade lehrt uns über Gerechtigkeit, und so werden wir ausgerüstet, Sünde und Versagen zu überwinden. Die Liebe des Vaters hindert uns daran, uns auf Sünde zu fokussieren und uns voller Scham zu verbergen, wenn wir versagen. Seine Gnade bricht die Mentalität, die sagt: „Ich bin ein machtloses Opfer der Umstände", und kreiert eine neue Identität, die sagt: „In Christus bin ich ein siegreicher Überwinder, ganz gleich, um welche Situation es sich handelt." Wir entscheiden uns täglich, in der Fülle seiner überfließenden Gnade zu leben.

Zur Vertiefung: Johannes 3, 16-17; Epheser 1, 4-5; 2, 8-10; Römer 5, 6-11; Markus 5, 1-20; Römer 5, 7-8; 2. Korinther 5, 14-18; Römer 6, 11-14; Matthäus 5, 21-28; Römer 8, 2-4; Apg. 9, 1-22; 26, 1-23; Epheser 3, 14-21; 2. Korinther 3, 17-18; Titus 2, 11-13; Kolosser 3, 1-5; Apg. 2, 14-41; Johannes 16, 33; 1. Johannes 4, 4; Römer 8, 31-32+35-39; 1. Korinther 15, 57; 2. Korinther 2, 14; 5. Mose 28, 13; Jeremia 29, 11

Fokussiert auf seine Gegenwart

Zu allererst dienen wir Gott. Er hat uns zu einem Wohnort für seinen Geist gemacht. Wenn wir ihn sehen, wollen wir ihn in freudiger Leidenschaft anbeten. Gott freut sich an uns und er hat sich schon immer gewünscht, mit uns zusammen zu sein. Wir fokussieren uns auf seine Gegenwart, weil wir erkannt haben, dass er auf uns fokussiert ist. Auf seine Gegenwart fokussiert zu sein bedeutet jedoch nicht, dass Christen ihre ganze Zeit damit verbringen sollten, ihn im stillen Kämmerlein anzubeten. Wenn wir einen Hunger nach der manifestierten Gegenwart Gottes entwickeln und uns dafür öffnen, den Heiligen Geist zu erleben, wird unsere Freundschaft mit Gott vertieft und uns wird stärker bewusst, dass seine Gegenwart zum Wohl der Welt auf uns ruht. Jeder Lebensbereich eines Christen ist heilig und dazu bestimmt, heilig zu sein. Wir leben nicht mit der falschen Denkweise, dass das Leben in „heilig" und „weltlich" unterteilt ist. Vielmehr schätzen wir Gott dafür, dass er in jeden Bereich unseres Lebens involviert ist. Der Heilige Geist wohnt in uns, also ist alles, was wir tun und wohin wir auch gehen, heilig. Unser Lebensstil ist es, uns darin zu üben, die Gegenwart Gottes zu erkennen, wenn wir anderen dienen, und wir versuchen, das zu tun und zu sagen, was er tut oder sagt.

Zur Vertiefung: Psalm 27, 4; Lukas 10, 39-42; Jakobus 4, 8; Psalm 1, 1-3; 23, 6; 26, 8; Johannes 4, 23; Psalm 22, 3; Epheser 1, 4-5; Zefanja 3, 17; Jeremia 31, 3; Psalm 65, 4; 1. Johannes 3, 1; Offenbarung 3, 20; 1. Johannes 4, 19; Psalm 73, 28; 107, 9; Johannes 1, 16; Matthäus 5, 6; Jesaja 55, 1-2; 1. Korinther 3, 16; Johannes 5, 19-20+30; 12, 49-50; 14, 10; 1. Johannes 4, 16-17

Gesunde Familien kreieren

Da wir in Gottes Familie aufgenommen wurden, entwickeln wir ganz bewusst Familie und Gemeinschaft, wohin wir auch gehen. Die Art und Weise, wie wir Menschen lieben, ist eine direkte Reflexion unserer Liebe für Gott. Also denken wir wie gesunde Familienmitglieder und tun das, was für das gesamte Umfeld am besten ist – wir ordnen uns einander in Liebe und Selbstlosigkeit unter. In Bündnisbeziehungen entwickeln wir unsere Kapazität, zu vertrauen und vertrauenswürdig zu sein, indem wir einander befähigen und konfrontieren, um unsere wahre Identität ausleben zu können. Wir sind loyal, was besonders dann am deutlichsten demonstriert wird, wenn Menschen versagen. Vergebung ist unser Maßstab und jeder hat die Möglichkeit, sein Vertrauen in die Gemeinschaft wiederherzustellen. Wir bestrafen nicht jene, die versagen, um unser Gesicht zu wahren oder um zu zeigen, dass wir Sünde hassen. Stattdessen verpflichten wir uns, ihnen zu helfen, dass sie wiederhergestellt werden.

Zur Vertiefung: Epheser 1, 5; 2, 19; Matthäus 12, 48-50; Galater 6, 10; Römer 8, 15-16; 1. Petrus 2, 17; Apg. 2, 41-47; Philipper 2, 3; Römer 12, 9-21; Epheser 5, 21; Galater 5, 13; 1. Korinther 13; Rut 1, 16-17; Matthäus 18, 15; Lukas 17, 3-4; Epheser 4, 15-16; 1. Korinther 4, 14-21; 1. Thessalonicher 5, 14; 1. Samuel 20; Galater 6, 1; Matthäus 18, 15; Johannes 8, 1-11; Psalm 141, 5; Johannes 21

Gottes Wort verändert

Das Ziel der Schrift ist es, uns in eine Beziehung zum Autor zu bringen und uns in sein Bild zu verwandeln. Die Bibel sollte uns in eine stets wachsende Beziehung zum Vater, zum Sohn und zum Heiligen Geist führen. Indem uns Gott durch sein Wort Begegnungen mit ihm schenkt, wird Glauben in unserem Leben freigesetzt. Gott wird durch unser aktuelles Verständnis seines Wortes niemals eingeschränkt. Aber das Studieren seines Wortes befähigt uns, zu glauben, wer er ist, wer wir sind und wie wir leben sollen. Wir interpretieren die Bibel primär durch die Person, das Leben und das Erlösungswerk Jesu. Er offenbart am umfassendsten das Wesen Gottes und was ihm wichtig ist. Die Bibel ist die Quelle unfehlbarer Wahrheit und Autorität. Durch sie beurteilen wir jegliche Erkenntnis und prophetische Offenbarung. Das Studieren des Wortes Gottes und das Erleben der Gegenwart Gottes sollten nie voneinander getrennt werden. Sein Wort ist lebendig, und wenn es durch uns proklamiert wird, arbeiten wir mit ihm zusammen, um die Welt zu verändern.

Zur Vertiefung: Johannes 5, 39-40; 2. Timotheus 3, 15-17; Matthäus 4, 4; 2. Korinther 3, 15-18; Jakobus 1, 22-25; Epheser 5, 25-27; Psalm 119, 11; Lukas 24, 13-35; Römer 10, 17; 1. Thessalonicher 2, 13; Johannes 17, 17; Matthäus 7, 24-28; Kolosser 3, 15-17; Johannes 8, 31-32; Psalm 119, 105; Römer 15, 4; 1. Korinther 10, 1-13; Apg. 8, 26-40; Johannes 5, 37-47; Lukas 24, 25-32; Johannes 1, 14; 14, 9-11; Kolosser 1, 15-20; 2, 9; Hebräer 1, 1-3; 2. Petrus 1, 16-21; 2. Timotheus 3, 15-17; Matthäus 22, 29; Johannes 8, 31-32; 2. Thessalonicher 2, 13-15; 2. Petrus 1, 16-21; Sprüche 30, 5-6; Psalm 119, 160; Matthäus 4, 1-11

Gott spricht auch heute noch

Gott möchte mit seiner Familie kommunizieren. Es ist wichtig für uns, aktiv auf seine Stimme zu hören und zu erleben, auf welch vielfältige Weise er zu uns spricht. Die Schrift fordert uns auf, die Gabe der Weissagung ernstlich zu begehren. Sie dient Gott als Sprachrohr, um Menschen zu stärken, zu ermutigen und zu trösten. Wir verlangen danach, das zu sagen, was der Vater sagt, um Menschen zu helfen, hinsichtlich ihrer Identität zu wachsen und sowohl ihren Wert als auch ihre gottgegebene Bestimmung zu erkennen. Weissagung ist keine einseitige Kommunikation. Dazu müssen zwei Menschen von Gott hören - der eine, das prophetische Wort ausspricht und der andere, der es empfängt. Wenngleich Gott vollkommen ist, hat er es doch erwählt, mit unvollkommenen Menschen zusammenzuarbeiten, um sein Reich zu bauen. Mithilfe des Heiligen Geistes, der Schrift und unserer Gemeinschaft beurteilen wir den Geist und die Genauigkeit der Worte, die wir geben und empfangen. Wir halten allein an dem Guten fest - das andere verwerfen wir. Die Bibel ist die ultimative, autoritative Offenbarung wie keine andere. Es wird nichts hinzugefügt. Deshalb sollte Weissagung nie der korrekt interpretierten Schrift widersprechen.

Zur Vertiefung: Johannes 10, 26-28; 16, 13; Matthäus 4, 4; Jesaja 50, 4-5; 1. Johannes 2, 27; Apg. 2, 17; 4. Mose 11, 29; 1. Könige 19, 9-13; 1. Korinther 14, 1-4; Johannes 12, 49; 1. Timotheus 4, 14-16; Apg. 2, 17; 1. Korinther 14, 24-25; Apg. 13, 1-3; 1. Thessalonicher 5, 19-22; 1. Korinther 14, 29; Lukas 9, 55; Apg. 21, 10; 22, 24; 27, 10+22-24; Galater 1, 6-9; 2. Timotheus 3, 16-17; 2. Thessalonicher 2, 13-15; Matthäus 7, 15-20; Johannes 8, 31-32; 2. Petrus 1, 16-21

Jesus bevollmächtigt für den übernatürlichen Dienst

Jesus hat verheißen, dass den Gläubigen Zeichen folgen und sie sogar größere Werke als er tun würden. Wunder hörten nicht mit Jesus und den Aposteln auf. Deshalb sind wir der Welt eine Gelegenheit schuldig, die Kraft Gottes und die Möglichkeit der Errettung zu erleben, denn Jesus sandte uns ebenso in diese Welt, wie der Vater ihn sandte – mit der Kraft des Heiligen Geistes. *„Für Gott ist nichts unmöglich"* (Lk. 1, 37; Gute Nachricht Bibel). Wir begehren eine Beziehung zu Gott nicht einfach nur, um Zeichen und Wunder wirken zu können. Der Heilige Geist gibt jedem Gläubigen die übernatürliche Kraft, Zeichen und Wunder freizusetzen und zu bezeugen. Es ist unsere Verantwortung, das Herz des Vaters gut zu repräsentieren. Es gibt keinen Menschen und keine Situation, die er nicht vollständig wiederherstellen könnte. Wir glauben, dass jeder geheilt werden kann, weil Jesus jeden Kranken und jeden dämonisierten Menschen heilte, dem er begegnete. Vor allem aber sollten wir von Liebe motiviert sein, wenn wir Risiken eingehen, um die Kraft des Reiches Gottes im Leben anderer freizusetzen.

> ***Zur Vertiefung:*** Johannes 14, 12-14; Apg. 2, 17-18; Lukas 9, 1-2; Markus 16, 15-18; Apg. 5, 12-16; Johannes 20, 21-23; 1. Korinther 2, 4-5; Johannes 17, 18; 1. Thessalonicher 1, 5; Matthäus 28, 18-19; 5, 14-16; Lukas 10, 1-9; Matthäus 17, 20; Markus 10, 25-27; Johannes 15, 7; 1. Korinther 6, 9-11; Psalm 103, 1-7; Lukas 1, 34-37; Matthäus 4, 23; 12, 15; 14, 14; 24-33; Lukas 9, 11; Apg. 10, 38; Psalm 103, 3-4; Apg. 3, 1-10; Jakobus 2, 14-18; Markus 10, 46-52; Matthäus 9, 27-38

Das Reich Gottes ist unaufhaltsam

Gott ist groß und siegreich. Der Teufel ist klein und besiegt. Wir befinden uns in einem Kampf, aber es besteht kein Zweifel daran, wie er ausgeht. Wir konzentrieren uns auf das Gute, das Gott in der Welt tut, und wenngleich wir das Vorhandensein von schwierigen oder schmerzhaften Umständen nicht leugnen, leben wir mit ansteckender Freude und Hoffnung. Wir glauben und leben das Gebet: *„... dein Reich komme; dein Wille geschehe, wie im Himmel, so auch auf Erden!"* (Mt. 6, 10). Deshalb tun wir uns mit dem König zusammen, um auf natürliche und übernatürliche Weise Gnade und Gerechtigkeit zu bewirken, bis er kommt. Solange Gott sein Reich in jedem Bereich der Gesellschaft vorantreibt, sind wir Christen alle im vollzeitlichen Dienst. Unsere Arbeit und unsere Bemühungen sowohl innerhalb als auch außerhalb der Gemeinde sind heilige und kostbare Handlungen der Anbetung Gottes. Auch wenn wir mit dem Voranschreiten des Reiches Gottes auf Widerstand treffen und Konflikte erleben, erwarten wir, dass sich die Kultur verändert, wenn Menschen errettet werden und ihren Platz hinsichtlich der Absichten Gottes für diese Welt einnehmen. Wir leben, um diese Welt für Generationen, die wir nie sehen werden, besser zu machen.

Zur Vertiefung: 1. Johannes 4, 4; Kolosser 2, 13-15; 1. Johannes 2, 13; 5, 4-5; Römer 8, 31-39; Johannes 12, 31; Apg. 4, 23-31; 1. Johannes 3, 8; Hebräer 2, 14-15; Johannes 16, 33; Markus 5, 1-13; Matthäus 6, 9-10; 10, 7-8; Jesaja 9, 7; 33, 5-6; Micha 6, 8; Matthäus 10, 42; 25, 40; Johannes 14, 12; Jakobus 1, 27; Matthäus 12, 22-29; 1. Petrus 2, 9; Römer 12, 1;

Matthäus 5, 13-16; Kolosser 3, 23-24; Daniel 6, 3; Sprüche 22, 29; Epheser 6, 5-9; Matthäus 25, 31-46; Johannes 15, 19-21; 16, 33; Kolosser 1, 13-14; 2. Korinther 4, 8-11; 12, 10; Nehemia 2, 1-10; Matthäus 5, 13-16; Apg. 19, 11-41

Freiheit und Verantwortung

Christus starb, um uns von Sünde, Tod, Schuld und Scham zu befreien und uns in Freiheit zu gründen, damit wir als Gottes glorreiche Kinder leben und lieben können. Ein Umfeld von Freiheit, Verantwortlichkeit und Bevollmächtigung befähigt Menschen, ein heiliges, gesundes und kreatives Leben zu führen. Freiheit ist etwas persönliches, aber sie ist keinesfalls selbstbezogen. Trotz unserer Freiheit führen wir immer noch ein Leben, das dem Herrn unterstellt ist. Diese Freiheit ist nicht die Fähigkeit, zu tun, was wir wollen, sondern das Richtige zu tun. Freiheit wurde uns gegeben, damit wir uns dem Herrn als ein bereitwilliges Opfer darbringen - ihm ergeben und bereit, zu dienen. Freiheit und Verantwortlichkeit lassen sich nicht trennen. Wir erleben wahre Freiheit, wenn wir mit dem Heiligen Geist kooperieren, um die Frucht der Selbstbeherrschung hervorzubringen und unsere Freiheit gebrauchen, um andere zu segnen. Es ist nicht unser Ziel, Menschen von sündigen Entscheidungen abzuhalten. Stattdessen fordern wir sie auf, Gott aus freien Stücken zu lieben und sich für seine Gerechtigkeit zu entscheiden. Wir sind verantwortlich dafür, dass wir mit dem Heiligen Geist zusammenarbeiten, um kontinuierlich das Fundament unseres Charakters zu entwickeln.

Dann werden wir auch mit dem wachsenden Einfluss und der zunehmenden Salbung richtig umgehen können.

Zur Vertiefung: Römer 8, 1-2; 15, 21; Galater 5, 1; Römer 6, 4+14-22; 2. Korinther 3, 17; 5, 17; 1. Johannes 4, 17-18; Lukas 19, 1-10; Galater 5, 13-14; Römer 12, 1-2; 14, 7-9; 15, 1-7; Matthäus 4, 1-11; Galater 5, 13-25; 1. Korinther 9, 19; 2. Petrus 1, 5-9; 1. Korinther 8, 9-13; 1. Petrus 1, 13-16; Johannes 13, 12-17; 2. Petrus 1, 5-9; Titus 2, 11-12; Epheser 4, 1; Kolosser 1, 10; 1. Korinther 6, 18-20; Lukas 9, 54-56

Ehre bestätigt den Wert

Jemand, der andere ehrt, erkennt und bestätigt, dass jeder Mensch wertvoll und mächtig ist. Wir sind nach Gottes Bild geschaffen. Jesus starb, damit wir wieder eine Beziehung zu ihm haben können. Deshalb sind wir bedeutsam. Obwohl wir alle von Gott gleichermaßen geliebt sind, sind wir nicht gleichermaßen von Gott oder der Gemeinde bevollmächtigt. Trotz unserer Unterschiede erkennt und feiert Ehre das Beste in Menschen, da wir wissen, dass das Maß der Ehre anderen gegenüber sich unmittelbar darauf auswirkt, inwieweit wir etwas von ihnen empfangen können. Wir müssen nicht mit jedem übereinstimmen, aber unser Verhalten anderen gegenüber basiert auf deren gottgegebener Identität und der Ehrerbietung in unserem Herzen - nicht auf ihrem Verhalten oder Selbstbild. Das bedeutet, dass wir Menschen auch dann lieben, wenn wir nichts von ihnen zurückbekommen. Ehre zeigt sich durch Respekt in Worten und Taten gegenüber denen, die wir führen, die wir lieben, denen wir folgen und mit denen wir nicht übereinstimmen. Wenn wir in Ehrerbietung wandeln, werden wir andere nicht kontrollieren, sie aber, wenn nötig, liebevoll konfrontieren, disziplinieren und gegebenenfalls Grenzen setzen.

Zur Vertiefung: 1. Mose 1, 26-28; Epheser 4, 23-24; Psalm 139, 13-16; Römer 12, 10; 1. Korinther 12, 14-26; 1. Petrus 2, 17; Matthäus 26, 6-13; 1. Korinther 12, 14-26; 2. Korinther 5, 16-17; Jakobus 2, 1-5; Philipper 2, 3; 1. Samuel 24, 1-10; 1. Korinther 13, 1-7; 3. Mose 19, 15-18; Galater 6, 1-2; Epheser 4, 14-15; Römer 2, 4; Matthäus 18, 15; Hebräer 12, 11-14; 2. Timotheus 3, 16-17; Lukas 3, 10-14; Matthäus 10, 40-42; Philipper 2, 1-4; 1. Korinther 4, 14-20: 2. Könige 4, 8-37

Großzügig wie mein Vater

Gott ist verschwenderisch großzügig und unsere Großzügigkeit ist eine Reaktion darauf und eine Reflexion seiner Natur. Er ist ein guter Vater, der seinen Kindern gute Gaben gibt. Gottes Großzügigkeit zeigt sich in seiner Schöpfung, seinen Bündnissen, Israels Ökonomie und seinem Reich, denn er zeigt beständig, dass Geben seliger ist als Nehmen. Wenngleich reich oder arm zu sein weder eine Tugend noch eine Sünde ist, hat Gott uns gesegnet, damit wir in jeder Hinsicht großzügig sein können, um das Evangelium voranzutreiben. Das freudige Geben unserer Zeit, unserer Liebe, unserer Talente und unseres Geldes erregt Gottes Aufmerksamkeit, setzt den Segen des Himmels frei, bewirkt Transformation und gibt ihm die Möglichkeit, uns die wahren Schätze des Reiches Gottes anzuvertrauen. Großzügigkeit ist eine Ausdrucksform von Wertschätzung. Sie wirkt unserem Armutsdenken entgegen und verändert die Art und Weise, wie wir mit der Welt interagieren. Wir sind nicht mehr ängstlich, weil wir fälschlicherweise glauben, die Versorgung sei knapp. Stattdessen sind wir zuversichtlich, dass Gott die Ressourcen vermehrt und darauf brennt, Menschen zu retten und prosperieren zu lassen. Großzügigkeit setzt Freude, Segnungen und Gunst in unserem Leben frei. Wenn wir geben, wird uns gegeben werden - ein *„gedrücktes und gerütteltes und überlaufendes Maß"* (Lk. 6, 38).

Zur Vertiefung: Jakobus 1, 17; Psalm 103, 1-5; Johannes 3, 16; Epheser 1, 3; 2. Korinther 8, 9; Apg. 14, 17; Matthäus 7, 7-11; Lukas 15, 11-32; Psalm 65, 9-13; 5. Mose 28, 1-14+ 7,9; 2. Korinther 8, 9; Matthäus 20, 28; Epheser 1, 3+7-8; Jakobus 1, 5; Apg. 20, 35; Markus 12, 41-43; 2. Korinther 9, 6-15; Apg. 10, 3-6; Maleachi 3, 10-12; 5. Mose 8, 18; Apg. 2, 43-47; Matthäus 10, 7-8; Lukas 16, 10-13; Apg. 4, 32-37; 2. Korinther 9, 6-15; Philipper 4, 19; Epheser 3, 20-21; 1. Könige 17, 10-16; 2. Könige 4, 1-7; 3. Johannes 2; Matthäus 6, 25-34; Jeremia 29, 11; 5. Mose 28, 11-13; 2. Mose 3, 8; Matthäus 14, 13-21; Lukas 6, 38; Jesaja 58, 6-12; Sprüche 11, 25; Apg. 2, 43-47; Philipper 4, 17-19; 1. Timotheus 6, 17-19; Lukas 18, 29-30+19, 1-10

Hoffen auf eine herrliche Braut

Die Gemeinde ist die Braut Christi und sie wird erfolgreich seinen Missionsbefehl erfüllen, alle Nationen zu Jüngern zu machen. Das bedeutet, dass die Nationen Veränderung erfahren werden. Wir arbeiten, um künftigen Generationen ein Vermächtnis zu hinterlassen - ebenso, wie frühere Generationen es für uns getan haben. Wenngleich wir die glorreiche Wiederkunft Christi erwarten, wissen wir doch nicht genau, wann er kommen wird. Das sollte uns zu einer langfristigen Vision für diese Welt inspirieren. Wir sind berufen, das Licht der Welt - nicht das Licht der Gemeinde - zu sein. Also trachten wir nicht danach, der Welt zu entkommen. Stattdessen wollen wir sehen, dass sich der Sieg Christi in Nationen und im Leben von Menschen manifestiert - selbst angesichts von Widerstand und Konflikten. Die Gemeinde ist berufen, in allen Umständen zu überwinden - in Zeiten des Leidens und der Verfolgung, aber auch in Zeiten von Wohlstand und großem Einfluss.

Zur Vertiefung: Epheser 5, 25-27; Matthäus 28, 16-20; Apg. 1, 8; Psalm 2, 8; Offenbarung 11, 15; Jesaja 54, 3-5+60, 1-5; Apg. 2; Sprüche 13, 22; Apg. 2, 39; 2. Timotheus 2, 1-2; Titus 2, 11-14; Jakobus 5, 7-8; Jesaja 9, 6-7; Matthäus 25, 1-29; Hebräer 11, 4-30; Johannes 17, 15-18; Lukas 10, 2-3; Matthäus 28, 18-19; Hebräer 12, 1-3; Johannes 16, 33; Offenbarung 11, 15; Apg. 13, 13-52; Johannes 16, 33; Offenbarung 3, 5+21; Philipper 4, 11-13; Jesaja 41, 10; 1. Johannes 4, 4+5, 4; Römer 8, 37-39; 1. Chronik 28, 6-10; 1. Könige 5, 3-5; Apg. 4, 13-37

Bill Johnson ist Pastor in der fünften Generation und trägt ein reiches geistliches Erbe mit sich. Bill und Brenda (Beni) Johnson sind die Hauptpastoren der Bethel Church in Redding, Kalifornien und dienen einer wachsenden Gruppe von Gemeinden, die sich dem gemeinsamen Ziel verschrieben haben, Erweckung zu erleben. Bills Vision ist, dass alle Christen Gottes Gegenwart erleben und im Übernatürlichen dienen, wie er u.a. in seinen Büchern „Und der Himmel bricht herein" und „Träger seiner Gegenwart" beschreibt. Die Johnsons haben drei Kinder und neun Enkelkinder.

Bill Johnson
TRÄGER SEINER GEGENWART
Jeden Tag

Sind Sie hungrig nach einer Begegnung mit Jesus? Wollen Sie einen Einfluss auf die Welt um Sie herum haben?

In diesem Buch zeigt uns Bill Johnson, wie man zu einer Person wird, auf der die Gegenwart Gottes ruht. Obwohl alle Gläubigen offensichtlich den Geist Gottes in sich haben, gibt es mehr, so viel mehr, dass wir davon überfließen sollen und die Welt davon profitieren kann. Lassen Sie sich mitnehmen auf eine Reise und treffen Sie viele große Propheten und Könige aus dem Alten Testament, die als Menschen der Gegenwart Gottes bekannt waren und von denen Gott sagte, dass er mit ihnen sein wollte. In diesem prägnanten und kraftvollen Buch fordert Johnson uns auf, vor allem nach der Gegenwart Gottes auf unserm Leben zu streben.

Artikel-Nr. 3598481 | ISBN/EAN: 9783944794815 | Paperback | 392 Seiten
14,95 € | 23.00 CHF

GOTT IST GUT

GOTT IST GUT! Diese Feststellung ist mehr als ein positiver Gedanke, ein theologischer Begriff oder eine biblische Aussage. Welche Bedeutung diese drei Worte für dich haben, definiert deine Realität und bestimmt dein Schicksal.

In einer Welt voller Angst, Krankheit, Krisen, Ungewissheit und Hoffnungslosigkeit, bestimmt deine Auffassung von Gottes Güte, wie du auf die Umstände und Prüfungen des Alltags reagieren wirst. Deine Annahme von Gott beeinflusst alles!

Bestsellerautor Bill Johnson präsentiert sein neues bahnbrechendes Buch, das die Gläubigen dazu aufruft, ihr Leben auf einem unerschütterlichen Fundament zu bauen: der Gewissheit, dass Gott gut ist. Hier erfährst u.a. du wie:

Du den Unterschied zwischen dem Willen Gottes und den Plänen des Feindes erkennst.

Du zuversichtlich für einen Durchbruch betest, indem du mit Wundern rechnest und damit, dass Gott eingreift, egal in welcher Situation du bist.

Du mit dem Himmel zusammenarbeitest um übernatürliche Lösungen für eine Welt, die im Chaos versinkt, zu finden.

Baue dein Leben auf dem festen Fundament von Gottes Güte und erlebe neue übernatürliche Bereiche in deinem Denken, die die Atmosphäre verändern und den Himmel auf die Erde bringen.

Artikel-Nr. 3598479 | ISBN/EAN: 9783944794792 | Paperback | 252 Seiten
13,95 € | 21,50 CHF

KRIS VALLOTTON
ARMUT, REICHTÜMER & WOHLSTAND

Wohlstand ist eines der kontroversesten Themen in der Gemeinde. Einige Pastoren sagen ihrer Gemeinde, dass sie reich und wohlhabend sein werden. Andere sagen genau das Gegenteil und bestehen darauf, dass wahre Christusähnlichkeit nur durch Verachtung weltlicher Reichtümer und Besitztümer geschehen kann.

Die Wahrheit ist, beide haben recht - und beide liegen falsch.

Mit erfrischender Ehrlichkeit, Humor und scharfsinnigen Einblicken präsentiert der Bestsellerautor und Pastor Kris Vallotton eine augenöffnende Studie, was die Bibel wirklich über Armut, Reichtum und Wohlstand aussagt. Und was er herausgefunden hat, wird dich sicherlich erschüttern und Wahrheiten, von denen du bisher überzeugt warst, auf den Kopf stellen.

- Jesus war nicht arm und ohne Heimat.
- Der Himmel wird in Synonymen zu Reichtum beschrieben.
- Armut ist eine Einstellung, die uns von wahrem Reichtum zurückhält.
- Du bestimmst deinen Wohlstand basierend darauf, ob und in welchem Masse du dich selbst liebst.
- Gott möchte, dass alle seine Kinder reich sind, obwohl nicht jeder reich sein sollte.

Wohlstand beginnt von innen nach außen. Wenn du lernst, eine Denkweise des Überflusses zu kultivieren, wirst du, ungeachtet deiner Umstände, den Reichtum des Himmels in jedem Bereich deines Lebens erfahren!

Artikel-Nr. 3598523 | ISBN/EAN: 9783947454235 | Paperback | 263 Seiten
13,95 € | 21.50 CHF